Couverture inférieure manquante

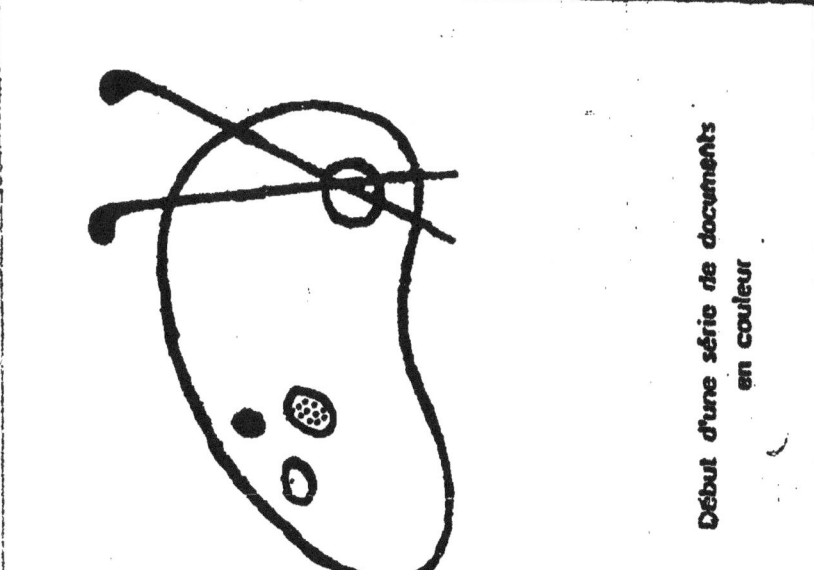

Début d'une série de documents en couleur

BIBLIOTHÈQUE
DE PHILOSOPHIE CONTEMPORAINE

ESSAI

SUR

L'IMAGINATION CRÉATRICE

PAR

TH. RIBOT

Membre de l'Institut
Professeur au Collège de France

PARIS
ANCIENNE LIBRAIRIE GERMER BAILLIÈRE ET Cⁱᵉ
FÉLIX ALCAN, ÉDITEUR
108, BOULEVARD SAINT-GERMAIN, 108

1900

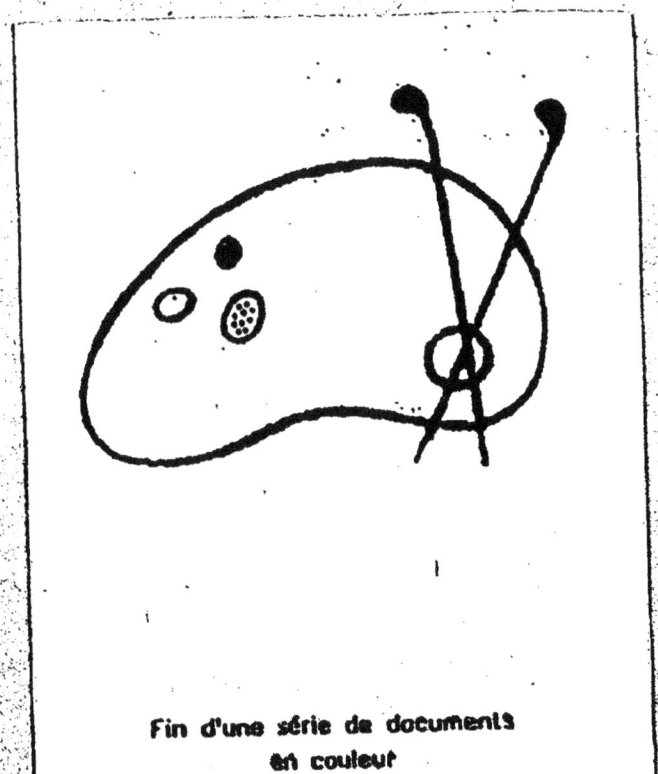

Fin d'une série de documents en couleur

ESSAI

sur

L'IMAGINATION CRÉATRICE

LIBRAIRIE FELIX ALCAN

AUTRES OUVRAGES DE M. TH. RIBOT

L'évolution des idées générales. 1 vol. in-8°.	5 »
La psychologie des sentiments. 3ᵉ édit. 1 vol. in-8°.	7 50
L'hérédité psychologique, 5ᵉ édit. 1 vol. in-8°.	7 50
La psychologie anglaise contemporaine, 4ᵉ édit., 1 vol. in-8°.	7 50
La psychologie allemande contemporaine (École expérimentale), 5ᵉ édit., 1 vol. in-8°.	7 50
Les maladies de la volonté, 14ᵉ édit., 1 vol. in-18.	2 50
Les maladies de la mémoire, 13ᵉ édit., 1 vol. in-18.	2 50
Les maladies de la personnalité, 8ᵉ édit., 1 vol. in-18.	2 50
La psychologie de l'attention, 5ᵉ édit., 1 vol. in-18.	2 50
La philosophie de Schopenhauer, 8ᵉ édit., 1 vol. in-18.	2 50
Principes de Psychologie de Herbert Spencer, traduits par Th. Ribot et A. Espinas, nouvelle édition, 2 vol. in-8°.	20 »

REVUE PHILOSOPHIQUE
DE LA FRANCE ET DE L'ÉTRANGER
Dirigée par Th. RIBOT.
(Vingt-cinquième année, 1900.)

ABONNEMENT ANNUEL : Paris 30 fr; Départements et étranger, 33 fr.
La livraison, 3 fr.

La *Revue philosophique* paraît tous les mois par livraisons de 7 feuilles grand in-8°, et forme à la fin de l'année deux forts volumes d'environ 680 pages chacun.

Elle ne néglige aucune partie de la philosophie, tout en s'attachant cependant à celles qui, par leur caractère de précision relative, offrent moins de prise aux désaccords et sont plus propres à rallier toutes les écoles. La *psychologie*, avec ses auxiliaires indispensables, *l'anatomie et la physiologie du système nerveux*, la *pathologie mentale*, les *recherches expérimentales des laboratoires*; — les *théories générales fondées sur les découvertes scientifiques*; — *l'esthétique*; — les *hypothèses métaphysiques*, tels sont les principaux sujets dont elle entretient le public.

Plusieurs fois par an paraissent des *Revues générales* qui embrassent dans un travail d'ensemble les travaux récents sur une question déterminée : sociologie, morale, psychologie, linguistique, philosophie religieuse, philosophie mathématique, psycho-physique, etc.

La Revue désirant être, avant tout, un organe d'information, a publié depuis sa fondation le compte rendu de plus de trois mille ouvrages. — Pour faciliter l'étude et les recherches, ces comptes rendus sont groupés sous des rubriques spéciales : anthropologie criminelle, esthétique, métaphysique, théorie de la connaissance, histoire de la philosophie, etc., etc. Ils sont, autant que possible, impersonnels, leur but étant de faire connaître au lecteur le mouvement philosophique contemporain dans toutes ses directions, non de lui imposer une doctrine.

ESSAI

SUR

L'IMAGINATION CRÉATRICE

PAR

TH. RIBOT

Membre de l'Institut
Professeur au Collège de France.

PARIS

ANCIENNE LIBRAIRIE GERMER BAILLIÈRE ET, C¹ᵉ

FÉLIX ALCAN, ÉDITEUR

108, BOULEVARD SAINT-GERMAIN, 108

1900

Tous droits réservés.

PRÉFACE

La psychologie contemporaine a étudié avec beaucoup d'ardeur et de succès l'imagination purement reproductrice. Les travaux sur les divers groupes d'images — visuelles, acoustiques, tactiles, motrices — sont connus de tout le monde et constituent un ensemble de recherches solidement appuyées sur l'observation subjective et objective, sur les données de la pathologie et les expériences de laboratoire. Au contraire, l'étude de l'imagination créatrice ou constructive a été presque entièrement oubliée. Il serait facile de montrer que les traités de psychologie les plus complets, les meilleurs, les plus récents, lui consacrent à peine une ou deux pages; quelquefois même n'en font aucune mention. Quelques articles, quelques rares et courtes monographies résument le travail de ce dernier quart de siècle sur la question. Elle ne mérite pourtant pas cette attitude d'indifférence ou de dédain. Son importance n'est pas contestable, et si jusqu'ici l'étude de l'imagination créatrice est restée à peu près inaccessible à l'expérimentation proprement dite, il y a d'autres procédés objectifs qui nous permettent de l'aborder avec quelques chances de succès et de continuer l'œuvre des anciens psychologues, mais avec des méthodes plus conformes aux exigences de la pensée contemporaine.

Le présent travail n'est offert au lecteur que comme un essai; il ne s'agit pas ici d'entreprendre une monographie complète qui exigerait un gros livre, mais seulement de rechercher les conditions fondamentales de l'imagination créatrice, de montrer qu'elle a son origine et sa source principale dans la tendance naturelle des images à s'objectiver, — plus simplement, dans les éléments *moteurs* inhérents à l'image — puis de la suivre dans son développement, sous la multiplicité de ses formes, quelles qu'elles soient. Car il m'est impossible de ne pas soutenir que, actuellement, la psychologie de l'imagination repose presque uniquement sur son rôle dans la création esthétique et dans les sciences. On n'en sort guère; ses autres formes sont quelquefois mentionnées, jamais étudiées. Cependant l'invention dans les beaux-arts et dans les sciences n'est qu'un cas particulier et non peut-être le principal. Nous espérons montrer que dans la vie pratique, dans les inventions mécaniques, militaires, industrielles, commerciales, dans les institutions religieuses, sociales, politiques, l'esprit humain a dépensé et fixé autant d'imagination que partout ailleurs.

L'imagination constructive est une faculté qui, au

cours des âges, a subi une réduction, tout au moins des transformations profondes. Aussi, pour des raisons qui seront indiquées plus tard, l'activité *mythique* a été considérée, dans ce travail, comme le point central de notre sujet, comme la forme typique et primitive dont la plupart des autres sont issues : la création s'y montre complètement libre, affranchie de toute entrave, sans souci du possible et de l'impossible, à l'état pur, non adultérée par l'influence antagoniste de l'imitation, du raisonnement, de la notion des lois naturelles et de leur régularité.

Dans la première partie, *analytique*, on essaiera de résoudre l'imagination constructive en ses facteurs constitutifs et de les étudier chacun séparément.

La seconde partie, *génétique*, la suivra dans son développement intégral, des formes frustes aux plus complexes.

Enfin la troisième partie, *concrète*, sera consacrée non plus à l'imagination, mais aux imaginatifs, aux principaux types d'imagination que l'observation nous révèle.

Mai 1900.

ESSAI
SUR
L'IMAGINATION CRÉATRICE

INTRODUCTION
La nature motrice de l'imagination constructive.

I

On a souvent répété que l'une des principales conquêtes de la psychologie contemporaine est d'avoir établi solidement le rôle et l'importance des mouvements, d'avoir montré notamment par l'observation et l'expérience que la représentation d'un mouvement est un mouvement qui commence, un mouvement à l'état naissant. Toutefois, ceux qui ont le plus fortement insisté sur cette thèse, ne sont guère sortis du champ de l'imagination passive; ils s'en sont tenus à des faits de pure reproduction. Mon but est d'étendre leur formule et de montrer qu'elle explique, au moins en grande partie, la genèse de l'imagination créatrice.

Essayons de suivre pas à pas la transition qui conduit de la reproduction pure et simple à la création, en montrant la persistance et la prépondérance de l'élément moteur à mesure qu'on s'élève de la répétition à l'invention.

D'abord, toutes les représentations renferment-elles des

éléments moteurs? Oui, selon moi, parce que toute perception suppose des mouvements à un degré quelconque, et que les représentations sont les résidus des perceptions antérieures. Sans examiner la question en détail, il est certain que cette affirmation est légitime pour l'immense majorité des cas. En ce qui concerne les images visuelles et tactiles, il n'y a aucun doute possible sur l'importance des éléments moteurs qui entrent dans leur composition. L'ouïe, pour un sens supérieur, est assez pauvrement dotée de mouvements; mais si l'on tient compte de sa connexion intime avec les organes vocaux si riches en combinaisons motrices, il s'établit une sorte de compensation. L'olfaction et la gustation, secondaires dans la psychologie humaine, montent à un rang très élevé chez beaucoup d'animaux : aussi l'appareil olfactif acquiert chez eux une complexité de mouvements proportionnée à son importance et qui parfois le rapproche de la vision. Reste le groupe des sensations internes qui pourrait provoquer la discussion. En mettant à part les impressions obscures qui sont liées aux actions chimiques de l'intimité des tissus et qui sont à peine représentables, on constate que les sensations qui résultent des changements de la respiration, de la circulation, de la digestion, ne sont pas vides d'éléments moteurs. Le seul fait que, chez quelques personnes, le vomissement, le hoquet, la miction, etc., peuvent être déterminés par les perceptions de la vue ou de l'ouïe, prouve que les représentations de cette espèce tendent à se traduire en actes.

Sans insister, on peut donc dire que cette thèse repose sur une masse imposante de faits; que l'élément moteur de l'image tend à lui faire perdre son caractère purement intérieur, à l'objectiver, à l'extérioriser, à la projeter hors de nous.

Cependant, il faut remarquer que tout ce qui précède ne nous fait pas sortir de l'imagination reproductrice, de la mémoire. Toutes ces réviviscences sont des *répétitions*; or, l'imagination créatrice exige du *nouveau* : c'est sa marque propre et essentielle. Pour saisir le passage de la reproduction à la production, de la répétition à la création, il faut considérer d'autres faits plus rares, plus extraordinaires qui ne se rencontrent que chez quelques privilégiés. Ces faits connus depuis longtemps, entourés de quelque mystère et attribués d'une manière vague « à la puissance de l'imagination », ont été étudiés de nos jours avec beaucoup plus de méthode et de rigueur. Il suffit à notre but d'en rappeler quelques-uns.

On rapporte beaucoup d'exemples de fourmillements ou de douleurs qui apparaissent dans diverses régions du corps par le seul effet de l'imagination. Certaines personnes peuvent accélérer ou ralentir les battements de leur cœur à volonté, c'est-à-dire par l'effet d'une représentation intense et persistante : le célèbre physiologiste E. F. Weber avait ce pouvoir et a décrit le mécanisme du phénomène. Plus extraordinaires encore sont les cas de vésication produits par suggestion chez les hypnotisés. Enfin, rappelons l'histoire retentissante des stigmatisés qui, du XIII° siècle jusqu'à nos jours, ont été assez nombreux et présentent des variétés intéressantes : les uns n'ayant que la marque du crucifiement, d'autres de la flagellation, d'autres de la couronne d'épines [1]. Ajoutons les modifications profondes de l'organisme, résultats de la thérapeutique suggestive des contemporains; les effets merveilleux de « la foi qui guérit », c'est-à-dire les miracles de toutes les religions, dans tous les temps et dans

---

[1]. A. Maury dans son livre sur l'*Astronomie et la Magie*, etc., en compte une cinquantaine.

tous les lieux; et cette brève énumération suffira à rappeler certaines *créations* de l'imagination humaine qu'on a une tendance à oublier.

Il convient d'ajouter que l'image n'agit pas seulement sous une forme positive, elle a quelquefois un pouvoir d'inhibition. La représentation vive d'un mouvement qui s'arrête est un commencement d'arrêt de mouvement; elle peut même aboutir à un arrêt total. Tels sont les cas de *paralysis by ideas* décrits d'abord par Reynolds, plus tard par Charcot et son école sous le nom de paralysie psychique : la conviction intime du malade qu'il ne peut remuer un membre le rend incapable de tout mouvement et il ne recouvre sa puissance motrice que lorsque la représentation morbide a disparu.

Ces faits et leurs analogues suggèrent quelques remarques.

La première, c'est qu'il y a ici création, au sens strict du mot, quoiqu'elle soit renfermée dans les limites de l'organisme. Ce qui apparaît est *nouveau*. Si l'on peut soutenir à la rigueur que nous connaissons par notre expérience les formications, les accélérations et ralentissements du cœur, quoique nous ne puissions pas ordinairement les produire à volonté; cette thèse est absolument insoutenable, quand il s'agit de vésication, de stigmates et autres phénomènes réputés miraculeux : ils sont sans précédents dans la vie de l'individu.

La seconde remarque, c'est que pour que ces états insolites se produisent, il y a nécessité d'éléments additionnels dans le mécanisme producteur. Dans son fond, ce mécanisme est fort obscur. Invoquer la puissance de l'imagination, c'est tout simplement substituer un mot à une explication. Heureusement, nous n'avons pas besoin de pénétrer dans l'intimité de ce mystère. Il nous suffit de constater les faits, de constater aussi qu'ils ont une représentation pour point de départ, de constater enfin que la représentation toute seule ne suffit pas. Que faut-il donc de plus? — Notons d'abord que ces événements sont rares. Il n'est pas à la portée de tout le monde d'acquérir des stigmates ou de guérir d'une paralysie déclarée incurable. Cela n'arrive qu'à ceux qui ont une foi ardente, un désir violent que *cela soit* : c'est une condition psychique indispensable. Ce qui agit, en pareil cas, c'est un état non simple mais double : une image et en sus un état affectif particulier (désir, aversion, émotion ou passion quelconque). En d'autres termes, il y a deux cas :

Dans le premier, ce qui agit ce sont les éléments moteurs inclus dans l'image, résidus des perceptions antérieures ;

Dans le second, ce qui agit ce sont les éléments précités, plus des états affectifs, des tendances qui résument l'énergie de l'individu ; et c'est ce qui explique leur puissance.

Pour conclure, ce groupe de faits nous révèle au delà des images l'existence d'un autre facteur, à forme instinctive ou affective, que nous aurons à étudier plus tard et qui nous conduira à la source dernière de l'imagination créatrice.

Je crains que, entre les faits ci-dessus énumérés et l'imagination créatrice proprement dite, la distance ne paraisse énorme au lecteur. Pourquoi? D'abord, parce que la création a ici pour unique matière l'organisme et parce qu'elle ne se sépare pas du créateur. Ensuite, parce que ces faits sont d'une extrême simplicité et que l'imagination créatrice (au sens ordinaire) est d'une extrême complexité. Ici, une seule cause opérante : une représentation plus ou moins complexe. Dans la création imaginative, plusieurs images coopérantes avec combinaisons, coordination, agencement, groupement. Mais il ne faut pas oublier que notre but actuel est simplement de découvrir une « forme de passage [1] » entre la reproduction et la production ; de montrer la communauté d'origine des deux formes d'imagination — la pure faculté représentative et la faculté de créer par l'intermédiaire des images — et de montrer en même temps le travail de séparation, de disjonction entre les deux.

II

Puisque le but principal de cette étude est d'établir que le fondement de l'invention doit être cherché dans les manifestations motrices, je ne craindrai pas d'insister et je reprends cette thèse sous une autre forme, plus claire, plus précise, plus psychologique, en posant la question suivante : Entre les divers modes d'activité de l'esprit, quel est celui qui offre le plus d'analogie avec l'imagination créatrice ? Je réponds sans hésiter : l'activité volontaire. *L'imagination est dans l'ordre intellectuel l'équivalent de la volonté dans l'ordre des mouvements.* Justifions cette assimilation par quelques preuves :

1° Identité de développement dans les deux cas. L'établissement du pouvoir volontaire est progressif, lent, traversé par des échecs. L'individu doit devenir maître de ses muscles et étendre par eux sa maîtrise sur les autres choses. Les réflexes, les mouvements instinctifs et expressifs des émotions sont la matière première des mouvements voulus. La volonté n'a pas de mouvements propres en patrimoine : il faut qu'elle coordonne et associe, puisqu'elle dissocie pour former des associations nouvelles. Elle règne par droit de conquête, non par droit de naissance. — De même, l'imagination créatrice ne surgit pas tout armée. Ses matériaux

---

1. Il y en a d'autres, comme nous le verrons plus loin.

sont les images qui sont ici les équivalents des mouvements musculaires; elle traverse une période d'essai; elle est toujours, au début (pour des raisons que nous indiquerons plus tard), une imitation; elle n'atteint que progressivement ses formes complexes.

2° Mais ce premier rapprochement ne va pas au fond des choses; il y a des analogies plus profondes : d'abord le caractère foncièrement subjectif des deux cas. L'imagination est subjective, personnelle, anthropocentrique; son mouvement va du dedans au dehors vers une objectivation. La connaissance (c'est-à-dire l'intelligence au sens restreint) a des caractères inverses : elle est objective, impersonnelle, reçoit du dehors. Pour l'imagination créatrice, le monde intérieur est le régulateur; il y a prépondérance du dedans sur le dehors. Pour la connaissance, le monde extérieur est le régulateur, il y a prépondérance du dehors sur le dedans. Le monde de mon imagination est mon monde, opposé au monde de la connaissance qui est celui de tous mes semblables. — Tout au contraire, pour la volonté : on pourrait répéter textuellement, mot pour mot, ce qui vient d'être dit pour l'imagination; cette répétition est inutile. C'est qu'au fond des deux, il y a notre causalité propre, quelque opinion d'ailleurs qu'on professe sur la nature dernière de la causalité et de la volonté.

3° Toutes deux ont un caractère téléologique, n'agissent qu'en vue d'un but; au contraire de la connaissance qui, elle, se borne à constater. On veut toujours une chose quelconque, frivole ou capitale. On invente toujours pour une fin, que ce soit Napoléon qui imagine un plan de campagne ou un cuisinier qui combine un nouveau plat. Dans les deux cas, il y a tantôt une fin simple atteinte par des moyens immédiats, tantôt une fin complexe et lointaine supposant des fins subordonnées qui sont des moyens par rapport au but final. Dans les deux cas, il y a une *vis à tergo* désignée sous le nom vague de spontanéité que nous essayerons d'éclaircir ultérieurement et une *vis à fronte*, mouvement d'attraction.

4° A cette analogie de nature s'en ajoutent d'autres, — secondaires, subsidiaires — entre la forme avortée de l'imagination créatrice et les impuissances de la volonté. Sous sa forme normale et complète, la volonté aboutit à un acte; mais chez les indécis et les aboulisques, la délibération ne finit jamais ou la résolution reste inerte, incapable de se réaliser, de s'affirmer pratiquement. L'imagination créatrice, elle aussi sous sa forme complète, tend à s'extérioriser, à s'affirmer en une œuvre qui existe non seulement pour le créateur, mais pour tout le monde. Au contraire, chez les purs rêveurs, l'imagination reste intérieure, vaguement ébauchée; elle ne prend pas corps en une invention esthétique ou pratique. La rêverie est l'équivalent des velléités; les rêveurs sont les aboulisques de l'imagination créatrice.

Il est inutile d'ajouter que le rapprochement établi entre la volonté et l'imagination créatrice n'est que partiel et qu'il n'a pour but que de mettre en lumière le rôle des éléments moteurs. Assurément personne ne confondra deux manifestations aussi distinctes de notre vie psychique et il serait ridicule de s'attarder à énumérer les différences. A lui seul, le caractère de nouveauté suffirait, puisqu'il est la marque propre et indispensable de l'invention et que pour la volition, il est accessoire ; l'extraction d'une dent exige du patient autant d'effort à la dixième fois qu'à la première, quoiqu'elle ne soit plus une nouveauté.

Après ces remarques préliminaires, il faut procéder à l'analyse de l'imagination créatrice, pour en comprendre la nature, autant que cela est accessible à nos moyens actuels. Elle est, en effet, dans la vie mentale, une formation d'ordre tertiaire, supposant une couche primaire (celle des sensations et émotions simples) et une couche secondaire (les images et leurs associations, certaines opérations logiques élémentaires, etc.). Étant composée, elle peut être décomposée en ses éléments constituants que nous étudierons sous ces trois titres : facteur intellectuel, facteur affectif ou émotionnel, facteur inconscient. Mais cela ne suffit pas : l'analyse doit être complétée par la synthèse. Toute création imaginative, grande ou petite, est organique, exige un principe d'unité : il y a donc aussi un facteur synthétique qu'il sera nécessaire de déterminer.

PREMIÈRE PARTIE

ANALYSE DE L'IMAGINATION

CHAPITRE I

Le facteur intellectuel.

I

Considérée sous son aspect intellectuel, c'est-à-dire en tant qu'elle emprunte ses éléments à la connaissance, l'imagination suppose deux opérations fondamentales : l'une négative et préparatoire, la dissociation ; l'autre positive et constituante, l'association.

La dissociation est l'abstraction des anciens psychologues qui ont très bien compris son importance pour le sujet qui nous occupe. Toutefois, ce terme « dissociation » me semble préférable parce qu'il est plus compréhensif. Il désigne un genre dont l'abstraction est une espèce. C'est une opération spontanée et d'une nature plus radicale : l'abstraction proprement dite n'agit que sur des états de conscience isolés ; la dissociation agit en sus sur des séries d'états de conscience qu'elle morcelle, fractionne, dissout et, par ce travail préparatoire, les rend propres à entrer dans des combinaisons nouvelles.

Percevoir est une opération synthétique et cependant la dissociation (ou abstraction) est déjà en germe dans la perception, justement parce qu'elle est un état complexe.

Chacun perçoit d'une façon particulière, suivant sa constitution et l'impression du moment. Un peintre, un *sportsman*, un marchand, un indifférent, ne voient pas le même cheval de la même manière; les qualités qui intéressent l'un sont négligées par un autre.

L'image étant une simplification des données sensorielles et sa nature dépendant de celle des perceptions antérieures, il est inévitable que ce travail de dissociation continue en elle. Mais, c'est trop peu dire : l'observation et l'expérience nous montrent que, dans la majorité des cas, il augmente singulièrement. Pour suivre le développement progressif de cette dissolution, nous pouvons diviser grossièrement les images en trois catégories — complètes, incomplètes, schématiques — et les étudier successivement.

Le groupe des images dites *complètes* comprend d'abord les objets sans cesse répétés dans l'expérience quotidienne : mon encrier, la figure de ma femme, le son d'une cloche ou d'une horloge voisine, etc. Dans cette catégorie rentrent aussi les images des choses que nous n'avons perçues qu'un petit nombre de fois, mais qui, pour des raisons accessoires, sont restées nettes dans notre mémoire. Sont-elles complètes au sens rigoureux du mot? Elles ne peuvent l'être; et la supposition contraire est une illusion de la conscience qui se détruit, lorsqu'on la confronte avec la réalité. La représentation peut moins encore que la perception renfermer toutes les qualités d'un objet; elle est une sélection variable suivant les cas. Le peintre Fromentin qui se vantait de retrouver après deux ou trois ans « le souvenir rigoureux » de choses qu'il avait à peine entrevues en voyage, fait pourtant ailleurs l'aveu suivant : « Mon souvenir des choses, quoique très fidèle, n'a jamais la certitude admissible pour tous d'un document. Plus il s'affaiblit, plus il se transforme en devenant la propriété de ma mémoire et mieux il vaut pour l'emploi que je lui destine. A mesure que la forme exacte s'altère, il en vient une autre, moitié réelle et moitié imaginaire, que je crois préférable ». Remarquons que celui qui parle ainsi est un peintre, doué d'une rare mémoire visuelle; mais des recherches récentes ont montré que, chez le commun des hommes, les images réputées complètes et exactes subissent des transformations et déformations. On le constate, lorsque après quelque temps, on est mis en présence de l'objet primitif et que la comparaison entre le réel et sa représentation devient possible [1]. Remarquons que dans ce groupe, l'image correspond toujours à des objets *particuliers, individuels*; il n'en est pas de même pour les deux autres.

Le groupe des images *incomplètes*, selon le témoignage de la conscience elle-même, provient de deux sources distinctes : d'abord, des perceptions insuffisantes ou mal fixées; ensuite des impressions d'objets analogues qui, trop souvent répétées, finissent par se confondre. Ce dernier cas a été très bien décrit par Taine. Un homme, dit-il, qui, ayant parcouru une allée de peupliers, veut se représenter un peuplier, ou, ayant regardé une basse-cour, veut se représenter une poule, éprouve un embarras : ses différents souvenirs se recouvrent. L'expérience devient une cause d'effacement; les images s'annulant l'une l'autre tombent à l'état de tendances sourdes que leur contrariété et leur égalité empêchent de prendre l'ascendant. « Les images s'émoussent par leurs conflits comme les corps par leur frottement [2]. »

---

[1]. Consulter particulièrement J. Philippe : « La déformation et les transformations des images » dans la *Revue philosophique*, mai et novembre 1897. — Quoique ces recherches n'aient eu pour objet que les représentations de la vue, il n'est pas douteux qu'il en est de même pour les autres, notamment celles de l'ouïe (voix, chant, accords).

[2]. *De l'intelligence*, t. I, liv. II chap. 2.

Ce groupe nous conduit à celui des images *schématiques*, totalement dépourvues de marques individuelles : la représentation vague d'un rosier, d'une épingle, d'une cigarette, etc. C'est le degré extrême de l'appauvrissement : l'image dépouillée peu à peu de ses caractères propres, n'est plus qu'une ombre. Elle est devenue cette forme de transition entre la représentation et le pur concept, que l'on désigne actuellement sous le nom d'image générique, ou qui du moins s'en rapproche.

L'image est donc soumise à un travail incessant de métamorphose, de suppressions et d'additions, de dissociation et de corrosion. C'est qu'elle n'est pas une chose morte; elle ne ressemble pas à un cliché photographique dont on peut indéfiniment reproduire des copies. Dépendante de l'état du cerveau, elle change comme tout ce qui est vivant, elle est sujette à des gains et à des pertes, — surtout à des pertes. Mais chacune des trois classes précitées a son utilité pour l'inventeur; elles servent de matériaux aux diverses espèces d'imagination : sous leur forme concrète au mécanicien, à l'artiste; sous leur forme schématique au savant et à d'autres.

Jusqu'ici nous n'avons vu qu'une partie du travail de la dissociation et, à tout prendre, la moindre. Nous avons semblé considérer les images comme des faits isolés, des atomes psychiques; mais c'est là une position purement théorique. Les représentations ne sont pas solitaires; dans la réalité, elles font partie d'une chaîne ou plutôt d'une trame, d'un réseau, puisqu'en raison de leurs multiples rapports, elles peuvent rayonner en tous sens. Or, la dissociation agit aussi sur les *séries*, les tronque, les mutile, les démolit, les réduit à l'état de ruine.

La loi idéale de la réviviscence des images est celle

connue depuis Hamilton sous le nom de « loi de réintégration »[1] qui consiste dans le passage de la partie au tout, chaque élément tendant à reproduire l'état complet, chaque membre d'une série la totalité de la série. Si cette loi existait seule, l'invention nous serait à jamais interdite ; nous ne pourrions sortir de la répétition, nous serions emprisonnés dans la routine ; mais il y a une puissance antagoniste qui nous affranchit : c'est la dissociation.

Il est assez étrange que tandis que les psychologues étudient depuis si longtemps les lois de l'association, nul n'ait recherché si l'opération inverse, la dissociation, n'a pas aussi ses lois. On ne peut tenter ici un pareil travail qui serait en dehors de notre sujet ; il suffira d'indiquer en passant deux conditions générales qui déterminent la dissociation des séries.

1° Il y a les causes internes ou subjectives. La réviviscence d'une figure, d'un monument, d'un paysage, d'un événement n'est le plus souvent que partielle. Elle dépend de conditions diverses qui ravivent l'essentiel et laissent tomber les détails secondaires, et cet essentiel qui survit à la dissociation dépend de causes subjectives dont les principales sont d'abord des raisons pratiques, utilitaires. C'est la tendance déjà mentionnée à négliger ce qui ne sert pas, à l'exclure de la conscience. Helmholtz a montré que, dans l'acte de la vision, divers détails restent inaperçus, parce qu'ils sont indifférents pour les besoins de la vie, et il y a beaucoup d'autres cas de cette espèce. — Ensuite des raisons affectives qui gouvernent l'attention et l'orientent dans une direction exclusive ; elles seront étudiées

---

[1] Dans sa récente histoire des théories de l'imagination (*La psicologia dell'immaginazione, nella storia filosofia*. Roma, 1898), Ambrosi montre que cette loi se trouve déjà formulée dans la *Psychologia empirica* de Ch. Wolff. « Perceptio præterita integra recurrit cujus præsens continet partem ».

dans la suite de cet ouvrage. — Enfin des raisons logiques ou intellectuelles, en désignant sous ce nom la loi d'inertie mentale ou loi du moindre effort, par laquelle l'esprit tend vers la simplification et l'allègement de son travail.

2° Il y a les causes externes ou objectives qui sont les variations dans l'expérience. Lorsque deux ou plusieurs qualités ou événements sont donnés comme constamment associés, on ne les dissocie pas. L'uniformité des lois de la nature est le grand antagoniste de la dissociation. Bien des vérités (par exemple, l'existence des antipodes), se sont imposées difficilement, parce qu'il fallait briser des associations indissolubles. Le roi oriental dont parle J. Sully, qui n'avait jamais vu de glace, refusait d'admettre une eau solide. « Une impression totale dont les éléments ne nous auraient jamais été donnés à part dans l'expérience, serait réfractaire à l'analyse. Si tous les objets froids étaient humides et tous les objets humides froids; si tous les liquides étaient transparents et si aucun objet non liquide n'était transparent, nous aurions beaucoup de peine à distinguer le froid de l'humide et la liquidité de la transparence ». Tout au contraire, ajoute W. James, « ce qui a été associé tantôt à une chose, tantôt à une autre, tend à se dissocier des deux....; c'est ce qu'on pourrait appeler une loi de dissociation par variations concomitantes [1] ».

Pour bien comprendre la nécessité absolue de la dissociation, remarquons que la réintégration totale est, par nature, un obstacle à la création. On cite des gens qui peuvent facilement retenir vingt ou trente pages d'un livre; mais s'ils ont besoin d'un passage, ils ne peuvent l'extraire; ils doivent reprendre dès le commencement et poursuivre jusqu'à l'endroit requis, en sorte que cette extrême facilité

---

[1] J. Sully. *The Human Mind*, I, 365.-W. James. *Psychology*, I, 502.

à retenir devient un sérieux inconvénient. Sans parler de ces cas rares, on sait que les gens ignorants et bornés font de chaque événement un récit invariable, toujours le même, où tout est sur le même plan, l'important et l'accessoire, l'utile et l'inutile : ils ne font grâce d'aucun détail; ils sont incapables de trier. Les esprits de cette trempe sont impropres à l'invention. — On peut dire plus brièvement qu'il y a deux sortes de mémoire. L'une complètement systématisée (habitudes, routine, poésie ou prose apprise par cœur, exécution musicale impeccable, etc.), elle forme bloc et est inapte à entrer dans des combinaisons nouvelles. L'autre non systématisée, c'est-à-dire formée de petits groupes plus ou moins cohérents : celle-ci est plastique et apte à entrer dans des combinaisons nouvelles.

Nous n'avons énuméré que les causes spontanées, naturelles, de dissociation, omettant les causes volontaires et artificielles qui ne sont que l'imitation des premières. Par l'effet de ces diverses causes, les images et les séries sont morcelées, fragmentées, mises en pièces, mais d'autant plus propres à servir de matériaux à l'inventeur. C'est un travail analogue à celui qui, en géologie, produit de nouveaux terrains par l'usure des vieilles roches.

II

L'association est une des grandes questions de la psychologie ; mais comme elle n'appartient pas en propre à notre sujet, elle ne sera traitée que dans la mesure stricte de son utilité. Rien d'ailleurs n'est plus facile que de nous circonscrire. Notre tâche est réductible à une question très nette et très limitée : *Quelles sont les formes d'associations qui donnent lieu à des combinaisons nouvelles et sous quelles influences se forment-elles?* Toutes les autres formes d'association, celles qui ne sont que répétition, doivent être éliminées. Par suite, ce sujet ne peut être traité en une seule fois ; il doit être étudié tour à tour dans ses rapports avec nos trois facteurs : intellectuel, émotionnel, inconscient.

On admet généralement que le terme « association des idées » est mauvais. Il est trop peu compréhensif, l'association régissant d'autres états psychiques que les idées. Il semble de plus indiquer une pure juxtaposition, tandis que les états associés se modifient par le fait même de leur connexion [1]. Mais comme il est consacré par un long usage, il serait difficile de le proscrire.

Par contre, les psychologues ne sont pas d'accord sur la détermination des lois ou formes principales d'association. Sans prendre parti dans ce débat, j'adopte la classification la plus répandue, la plus commode pour notre sujet : celle qui ramène tout aux deux lois fondamentales de la contiguïté et de la ressemblance. Dans ces dernières années, diverses tentatives ont été faites pour ramener ces deux lois à une seule ; les uns réduisant la ressemblance à la contiguïté, les autres la contiguïté à la ressemblance. Laissant de côté le fond de cette discussion qui me paraît assez vaine et qui n'est due peut-être qu'à un besoin excessif d'unité, il faut reconnaître pourtant que ce débat n'est pas sans intérêt pour l'étude de l'imagination créatrice, parce qu'il a bien montré que les deux lois fondamentales ont chacune un mécanisme qui lui est propre.

L'association par contiguïté (ou continuité) que Wundt nomme externe, est simple et homogène ; elle reproduit l'ordre et la connexion des choses ; elle se réduit à des habitudes contractées par notre système nerveux.

---

1. Pour une bonne critique de ce terme, voir Titchener, *Outlines of Psychology*, p. 190 sq., New-York, 1896.

L'association par ressemblance que Wundt nomme interne, est-elle au sens strict une loi élémentaire? Beaucoup en doutent. Sans entrer dans les débats longs et souvent confus auquel ce sujet a donné lieu, on peut en résumer les résultats comme il suit. Dans l'association dite par ressemblance, il faut distinguer trois moments : 1° celui de la présentation; un état A est donné par la perception ou l'association par contiguïté; c'est le point de départ. 2° celui du travail d'assimilation; A est reconnu comme plus ou moins semblable à un état a antérieurement éprouvé. 3° par suite de la coexistence de A et de a dans la conscience, ils peuvent plus tard s'évoquer réciproquement; quoique, en fait, les deux événements primitifs A et a n'aient jamais coexisté antérieurement et même quelquefois n'aient pas pu coexister. Il est clair que le moment capital est le second; et qu'il consiste en un acte d'assimilation active, non d'association. Aussi W. James soutient-il « que la ressemblance n'est pas une loi élémentaire, mais un rapport que l'esprit perçoit après le fait, comme il perçoit des rapports de supériorité, de distance, de causalité, etc..., entre deux objets évoqués par le mécanisme de l'association »[1].

L'association par ressemblance suppose un travail mixte d'association et de dissociation : c'est une forme active. Aussi est-elle la source principale des matériaux de l'imagination créatrice, comme la suite de ce travail le montrera à satiété.

Après ce préambule un peu long, mais indispensable, arrivons au facteur intellectuel proprement dit, dont nous

---

[1]. Pour les débats sur la réduction à l'unité, on trouvera la bibliographie détaillée dans Jodl. : *Lehrbuch der Psychologie* (Stuttgart, 1896), p. 400. — Sur la comparaison des deux lois : W. James, *Ouv. cité*, I, 590. J. Sully, *Ouv. cité*, I, 331 et suiv. Höffding, *Psychologie*, 213 sq.

nous sommes rapprochés peu à peu. L'élément essentiel, fondamental, de l'imagination créatrice dans l'ordre intellectuel, c'est la faculté de *penser par analogie*, c'est-à-dire par ressemblance partielle et souvent accidentelle. Nous entendons par analogie une forme imparfaite de la ressemblance : le semblable est un genre dont l'analogue est une espèce.

Examinons avec quelques détails le mécanisme de ce mode de pensée pour comprendre comment l'analogie est, de sa nature, un instrument presque inépuisable de création.

1° L'analogie peut reposer uniquement sur la quantité des attributs comparés. Soient *abcdef* et *rstudv* deux êtres ou objets dont chaque lettre désigne symboliquement les attributs constitutifs. Il est clair que l'analogie entre les deux est très faible, puisqu'il n'y a qu'un seul élément commun : *d*. Si le nombre des éléments communs augmente, l'analogie croîtra dans la même proportion. Mais le rapprochement symbolisé ci-dessus n'est pas rare chez les esprits étrangers à une discipline un peu rigoureuse. Un enfant voyait dans la lune et les étoiles une mère entourée de ses filles. Les aborigènes de l'Australie appelaient un livre « une moule », uniquement parce qu'il s'ouvre et se ferme comme les valves d'un coquillage.

2° Elle peut avoir pour base la qualité ou valeur des attributs comparés. Elle s'appuie sur un élément variable qui oscille de l'essentiel à l'accidentel, de la réalité à l'apparence. Entre les cétacés et les poissons, les analogies sont grandes pour le profane, faibles pour le naturaliste. Ici encore de nombreux rapprochements sont possibles, si l'on ne tient compte ni de leur solidité ni de leur fragilité.

3° Enfin, chez les esprits sans rigueur, il se produit une opération demi-inconsciente qu'on pourrait appeler un transfert par omission du moyen terme. Il y a analogie entre $abcde$ et $ghaif$ par le caractère commun a; entre $ghaif$ et $xyfzq$ par le caractère commun f, et finalement une analogie s'établit entre $abcde$ et $xyfzq$ sans autre raison que leur analogie commune avec $ghaif$. Dans l'ordre affectif, les transferts de ce genre ne sont pas rares.

L'analogie, procédé instable, ondoyant et multiforme, donne lieu aux groupements les plus imprévus et les plus nouveaux; par sa souplesse, qui est presque sans bornes, elle produit également des rapprochements absurdes et des inventions très originales.

Après ces remarques sur le mécanisme de la pensée par analogie, voyons les procédés qu'elle emploie pour créer. Le problème est, en apparence, inextricable. Les analogies sont si nombreuses, si diverses, si arbitraires qu'on doit désespérer d'abord de découvrir une régularité quelconque dans le travail créateur. Il semble pourtant qu'il est réductible à deux types ou procédés principaux qui sont la personnification et la transformation ou métamorphose.

La *personnification* est le procédé primitif : il est radical, toujours identique à lui-même, mais transitoire; il va de nous-mêmes aux autres choses. Il consiste à tout animer, à supposer dans tout ce qui donne signe de vie et même dans l'inanimé des désirs, passions et volontés analogues aux nôtres, agissant comme nous en vue de certaines fins. Cet état d'esprit est incompréhensible pour l'homme adulte et civilisé; mais il faut bien l'admettre, puisque il y a des faits sans nombre qui en démontrent l'existence. On me dispensera d'en citer. Ils sont trop connus; ils remplissent les ouvrages des ethnologistes, des voyageurs en pays sauvages, des mythographes. D'ailleurs, tous, au début de notre vie, pendant notre première enfance, nous avons traversé cette période inévitable de l'animisme universel. Les ouvrages de psychologie infantile abondent en observations qui ne laissent aucun doute possible sur ce point ; l'enfant anime tout et d'autant plus qu'il est plus imaginatif : mais ce qui, chez le civilisé, ne dure qu'un moment, reste chez le primitif une disposition stable et toujours en action. — Ce procédé de personnification est la source intarissable d'où ont jailli la plupart des mythes, une masse énorme de superstitions et un grand nombre de créations esthétiques ; pour résumer en un seul mot : toutes les choses qui sont inventées *ex analogia hominis*.

La *transformation* ou *métamorphose* est un procédé général, permanent, à formes multiples, qui va non du sujet pensant aux objets ; mais d'un objet à un autre objet, d'une chose à une autre chose. Il consiste en un transfert par ressemblance partielle. Cette opération repose sur deux bases fondamentales. Tantôt elle s'appuie sur des ressemblances vagues fournies par les perceptions : un nuage devient une montagne, ou la montagne un animal fantastique, le bruit du vent est une plainte, etc. Tantôt c'est une ressemblance affective qui prédomine : une perception évoque un sentiment et en devient la marque, le signe, la forme plastique : le lion représente le courage, le chat, la ruse, le cyprès la tristesse, etc. Tout cela, sans doute, est erroné ou arbitraire ; mais le rôle de l'imagination est d'inventer, non de connaître. — Personne n'ignore que ce procédé crée les métaphores, les allégories, les symboles ; il ne faudrait pas croire cependant qu'il reste confiné dans le domaine de l'art ou de l'évolution du langage. Il se rencontre à chaque instant dans la vie pratique, dans l'invention mécanique, industrielle, commerciale, scientifique et nous en donnerons plus tard un grand nombre d'exemples.

Remarquons, en effet, que l'analogie, forme imparfaite de la ressemblance, comme on l'a dit plus haut, — supposant entre les objets comparés une somme de ressemblances et de différences à proportions variables — comporte nécessairement tous les degrés. A un bout, le rapprochement se fait entre des similitudes vaines ou extravagantes. A l'autre bout, l'analogie confine à la ressemblance exacte ; elle se rapproche de la connaissance proprement dite, par exemple dans l'invention mécanique et scientifique. Dès lors, rien d'étonnant si l'imagination est souvent un substitut et, comme le disait Gœthe, « un avant-coureur de la raison ». Entre l'imagination créatrice et la recherche rationelle, il y a une communauté de nature : toutes deux supposent la faculté de saisir les ressemblances. D'autre part, la prépondérance du procédé exact ou du procédé approximatif établit, dès l'origine, une distinction entre « les penseurs » et les « imaginatifs ».

CHAPITRE II

Le facteur émotionnel.

L'influence des états affectifs sur le travail de l'imagination est d'observation courante; mais elle a été étudiée surtout par les moralistes qui, le plus souvent, l'ont critiquée ou condamnée comme une cause inépuisable d'erreurs. Le point de vue du psychologue est tout autre. Il n'a pas à rechercher si les émotions et passions enfantent des chimères — ce qui est incontestable — mais pourquoi et comment elles agissent. Or, le facteur affectif ne le cède en importance à aucun autre; il est le ferment sans lequel aucune création n'est possible. Étudions-le sous ses principaux aspects, quoique nous ne puissions pas, en ce moment, épuiser la question.

I

Il faut d'abord montrer que l'influence de la vie affective est sans limites, qu'elle pénètre le champ de l'invention tout entier et sans restriction aucune; que ce n'est pas une assertion gratuite, qu'elle est au contraire rigoureusement justifiée par les faits et que l'on est en droit de soutenir les deux propositions suivantes :

1° Toutes les formes de l'imagination créatrice impliquent des éléments affectifs.

Cette affirmation a été contestée par des psychologues autorisés qui soutiennent, « que l'émotion s'ajoute à l'imagination sous sa forme esthétique, non sous sa forme mécanique et intellectuelle. » Ceci est une erreur de fait qui résulte de la confusion ou de l'analyse inexacte de deux cas distincts. Dans les cas de création non esthétique, le rôle de la vie affective est simple ; dans les cas de création esthétique, le rôle de l'élément émotionnel est double.

Considérons d'abord l'invention sous sa forme la plus générale. L'élément affectif est primitif, originel ; car toute invention présuppose un besoin, un désir, une tendance, une impulsion non satisfaite, souvent même un état de gestation plein de malaise. De plus, il est concomitant, c'est-à-dire que sous la forme de plaisir ou de peine, d'espoir, de dépit, de colère, etc., il accompagne toutes les phases ou péripéties de la création. Le créateur peut, au gré du hasard, traverser les formes les plus diverses de l'exaltation et de la dépression ; ressentir tour à tour l'abattement de l'échec et la joie du succès, enfin la satisfaction d'être libéré d'une laborieuse grossesse. Je défie qu'on produise un seul exemple d'invention produite *in abstracto* et pure de tout élément affectif : la nature humaine ne comporte pas ce miracle.

Maintenant, prenons le cas particulier de la création esthétique (et des formes qui s'en rapprochent). Ici encore nous trouvons le facteur émotionnel à l'origine comme premier moteur, puis attaché aux diverses phases de la création, comme accompagnement. Mais, *de plus*, les états affectifs deviennent la matière de la création. C'est un fait bien connu, presque une règle, que le poète, le romancier, l'auteur dramatique, le musicien, souvent même le sculpteur et le peintre ressentent les sentiments et passions de leurs personnages, s'identifient avec eux. Il y a donc, dans ce second cas, deux courants affectifs : l'un qui constitue l'émotion, matière de l'art; l'autre qui sollicite la création et se développe avec elle.

La différence entre les deux cas que nous avons séparés, consiste en cela et rien qu'en cela. L'existence d'une émotion-matière, qui est propre à la création esthétique, ne change rien au mécanisme psychologique de l'invention en général. Son absence dans les autres formes de l'imagination n'empêche pas la nécessité d'éléments affectifs partout et toujours :

2° *Toutes les dispositions affectives quelles qu'elles soient peuvent influer sur l'imagination créatrice.*

Ici encore je rencontre des contradicteurs, notamment Olzelt-Newin dans sa courte et substantielle monographie sur l'imagination [1]. Adoptant la division des émotions en deux classes, sthéniques ou excitantes et asthéniques ou dépressives, il attribue aux premières le privilège exclusif d'influer sur la création; mais quoique l'auteur limite son étude à la seule imagination esthétique, même entendue ainsi sa thèse est insoutenable : les faits lui donnent un démenti complet, et il est facile de démontrer que toutes les formes d'émotion, sans exception aucune, sont des ferments d'invention.

Personne ne niera que la peur est le type des manifestations asthéniques. Pourtant n'est-elle pas la mère des fantômes, de superstitions sans nombre, de pratiques religieuses tout à fait déraisonnables et chimériques?

La colère, sous sa forme exaltée, violente, est plutôt un

---

[1]. *Ueber Phantasievorstellungen*, 1889. Graz, p. 48.

agent de destruction, ce qui semble contredire ma thèse ; mais laissons passer l'ouragan, qui est toujours de courte durée, et nous trouvons à sa place les formes mitigées, intellectualisées, qui sont des modifications diverses de la fureur primitive, passant de l'état aigu à l'état chronique : l'envie, la jalousie, l'hostilité, la vengeance préméditée, etc. Ces dispositions de l'âme ne sont-elles pas fécondes en ruses, stratagèmes, inventions de toute sorte ? Même à s'en tenir à la création esthétique, faut-il rappeler le *facit indignatio versum* ?

Il est inutile de démontrer la fécondité de la joie. — Quant à l'amour tout le monde sait que son œuvre consiste à créer un être imaginaire qui se substitue à l'objet aimé ; puis quand la passion s'est évanouie, l'amant désillusionné se trouve en face de la réalité nue.

La tristesse appartient de droit au groupe des émotions dépressives et pourtant elle a autant d'influence qu'aucune autre sur l'invention. Ne sait-on pas que la mélancolie et même la douleur profonde ont fourni aux poètes, aux musiciens, aux peintres, aux sculpteurs, leurs plus belles inspirations ? N'existe-t-il pas un art franchement et délibérément pessimiste ? Et cette influence n'est pas restreinte uniquement à la création esthétique : oserait-on soutenir que l'hypocondriaque et que l'aliéné atteint du délire des persécutions sont dénués d'imagination ? Leur disposition morbide est au contraire la source d'où leurs étranges inventions surgissent incessamment.

Enfin, cette émotion complexe qu'on nomme le *Self-feeling*, qui se réduit finalement au plaisir d'affirmer notre force et d'en ressentir l'épanouissement ou au sentiment pénible de notre puissance entravée, affaiblie, nous ramène directement aux éléments moteurs qui sont les conditions fondamentales de l'invention. Avant tout, dans ce sentiment personnel, il y a le plaisir d'être cause, c'est-à-dire créateur; et tout créateur a conscience de sa supériorité sur les non-créateurs. Si mince que soit son invention, elle lui confère une supériorité sur ceux qui n'ont rien trouvé. Quoiqu'on ait répété à satiété que la marque propre de la création esthétique est d'être désintéressée, il faut reconnaître, comme Groos l'a si justement remarqué [1], que l'artiste ne crée pas pour le seul plaisir de créer, mais qu'il vise aussi à la maîtrise sur d'autres esprits. La création est l'extension naturelle du « self-feeling », et le plaisir qui l'accompagne est le plaisir de la victoire.

Donc, à la condition d'entendre l'imagination au sens complet, sans la restreindre indûment à l'esthétique, il n'est pas, entre les formes multiples de la vie affective, une seule qui ne puisse provoquer l'invention. Reste à voir ce facteur émotionnel à l'œuvre, comment il peut susciter des combinaisons nouvelles, et ceci nous ramène à l'association des idées.

II

On a dit plus haut que la loi *idéale* et *théorique* de la réviviscence des images est celle de réintégration complète : par exemple, se rappeler tous les incidents d'un long voyage dans leur ordre chronologique, sans additions ni omissions. Mais cette formule exprime ce qui doit être, non ce qui est. Elle suppose l'homme réduit à l'état d'intelligence pure et à l'abri de tout élément perturbateur; elle convient aux formes de la mémoire complètement systématisées, figées en routine et en habitude; mais en dehors de ces cas, elle reste une conception abstraite.

---

1. *Die Spiele der Thiere*, Iéna, 1896. Ce sujet est très bien traité par cet auteur, p. 294-301.

A cette loi d'une valeur platonique s'oppose la loi *réelle* et *pratique* qui régit en fait la réviviscence des images. On l'a appelée avec raison la « loi d'intérêt » ou loi affective et on peut la formuler ainsi : Dans tout événement passé, les parties intéressantes se ravivent seules ou avec plus d'intensité que les autres. Intéressante signifie ce qui nous touche en quelque manière, sous une forme agréable ou pénible. Remarquons que l'importance de ce fait a été signalée non par les associationistes (on devait s'y attendre), mais par des écrivains moins systématiques, étrangers à cette école : Coleridge, Shadworth Hodgson, avant eux Schopenhauer. W. James l'appelle la « loi ordinaire » ou mixte d'association [1]. Sans doute, la « loi d'intérêt » est moins précise que les lois intellectuelles de contiguïté et de ressemblance. Toutefois elle semble pénétrer davantage dans les raisons dernières. Si, en effet, dans le problème de l'association, on distingue ces trois choses : — les faits, les lois, les causes — la loi pratique nous rapproche plus des causes.

Quoi qu'il en soit sur ce point, le facteur émotionnel crée des combinaisons nouvelles par plusieurs procédés.

Il y a les cas ordinaires, simples, à base affective *naturelle*, dépendant des dispositions momentanées. Ils consistent en ce que des représentations qui ont été accompagnées d'un même état affectif, tendent à s'associer ultérieurement : la ressemblance affective réunit et enchaîne des représentations disparates. Ceci diffère de l'association par contiguïté qui est une répétition de l'expérience et de l'association par ressemblance au sens intellectuel. Les états de conscience se combinent non parce qu'ils ont été donnés ensemble antérieurement, non parce que nous percevons

---

[1]. *Psychology*, t. I, p. 972 sq.

entre eux des rapports de ressemblance, mais parce qu'ils ont un ton affectif commun. La joie, la tristesse, l'amour, la haine, l'admiration, l'ennui, l'orgueil, la fatigue, etc., peuvent devenir un centre d'attraction qui groupe des représentations ou événements sans rapports rationnels entre eux, mais qui ont la même marque émotionnelle : joyeuse, mélancolique, érotique, etc. Cette forme d'association est très fréquente dans les rêves et la rêverie, c'est-à-dire dans un état d'esprit où l'imagination jouit de sa pleine liberté et travaille au hasard. — On comprend aisément que cette influence, franche ou latente, du facteur émotionnel doit faire surgir des groupements tout à fait inattendus et offre un champ presque illimité aux combinaisons nouvelles, le nombre des images qui ont une empreinte affective commune étant très grand.

Il y a les cas rares, extraordinaires, à base affective *exceptionnelle*. Telle est l'audition colorée. On sait que plusieurs hypothèses ont été émises sur l'origine de ce phénomène : — embryologique, il serait le résultat d'une différenciation incomplète entre le sens de la vue et celui de l'audition et la survivance, dit-on, d'une époque lointaine où dans l'humanité cet état aurait été la règle; — anatomique, supposant des anastomoses entre les centres cérébraux des sensations visuelles et auditives; — physiologique ou de l'irradiation nerveuse; — psychologique ou de l'association. Cette dernière hypothèse paraît convenir au plus grand nombre de cas, sinon à tous; mais, comme Flournoy l'a observé, il s'agit d'une association « affective ». Deux sensations absolument hétérogènes (comme la couleur bleue et le son *i*) peuvent se ressembler par le retentissement commun qu'elles ont dans l'organisme de quelques privilégiés, et ce facteur émotionnel devient un lien d'association. Remarquons que cette hypothèse explique aussi les cas beaucoup plus rares d'olfaction, de gustation, de douleurs colorées, c'est-à-dire une association anormale entre des couleurs déterminées et des saveurs, odeurs, douleurs déterminées.

Quoiqu'on ne les rencontre que par exception, ces modes d'association affective sont accessibles à l'analyse, même clairs, presque palpables, si on les compare à d'autres cas subtils, raffinés, à peine saisissables dont l'origine se laisse soupçonner, supposer plutôt que comprendre. C'est d'ailleurs un mode d'imagination propre à peu de gens : certains artistes et quelques excentriques ou déséquilibrés. Ils ne se trouvent guère hors de la vie esthétique ou pratique. Je veux parler de ces formes de l'invention qui n'admettent que des conceptions fantastiques, d'une étrangeté poussée à l'aigu (Hoffmann, Poë, Baudelaire, Goya, Wiertz, etc.) ou des sentiments surprenants, extraordinaires, inconnus du reste des hommes (les symbolistes et décadents qui fleurissent actuellement dans les divers pays d'Europe et d'Amérique et qui, à tort ou à raison, croient préparer l'esthétique de l'avenir). Il faut admettre ici une manière de *sentir* toute spéciale, dépendant du tempérament d'abord et que beaucoup cultivent et raffinent comme une précieuse rareté. Là est la vraie source de leur invention. Sans doute pour l'affirmer pertinemment, il faudrait pouvoir établir les rapports directs de leur constitution physique et psychique et de leur œuvre; noter même les dispositions particulières au *moment* de la création. Du moins, il me semble clair que la nouveauté, l'étrangeté des combinaisons, par son caractère de profonde subjectivité, indique une origine émotionnelle plutôt qu'intellectuelle. Ajoutons, sans insister, que ces manifestations anormales de l'imagination créatrice sont du ressort de la pathologie plus que de la psychologie.

L'association par *contraste* est, de sa nature, vague, arbitraire, indéterminée. Elle repose, en effet, sur une conception essentiellement subjective et fuyante, celle de contraire, qu'il est presque impossible de fixer scientifiquement; car le plus souvent les contraires n'existent que par nous et pour nous. On sait que cette forme d'association n'est pas primaire et irréductible. Elle est ramenée par quelques-uns à la contiguïté, par la plupart à la ressemblance. Les deux opinions ne me semblent pas inconciliables. Dans l'association par contraste, on peut distinguer deux couches. L'une, superficielle, est faite de contiguïté : nous avons tous dans la mémoire des couples associés tels que grand-petit, riche-pauvre, haut-bas, droite-gauche, etc., qui résultent de la répétition et de l'habitude. L'autre, profonde, est faite de ressemblance : le contraste n'existe que là où une commune mesure est possible entre les deux termes. Comme le remarque Wundt un mariage peut faire penser à un enterrement (union et séparation des conjoints) mais non à un mal de dent. Il y a contraste entre des couleurs, contraste entre des sons, mais non entre un son et une couleur, à moins qu'il n'y ait un fond commun auquel on les rapporte, comme dans les cas cités plus haut d'audition colorée. Dans l'association par contraste, il y a des éléments conscients qui s'opposent l'un à l'autre et au-dessous un élément inconscient, la ressemblance — non perçue clairement et logiquement, mais sentie — qui évoque et rapproche les éléments conscients.

Que cette interprétation soit exacte ou non, remarquons que l'association par contraste ne pouvait être omise, parce que son mécanisme plein d'imprévu se prête facilement aux rapprochements nouveaux. D'ailleurs, je ne prétends pas qu'elle est tout entière sous la dépendance du facteur émotionnel; mais comme le fait observer Höffding, « le propre de la vie affective est de se mouvoir entre les contraires ; elle est déterminée tout entière par la grande opposition entre le plaisir et la douleur ; aussi les effets de contraste sont-ils bien plus forts que dans le domaine des sensations[1] ». Cette forme d'association prédomine dans les créations esthétiques et mythiques, c'est-à-dire de la libre fantaisie ; elle s'efface dans les formes précises de l'invention pratique, mécanique, scientifique.

III

Jusqu'ici nous n'avons considéré le facteur émotionnel que sous un seul aspect — affectif pur — celui qui se révèle à la conscience sous une forme agréable, désagréable ou mixte ; mais les sentiments, émotions et passions renferment des éléments plus profonds — moteurs, c'est-à-dire impulsifs ou inhibitoires — que nous devons négliger d'autant moins que c'est dans les mouvements que nous cherchons l'origine de la création imaginative. Cet élément moteur est celui que la langue courante et même quelquefois les traités de psychologie désignent sous les noms d' « instinct créateur », d' « instinct de l'invention » ; ce qu'on exprime encore en disant que les créateurs sont des « instinctifs » et « sont poussés comme l'animal à accomplir certains actes ».

Si je ne me trompe, cela signifie que « l'instinct de la création » existe chez tous les hommes à quelque degré : faible chez les uns, saisissable chez d'autres, éclatant chez les grands inventeurs.

Or, je n'hésite pas à soutenir que l'instinct créateur, pris

---

1. Höffding, *Psychologie*, p. 249.

en ce sens strict, assimilé aux instincts des animaux, est une pure métaphore, une entité réalisée, une abstraction. Il y des besoins, appétits, tendances, désirs communs à tous les hommes qui, chez un individu donné, à un moment donné, peuvent aboutir à une création; mais il n'y a pas une manifestation psychique spéciale qui soit l'instinct créateur. En effet, que serait-il? Chaque instinct a son but propre : la faim, la soif, le sexe, les instincts spécifiques de l'abeille, de la fourmi, du castor, de l'araignée consistent en un groupe de mouvements adoptés à une fin déterminée, toujours la même. Or, que serait un instinct créateur *en général* qui, par hypothèse, produirait tour à tour un opéra, une machine, une théorie métaphysique, un système financier, un plan de campagne militaire et ainsi de suite? C'est une pure chimère. L'invention n'a pas une source, mais *des* sources.

Considérons, de notre point de vue actuel, la dualité humaine, l'*homo duplex* :

Supposons l'homme réduit à l'état de pure intelligence, c'est-à-dire capable de percevoir, se souvenir, associer, dissocier, raisonner et rien de plus : toute création est impossible, parce qu'il n'y a rien qui la sollicite.

Supposons l'homme réduit aux manifestations organiques. Il n'est plus qu'un faisceau de besoins, d'appétits, de tendances, d'instincts, c'est-à-dire de manifestations motrices : forces aveugles qui, faute d'un organe cérébral suffisant, ne créeront rien.

La coopération de ces deux facteurs est indispensable; sans l'un rien ne commence, sans l'autre rien n'aboutit; et, bien que je soutienne que c'est dans les besoins qu'il faut chercher la cause première de *toutes* les inventions, il est clair que l'élément moteur ne suffit pas. Si les besoins sont forts, énergiques, ils peuvent déterminer une création, ou avorter si le facteur intellectuel est insuffisant. Beaucoup désirent trouver et ne trouvent rien. Un besoin aussi banal que la faim ou la soif suggère à l'un quelque moyen ingénieux de le satisfaire ; un autre reste totalement dépourvu.

En somme, pour qu'une création se produise, il faut d'abord qu'un besoin s'éveille, ensuite qu'il suscite une combinaison d'images, enfin qu'il s'objective et se réalise sous une forme appropriée.

Nous essaierons plus tard (dans la Conclusion) de répondre à cette question : pourquoi est-on imaginatif ? Posons, en passant, la question inverse. — On peut avoir dans l'esprit un trésor inépuisable de faits et d'images et ne rien créer. Exemple : les grands voyageurs qui ont beaucoup vu et entendu et qui ne tirent de leur expérience que quelques récits décolorés ; les hommes mêlés à de grands événements politiques ou aventures militaires, qui ne laissent que des mémoires secs et froids ; les prodiges de lecture, encyclopédies vivantes, qui restent accablés sous le poids de leur érudition. — D'un autre côté, il y a les gens faciles à émouvoir ou à agir, mais bornés, dénués d'images et d'idées. Leur indigence intellectuelle les condamne à la stérilité : cependant, plus près que les autres du type imaginatif, ils produisent quelques puérilités ou chimères. — En sorte qu'à la question posée on peut répondre : le non-imaginatif est tel, par défaut de matériaux ou par absence de ressort.

Sans nous contenter de ces remarques théoriques, montrons rapidement que c'est ainsi que les choses se sont passées, en fait. Tout le travail de l'imagination créatrice peut être ramené à deux grandes classes : les inventions esthétiques, les inventions pratiques ; d'une part ce que l'homme a créé dans le domaine de l'art et d'autre part tout le reste. Bien que cette division puisse paraître bizarre et injustifiée, elle a sa raison d'être, comme nous le verrons ci-après.

Considérons d'abord la classe des créations non esthétiques. Très différentes de nature, toutes les créations de ce groupe coïncident par un point : elles sont d'utilité pratique, elles sont nées d'un besoin vital; d'une des conditions d'existence de l'homme. Il y a d'abord les inventions pratiques au sens strict : tout ce qui tient à l'alimentation, aux vêtements, à la défense, à l'habitation, etc; chacun de ces besoins particuliers a provoqué des inventions adaptées à un but particulier. — Les inventions dans l'ordre social et politique répondent aux conditions d'existence collective; elles sont nées de la nécessité de maintenir la cohésion de l'agrégat social et de la défendre contre les groupes ennemis. — Le travail de l'imagination d'où sont issus les mythes, les conceptions religieuses, les premiers essais d'explication scientifique peuvent sembler d'abord désintéressés et étrangers à la pratique. C'est une erreur. L'homme en face des puissances supérieures de la nature dont il ne pénètre pas le mystère a *besoin* d'agir sur elle; il essaie de se les concilier, même de les asservir par des rites et procédés magiques. Sa curiosité n'est pas théorique, il ne vise pas à savoir pour savoir, mais pour agir sur le monde extérieur et en tirer profit. Aux nombreuses questions que la nécessité lui impose, son imagination seule répond, parce que sa raison est vacillante et sa culture scientifique nulle. Ici donc, l'invention résulte encore de besoins urgents.

A la vérité, au cours du siècle et en raison de la civilisation croissante, toutes ces créations atteignent un deuxième moment où leur origine se dissimule. La plupart de nos inventions mécaniques, industrielles, commerciales, ne sont pas provoquées par la nécessité immédiate de vivre, par un besoin urgent; il ne s'agit pas d'être, mais de mieux être. De même pour les inventions sociales et politiques qui naissent de la complexité croissante et des exigences nouvelles d'agrégats formant de grands États.

Enfin, il est certain que la curiosité primitive a perdu partiellement son caractère utilitaire pour devenir, du moins chez quelques hommes, le goût de la recherche pure, théorique, spéculative, désintéressée. Mais tout ceci n'infirme en rien notre thèse; car c'est une loi de psychologie élémentaire bien connue que, sur les besoins primitifs, se greffent des besoins acquis qui sont tout aussi impérieux : le besoin primitif s'est modifié, transformé, adapté; il n'en reste pas moins le ressort fondamental de la création.

Considérons maintenant la classe des créations esthétiques. D'après la théorie généralement admise et qui est trop connue pour que je m'attarde à l'exposer, l'art a sa source dans une activité superflue, de luxe, inutile à la conservation de l'individu, qui se manifeste d'abord sous la forme du jeu. Puis le jeu, par transformation et complication devient l'art primitif, à la fois danse, musique et poésie étroitement unis en un tout d'apparence indissoluble. Quoique la théorie de l'inutilité absolue de l'art ait encouru de fortes critiques, acceptons-la momentanément. Sauf le caractère vrai ou faux d'inutilité, le mécanisme psychologique reste le même ici que dans les cas précédents; nous dirons seulement qu'au lieu d'un besoin vital, c'est un besoin de luxe qui agit; mais il n'agit que parce qu'il est dans l'homme.

Toutefois, l'inutilité biologique du jeu est loin d'être démontrée. Groos, dans ses deux excellents ouvrages sur ce sujet[1], a soutenu avec beaucoup de force l'opinion contraire. D'après lui, la théorie de Schiller et Spencer sur la dépense d'une activité superflue et la théorie opposée de Lazarus qui ramène le jeu à un délassement, c'est-à-dire à une restitution de force, ne sont que des explications par-

---

1. Groos, *Die Spiele der Thiere* et *Die Spiele der Menschen*, 1899.

tielles. Le jeu a une utilité positive. Chez l'homme, un grand nombre d'instincts existent qui, à la naissance, ne sont pas encore développés; être inachevé, il doit faire l'éducation de ses aptitudes et il y arrive par le jeu qui est l'exercice des dispositions naturelles de l'activité humaine. Chez l'homme et les animaux supérieurs, les jeux sont une préparation, un prélude aux fonctions actives de la vie. Il n'existe pas un instinct du jeu en général, mais des instincts particuliers qui se révèlent sous la forme du jeu.

Si l'on admet cette explication qui n'est pas dénuée de solidité, le travail de l'imagination esthétique lui-même se ramènerait à une nécessité biologique et il n'y aurait plus de raison d'en faire une catégorie à part. Quelque parti qu'on adopte, il reste toujours établi que toute invention est réductible, directement ou indirectement, à un besoin particulier, déterminable, et qu'admettre dans l'homme un instinct spécial dont le caractère propre, spécifique, serait d'inciter à la création est une conception chimérique.

D'où vient donc cette idée persistante et à certains égards séduisante, que la création résulte d'un instinct? C'est que l'invention géniale a des caractères qui la rapprochent évidemment de l'activité instinctive au sens exact de ce mot. D'abord, la précocité, dont nous donnerons plus loin de nombreux exemples et qui simule l'innéité de l'instinct. Ensuite, l'orientation dans un sens exclusif : l'inventeur est pour ainsi dire polarisé; il est l'esclave de la musique, de la mécanique, de la mathématique, souvent impropre à tout hors de sa sphère. On sait le joli mot de Mme du Deffant sur Vaucanson, si gauche, si insignifiant, quand il sortait de la mécanique : « On dirait que cet homme s'est fabriqué lui-même. » Enfin la facilité avec laquelle souvent (non toujours) l'invention se manifeste, la fait ressembler à l'œuvre d'un mécanisme préétabli.

Mais ces caractères et autres semblables peuvent manquer. Ils sont nécessaires pour l'instinct, non pour l'invention. Il y a de grands créateurs qui n'ont été ni précoces, ni confinés dans un domaine étroit et qui ont enfanté péniblement, laborieusement. Entre le mécanisme de l'instinct et celui de la création imaginative, il y a des analogies souvent très grandes, non identité de nature. Chaque tendance de notre organisation, utile ou nuisible, peut devenir l'origine d'une création. Chaque invention est née d'un besoin particulier de la nature humaine, agissant dans sa sphère et pour son but propre.

Si maintenant on demande pourquoi l'imagination créatrice se dirige dans un sens préférablement à tout autre, vers la poésie ou la physique, vers le commerce ou la mécanique, la géométrie ou la peinture, la stratégie ou la musique, etc., nous n'avons rien à répondre. C'est un résultat de l'organisation individuelle dont nous n'avons pas le secret. Dans la vie ordinaire, nous rencontrons des gens visiblement portés vers l'amour ou la bonne chère, vers l'ambition, la richesse ou la piété : nous disons qu'ils sont ainsi faits, que tel est leur caractère. Au fond, les deux questions sont identiques et la psychologie actuelle n'est pas en état de les résoudre.

CHAPITRE III

Le facteur inconscient.

I.

Je désigne sous ce nom — principalement non exclusivement — ce que le langage ordinaire appelle l'inspiration. Malgré son apparence mystérieuse et demi-mythologique, ce terme désigne un fait positif, mal connu dans son intimité, comme tout ce qui touche aux racines de la création. Cette conception a son histoire, et s'il est permis d'appliquer une formule très générale à un cas très particulier, on peut dire qu'elle s'est développée selon la loi des trois états admise par les positivistes.

A l'origine, l'inspiration est attribuée littéralement aux dieux : chez les Grecs, Apollon et les Muses; de même, dans les diverses religions polythéistes. Puis, ce sont des esprits surnaturels, les anges, les saints, etc. D'une manière ou d'une autre, elle est toujours considérée comme extérieure et supérieure à l'homme. A l'origine de toutes les inventions : agriculture, navigation, médecine, commerce, législation, beaux-arts, il y a la croyance en une révélation : l'esprit humain se considère comme incapable d'avoir trouvé tout cela. La création a jailli, on ne sait comment, dans l'ignorance des procédés.

Plus tard, ces êtres supérieurs deviennent des formules vides, des survivances : il ne reste plus que les poètes qui les invoquent sans y croire, par tradition. Mais à côté de ces survivances de forme, il subsiste un fond mystérieux qu'on traduit par des expressions vagues et des métaphores : enthousiasme, délire poétique, être pris, possédé, « avoir le diable au corps », « l'esprit souffle quand il veut », etc. On est sorti du surnaturel, sans essayer toutefois une explication positive.

Enfin, dans une troisième phase, on cherche à sonder cet inconnu. La psychologie y voit une manifestation particulière de l'esprit, un état singulier, demi-inconscient, demi-conscient que nous devons étudier maintenant.

Tout d'abord, et considérée sous son aspect négatif, l'inspiration présente un caractère très net : elle ne dépend pas de la volonté individuelle; comme pour le sommeil ou la digestion, on peut essayer des procédés qui la provoque, la favorise, la maintienne; mais on n'y réussit pas toujours. Les inventeurs, grands et petits, ne tarissent pas en plaintes sur les périodes de stérilité qu'ils subissent malgré eux : les plus sages attendent le moment; les autres essaient de lutter contre leur mauvais sort et de créer contre nature.

Considérée sous son aspect positif, l'inspiration a deux marques essentielles : soudaineté, impersonnalité.

Elle fait dans la conscience une irruption brusque, mais qui suppose un travail latent, souvent très long. Elle a ses analogues dans d'autres états psychiques bien connus : par exemple, une passion qui s'ignore et qui, après une longue période d'incubation, se révèle par un acte; ou bien une résolution soudaine, après des délibérations sans fin qui ne paraissaient pas devoir aboutir. Absence d'effort et en apparence de préparation. Beethoven frappait au hasard les touches d'un piano ou écoutait le chant des oiseaux. « Chez Chopin, dit G. Sand, la création était spontanée, miraculeuse; il la trouvait sans la chercher, sans la prévoir : elle venait complète, soudaine, sublime. » On pourrait entasser des faits semblables à profusion. Quelquefois même l'inspiration surgit en plein sommeil et éveille le dormeur : et qu'on ne suppose pas que cette soudaineté est propre aux artistes; elle se trouve dans toutes les formes d'invention. « Vous sentez un petit coup d'électricité qui vous frappe à la tête et vous saisit en même temps le cœur; voilà le moment du génie (Buffon). » « J'ai eu dans ma vie quelques bonnes rencontres, dit Dubois-Reymond, et j'ai souvent remarqué qu'elles me venaient involontairement et lorsque je n'y pensais pas. » Cl. Bernard a fait plus d'une fois la même remarque.

L'impersonnalité est un caractère plus profond que le précédent. Elle révèle une puissance supérieure à l'individu conscient, étrangère à lui quoique agissant par lui : état que tant d'inventeurs ont exprimé en ces termes : Je n'y suis pour rien. Le meilleur moyen de la connaître serait de transcrire quelques observations empruntées aux inspirés eux-mêmes. Elles ne manquent pas et quelques-unes ont la valeur d'une bonne observation[1]; mais cela nous entraînerait trop loin. Notons seulement que cette poussée de l'inconscient agit différemment suivant les individus. Les uns la subissent douloureusement, luttant contre elle à la manière de la pythonisse antique au moment de rendre son oracle. Les autres (surtout dans l'inspiration religieuse) s'abandonnent tout entiers, avec plaisir, ou subissent passivement. D'autres, plus analystes, ont observé

---

[1]. On en trouvera plusieurs dans l'appendice A.

la concentration de toutes leurs facultés et aptitudes sur un seul point. Mais, quelques caractères qu'elle revête, l'inspiration restant impersonnelle, dans son fond, ne pouvant venir de l'individu conscient, il faut (à moins de lui assigner une origine surnaturelle) admettre qu'elle dérive de l'activité inconsciente de l'esprit. Pour être fixé sur sa nature, il serait donc nécessaire d'être fixé d'abord sur la nature de l'inconscient, c'est-à-dire sur une des énigmes de la psychologie.

J'écarte comme oiseuses et inutiles à notre dessein toutes les discussions sur ce sujet. En définitive, elles se réduisent à deux thèses principales. Pour les uns, l'inconscient est une activité purement physiologique, une « cérébration ». Pour les autres, c'est une diminution graduelle de la conscience qui existe sans être reliée au moi, c'est-à-dire à la conscience principale. Les deux thèses sont pleines de difficultés et passibles d'objections presque insurmontables[1].

Prenons donc l'inconscient comme *fait* et bornons-nous, à titre d'éclaircissement, à rapprocher l'inspiration de quelques états mentaux qu'on a jugés propres à l'expliquer.

1° L'hypermnésie ou exaltation de la mémoire ne nous apprend rien, quoi qu'on en ait dit, sur la nature de l'inspiration ni de l'invention en général. Elle se produit dans l'hypnotisme, la manie, la période d'excitation de la folie circulaire, au début de la paralysie générale et surtout dans les épidémies religieuses sous la forme appelée « le don des langues ». On trouve, à la vérité, quelques observations (une de Régis entre autres où un marchand de journaux illettré compose des pièces de vers de son cru) qui montrent que l'exaltation de la mémoire s'accom-

1. Voir sur ce sujet, l'appendice B.

pagne quelquefois d'une certaine tendance à l'invention ; mais l'hypermnésie pure consiste en un afflux extraordinaire de souvenirs totalement dénué de la marque essentielle de la création : les combinaisons nouvelles. Il semble même que, entre les deux cas, il y a plutôt antagonisme ; l'exaltation de la mémoire se rapprochant de la loi idéale de réintégration complète qui est, nous le savons, un obstacle à l'invention. Ils ne se ressemblent que par la grande masse de matériaux disponibles ; mais là où le principe d'unité manque, il n'y a pas de création.

2° On a aussi rapproché l'inspiration de l'état d'excitation qui précède l'ivresse. C'est un fait bien connu que beaucoup d'inventeurs l'ont cherchée dans le vin, les liqueurs alcooliques, les substances toxiques (hachich, opium, éther, etc). ; il est inutile de citer des noms. L'abondance des idées, la rapidité de leur cours, les saillies, boutades excentriques, aperçus nouveaux, l'exaltation du ton vital et émotionnel, bref cet état de verve dont les romanciers ont donné de bonnes descriptions, montrent au moins clairvoyant que l'imagination travaille bien au-dessus de l'ordinaire, sous l'influence naissante de l'ivresse. Cependant, combien cela est incolore comparé à l'action des poisons intellectuels précités, surtout du hachich ! Les « paradis artificiels » de Quincey, Moreau de Tours, Th. Gautier, Baudelaire et autres ont fait connaître à tous un prodigieux débridement de l'imagination lancée dans une course vertigineuse, sans limites quant au temps et à l'espace.

En définitive, ces faits ne représentent qu'une inspiration provoquée, factice, momentanée : ils ne nous font pas pénétrer dans sa nature vraie ; tout au plus ils nous instruisent sur quelques-unes de ses conditions physiologiques. Ce n'est même pas une inspiration au sens propre, mais plutôt un essai, un embryon, une ébauche, analogues aux créations qui se produisent dans les rêves et se trouvent fort incohérentes au réveil. Une des conditions essentielles de la création, un élément capital est absent : le principe directeur qui organise et impose l'unité. Sous l'influence des boissons alcooliques et des toxiques enivrants, l'attention et la volonté tombent toujours en défaillance.

3° Avec plus de raison, on a cherché à expliquer l'inspiration par analogie avec certaines formes de somnambulisme et l'on a dit « qu'elle n'est que le moindre degré d'un état second, le somnambulisme à l'état de veille. Dans l'inspiration, c'est comme un étranger qui dicte à l'auteur ; dans le somnambulisme, c'est cet étranger lui-même qui prend la parole ou la plume, parle, écrit, en un mot fait l'œuvre¹ ». Elle serait ainsi la forme mitigée d'un état qui est le triomphe de l'activité subconsciente et un cas de dédoublement de la personnalité. Comme l'on abuse singulièrement de ce dernier mode d'explication et qu'on l'invoque à tout propos, il est indispensable de préciser.

L'inspiré ressemble à un dormeur éveillé; il vit dans son rêve. (On en donne des exemples qui paraissent authentiques : Shelley, Alfieri, etc.). Psychologiquement cela signifie qu'il y a chez lui une double interversion de l'état normal.

D'abord, la conscience monopolisée par le nombre et l'intensité des représentations est fermée aux actions du dehors ou ne les accepte qu'en les faisant entrer dans la trame de son rêve : la vie intérieure annihile la vie extérieure, ce qui est l'opposé de l'ordinaire.

De plus, l'activité inconsciente (ou subconsciente) passe au premier plan, joue le premier rôle, en conservant son caractère d'impersonnalité.

1. D¹ Chabaneix, *Le subconscient sur les Artistes, les Savants et les Ecrivains*, Paris, 1897, p. 87.

Ceci admis, si l'on veut aller plus loin, on se heurte à des difficultés croissantes. L'existence d'un travail inconscient est hors de doute : on pourrait donner des preuves de fait à profusion de cette élaboration obscure qui n'entre dans la conscience que quand tout est fini. Mais quelle est la nature de ce travail? Est-il purement physiologique? Est-il psychologique? Nous revenons aux deux thèses adverses. *Théoriquement*, on peut dire que tout se passe dans l'inconscience comme dans la conscience, seulement sans message au moi, que dans la conscience claire le travail peut être suivi pas à pas, avec ses progrès et ses reculs; que dans l'inconscient il procède de même, mais à notre insu. Il est clair que tout cela est une pure hypothèse.

L'inspiration ressemble à une dépêche chiffrée que l'activité inconsciente transmet à l'activité consciente, qui la traduit. Faut-il admettre que, dans les couches profondes de l'inconscient, il ne se forme que des combinaisons fragmentaires et qu'elles atteignent la systémation complète dans la conscience claire seulement? ou bien le travail créateur est-il identique dans les deux cas? Il est difficile de décider. Ce qui semble acquis, c'est que la génialité ou du moins la richesse dans l'invention dépend de l'imagination subliminale[1], non de l'autre, superficielle par nature et promptement épuisée. L'une est spontanée, vraie, l'autre factice, simulée. « Inspiration » signifie imagination inconsciente et n'en est même qu'un cas particulier. L'imagination consciente est un appareil de perfectionnement.

En somme, l'inspiration est le résultat d'un travail souterrain qui existe chez tous les hommes, à un très haut degré chez quelques-uns. La nature de ce travail étant

---

[1]. Le cas récent, étudié avec tant de sens par M. Flournoy, dans son livre : *Des Indes à la planète Mars*, 1900, est un exemple d'imagination créatrice subliminale et du travail dont elle est capable à elle seule.

inconnue, on ne peut rien conclure sur la nature dernière de l'inspiration. Par contre, on peut d'une manière positive fixer la valeur de ce phénomène dans l'invention; d'autant plus qu'on est porté à la surfaire. Il faut bien remarquer en effet que l'inspiration n'est pas une cause, mais plutôt un effet — plus exactement un moment, une crise, un état aigu : c'est un *indice*. Elle marque ou bien la *fin* d'une élaboration inconsciente qui a pu être très courte ou très longue, ou bien le *commencement* d'une élaboration consciente qui sera très longue, ou très courte (ceci se rencontre surtout dans les cas de création suggérés par le hasard). D'une part, elle n'est jamais un commencement absolu; d'autre part, elle ne livre jamais une œuvre achevée : l'histoire des inventions le prouve abondamment. Bien plus, on peut se passer d'elle : beaucoup de créations à incubation très longue paraissent exemptes de crise proprement dite : telles l'attraction de Newton, *La Cène* et *La Joconde*, de L. de Vinci. Enfin beaucoup se sont sentis réellement inspirés sans produire rien qui vaille[1].

II

Ce qui précède n'é--ise pas l'étude du facteur inconscient, comme source de combinaisons nouvelles. Son rôle peut être étudié sous une forme plus simple et plus restreinte; pour cela il faut revenir une dernière fois à l'association des idées. La raison ultime de l'association (la contiguïté exclue, en partie du moins) doit être cherchée dans le tempérament, le caractère, l'individualité, souvent même dans le *moment*, c'est-à-dire dans une influence pas-

---

[1]. Nous reviendrons sur ce point dans une autre partie de ce travail. Voir 2ᵉ partie, ch. IV.

sagère, à peine saisissable parce qu'elle est inconsciente ou subconsciente. Ces dispositions momentanées à forme latente peuvent susciter des rapprochements nouveaux par deux procédés : les associations médiates et un mode particulier de groupement qui a reçu récemment le nom de « constellation ».

1° L'association médiate est bien connue depuis Hamilton qui, le premier, en a fixé la nature et en a donné un exemple personnel qui est devenu classique : (Le lac Ben Lomond lui rappelant le système prussien d'éducation, parce que, en visitant ce lac, il rencontra un officier prussien qui l'entretint de ce sujet.) Sa formule générale est celle-ci : A évoque C quoiqu'il n'y ait entre eux ni contiguïté ni ressemblance, mais parce qu'un moyen terme B, qui n'entre pas dans la conscience, sert de transition de A à C. Ce mode d'association paraissait universellement accepté, lorsque, dans ces derniers temps, il a été contesté par Münsterberg et quelques autres. On a recouru à l'expérimentation qui n'a donné que des résultats assez peu concordants[1]. Pour ma part, je me rallie aux contemporains qui l'admettent et c'est le plus grand nombre. Scripture, qui a fait de ce sujet une étude spéciale et qui a pu noter tous les intermédiaires depuis la conscience presque claire jusqu'à l'inconscient, « considère l'existence de l'association médiate comme prouvée ». Pour déclarer illusoire un fait qui se rencontre si fréquemment dans l'ex-

---

1. Ainsi Howe (*American Journal of Psychology*, VI, 2) a publié des recherches dans le sens négatif. Une série de 557 expériences lui a donné huit associations d'apparence médiate ; après examen, il les réduit à une seule qui lui paraît douteuse. Une autre série de 961 expériences donne 72 cas pour lesquels il propose une autre explication que l'association médiate. D'autre part, Aschaffenburg les admet, dans la proportion de 4 0/0 ; le temps d'association est plus long que pour les associations moyennes (*Psychologische Arbeiten*, I et II). Consulter particulièrement Scripture, *The New Psychology*, ch. XIII, avec expériences à l'appui de sa conclusion.

périence journalière et qui a été étudié par tant d'excellents observateurs, il faudrait mieux que des recherches expérimentales, dont les conditions sont souvent factices et artificielles et dont quelques-unes d'ailleurs concluent pour l'affirmative.

Cette forme d'association se produit comme les autres tantôt par contiguïté, tantôt par ressemblance. L'exemple donné par Hamilton appartient au premier type. Dans les expériences de Scripture, il s'en trouve du second type : ainsi une lumière rouge rappelle par le souvenir vague de l'éclat du strontium une scène d'opéra.

Il est évident que, par sa nature, l'association médiate peut donner lieu à des combinaisons nouvelles. La contiguïté elle-même qui n'est à l'ordinaire qu'une répétition, devient la source de rapprochements imprévus, grâce à l'élimination du moyen terme. Rien ne prouve d'ailleurs qu'il n'y ait pas quelquefois plusieurs intermédiaires latents : il se peut que A suscite D par l'entremise de *b* et de *c* qui restent au-dessous de la conscience. Il semble même impossible de ne pas l'admettre dans l'hypothèse de la subconscience où nous ne voyons que les deux anneaux extrêmes de la chaîne, sans pouvoir admettre entre eux une solution de continuité.

2° Dans sa détermination des causes régulatrices de l'association des idées, Ziehen désigne l'une d'elles sous le nom de « constellation » qui a été adopté par quelques auteurs. Ce fait peut s'énoncer ainsi : L'évocation d'une image ou d'un groupe d'images est, dans quelques cas, le résultat d'une somme de tendances prédominantes.

Une idée peut être le point de départ d'une foule d'associations. Le mot Rome peut en susciter des centaines. Pourquoi l'une est-elle évoquée plutôt qu'une autre et à tel moment plutôt qu'à tel autre? Il y a des associations fondées sur la contiguïté et la ressemblance que l'on peut prévoir, mais le reste? Voici une idée A; elle est le centre d'un réseau ; elle peut rayonner en tout sens B, C, D, E, F, etc; pourquoi évoque-t-elle maintenant B, plus tard F?

C'est que chaque image est assimilable à une force de tension qui peut passer à l'état de force vive et, dans cette tendance, elle peut être renforcée ou entravée par d'autres images. Il y a des tendances stimulatrices et des tendances inhibitoires. B est à l'état de tension et C ne l'est pas, ou bien D exerce sur C une influence d'arrêt : par suite C ne peut prévaloir; mais une heure plus tard les conditions sont changées et la victoire reste à C. Ce phénomène repose sur une base physiologique : l'existence de plusieurs courants à l'état de diffusion dans le cerveau et la possibilité de recevoir des excitations simultanées[1].

Quelques exemples feront mieux comprendre ce phénomène de renforcement, en suite duquel une association prévaut. Wahle rapporte que l'Hôtel de Ville gothique situé près de sa maison ne lui avait jamais suggéré l'idée du Palais des Doges à Venise, malgré certaines ressemblances architecturales, jusqu'à un certain jour où cette idée surgit avec beaucoup de clarté : alors, il se rappela que deux heures auparavant il avait remarqué une dame portant une belle broche en forme de gondole. J. Sully fait justement remarquer qu'il est bien plus facile de se rappeler les mots d'une langue étrangère quand nous revenons du pays où on la parle, que quand nous séjournons depuis longtemps dans le nôtre; parce que la tendance au rappel est renforcée par l'expérience récente des mots entendus, parlés, lus et par tout un ensemble de dispositions latentes qui agissent dans le même sens.

---

[1]. Ziehen, *Leitfaden der physiologischen Psychologie*, 2° édit., 1898, p. 164, 174. J. Sully, *Human Mind*, I, 343.

À mon avis, on trouverait les plus beaux exemples de « constellation » considérée comme élément créateur, en étudiant la formation et le développement des mythes. Partout et toujours, l'homme n'a guère eu comme matière que les phénomènes de la nature (le ciel, la terre, l'eau, les astres, l'orage, le vent, les saisons, la vie et la mort, etc.). Sur chacun de ces thèmes, il fabrique des milliers d'histoires explicatives qui oscillent du grandiose à la plus ridicule puérilité. C'est que chaque mythe est l'œuvre d'un groupe humain qui a travaillé selon les tendances de son génie propre, sous l'influence des divers moments de sa culture intellectuelle. Nul procédé n'est plus riche en ressources, de plus libre allure ni plus apte à donner ce que tout inventeur promet : le nouveau et l'imprévu.

En somme, l'élément initial, externe ou interne, suscite des associations qu'on ne peut jamais prévoir, à cause des nombreuses orientations possibles : cas analogue à ce qui se passe dans l'ordre de la volonté, lorsqu'il y a en présence tant de raisons pour et contre, d'agir et de ne pas agir, dans tel sens ou tel autre, maintenant ou plus tard, que la résolution ne peut être prédite et dépend souvent de causes insaisissables.

En terminant, je préviens une question possible : Le facteur inconscient diffère-t-il en *nature* des deux autres ? La réponse dépend de l'hypothèse qu'on adopte sur la nature même de l'inconscient. D'après l'une, il serait surtout physiologique, par suite différent. D'après l'autre, la différence ne peut exister que dans les *procédés* : l'élaboration inconsciente est réductible à des processus intellectuels ou affectifs dont le travail préparatoire est ignoré et qui n'entre dans la conscience que tout fait; par suite le facteur inconscient serait une forme particulière des deux autres plutôt qu'un élément distinct de l'invention.

CHAPITRE IV

Les conditions organiques de l'imagination.

Quelque opinion que l'on adopte sur la nature de l'inconscient, comme cette forme d'activité se rapproche plus qu'aucune autre des conditions physiologiques de la vie mentale, c'est le moment convenable pour exposer les hypothèses qu'il est permis d'émettre sur les bases organiques de l'Imagination. Ce qu'on peut tenir pour positif, ou simplement probable, est peu.

I

D'abord les conditions anatomiques. Existe-t-il un « siège » de l'imagination? telle est la forme sous laquelle on eût posé la question, il y a vingt-cinq ans. A cette époque de localisations à outrance et étroitement circonscrites, on s'efforçait de rattacher chaque manifestation psychique à un point rigoureusement déterminé du cerveau. Aujourd'hui, le problème ne se présente plus de cette manière simpliste. Comme actuellement on incline vers des localisations disséminées, plutôt fonctionnelles que proprement anatomiques; comme on entend souvent par « centre » l'action synergique de plusieurs centres différemment groupés suivant les cas, notre question équivaut à celle-ci : Y a-t-il certaines portions de l'encéphale qui ont un rôle exclusif ou prépondérant dans le travail de l'imagination créatrice? Même sous cette forme, elle est à peine acceptable. En effet, l'imagination n'est pas une fonction primaire et relativement simple comme les sensations visuelles, auditives, etc.; nous avons vu que c'est un état de formation tertiaire et très complexe. Il faudrait donc : 1° que les éléments constitutifs de l'imagination fussent déterminés d'une manière rigoureuse, or l'analyse qui précède n'a pas la prétention d'être définitive; 2° que chacun de ces éléments constitutifs pût être rattaché rigoureusement à ses conditions anatomiques. Il est clair que nous sommes loin de posséder le secret d'un tel mécanisme.

On a essayé de poser le problème sous une forme plus précise et plus limitée, en étudiant le cerveau des hommes supérieurs à divers titres. Mais ce procédé, en tournant la difficulté, ne répond qu'indirectement à notre question : le plus souvent, les grands inventeurs possèdent d'autres qualités que l'imagination et qui leur sont indispensables pour réussir (Napoléon, J. Watt, etc.). Comment établir une division de manière à n'assigner à l'imagination que sa part légitime? Par ailleurs, la détermination anatomique est pleine de difficultés.

Un procédé, très florissant vers le milieu du présent siècle, a consisté à peser minutieusement un grand nombre de cerveaux et à tirer de la comparaison des poids diverses conclusions sur la supériorité ou l'infériorité intellectuelle. On trouve sur ce point de nombreux documents dans les ouvrages spéciaux publiés à cette époque. Mais cette méthode des pesées a donné lieu à tant de surprises et d'explications difficiles qu'il a bien fallu se résigner à n'y voir qu'un des éléments du problème.

Actuellement, on accorde la plus grande importance à la morphologie du cerveau, à sa constitution histologique, au développement marqué de certaines régions, à la détermination non seulement des centres, mais des connexions et associations entre ces centres. Sur ce dernier point, les anatomistes contemporains se sont livrés à des recherches passionnées et bien que l'architecture cérébrale ne soit pas conçue par tous d'une manière identique, il convient pour la psychologie de noter que tous, avec leurs « centres » ou « système s'association », essaient de traduire dans leur langue les conditions complexes de la vie mentale. Puisqu'il faut choisir entre ces diverses conceptions anatomiques, prenons celle de Flechsig : une des plus renommées et qui a aussi l'avantage de poser directement le problème des conditions organiques de l'imagination.

On sait que Flechsig s'appuie sur la méthode embryologique, c'est-à-dire sur le développement chronologique des nerfs et des centres. Pour lui, il existe d'une part, des sphères sensitives (sensori-motrices), qui occupent un tiers environ de la couche corticale; d'autre part, des centres d'association occupant les deux autres tiers.

En ce qui concerne les centres sensoriels, le développement se fait dans l'ordre suivant : sensations organiques (milieu de l'écorce cérébrale), odorat (base du cerveau et partie des lobes frontaux), vision (lobe occipital), ouïe (première temporale). D'où il résulte qu'en une certaine partie du cerveau, le corps arrive à la conscience propre de ses impulsions, besoins, appétits, douleurs, mouvements, etc., et que cette partie se développant la première, « la connaissance du corps précède celle du monde extérieur ».

En ce qui concerne les centres d'association, Flechsig en admet trois : le grand centre d'association postérieure (pariéto-occipito-temporal); un autre beaucoup plus petit, antérieur ou frontal; et un centre moyen, le plus petit de tous (*Insula* de Reil). L'anatomie comparée prouve que les centres d'association sont plus importants que les centres sensitifs. Seuls chez les mammifères inférieurs, ils se développent à mesure que l'on s'élève : « Ce qui fait l'homme psychique, ce sont les centres d'association qu'il possède. » Chez le nouveau-né, les centres sensitifs sont isolés et, faute de connexions entre eux (elles n'apparaissent que beaucoup plus tard), l'unité du moi ne peut se produire; il y a pluralité de consciences.

Ceci admis, revenons à notre question particulière que Flechsig pose en ces termes : « Sur quoi repose le génie? Tient-il à une structure particulière du cerveau ou bien à une irritabilité particulière, c'est-à-dire, d'après nos idées actuelles, à des facteurs chimiques? Nous pouvons soutenir la première opinion avec toute l'énergie possible. Le génie est toujours uni à une structure particulière, à une organisation particulière du cerveau. » Toutes les parties de cet organe n'ont pas la même valeur. On a longtemps admis que la portion frontale peut servir de mesure pour la capacité intellectuelle; mais il faut en outre admettre d'autres régions; « principalement un centre placé sous la protubérance du sommet de la tête, qui est très développée chez tous les hommes de génie dont le cerveau a été étudié jusqu'à nos jours. Chez Beethoven et probablement aussi chez Bach, l'énorme développement de cette portion du cerveau est frappante. Chez de grands savants, comme Gauss, les centres de la partie postérieure du cerveau et ceux de la région frontale sont fortement développés. Le génie scientifique montre ainsi d'autres proportions dans la structure du cerveau que le génie artistique [1] ». Donc il

---

[1] Flechsig, *Gehirn und Seele*, 1896.

y aurait, d'après notre auteur, prépondérance des régions frontales et pariétales; celles-ci dominent surtout chez les artistes et les deux autres chez les savants. Déjà, vingt ans avant Flechsig, Rüdinger avait remarqué le développement extraordinaire des circonvolutions pariétales chez les hommes supérieurs, d'après l'étude de dix-huit cerveaux : toutes les circonvolutions et scissures étaient, dit-il, si développées que la région pariéto-occipitale présentait un caractère tout particulier.

En somme, sur les conditions anatomiques, même en puisant aux meilleures sources, il faut reconnaître que, pour le présent, on ne peut émettre que des vues fragmentaires, incomplètes, hypothétiques. Passons à la physiologie.

II

On a pu se demander à bon droit si les états physiologiques qui coexistent avec le travail de l'imagination créatrice sont la cause, l'effet ou simplement l'accompagnement de ce travail. Probablement les trois cas se rencontrent. D'abord la concomitance se constate en fait et on peut la considérer comme une manifestation de l'organisme, parallèle à celles de l'esprit. D'autre part, l'emploi de moyens artificiels pour provoquer et maintenir l'effervescence de l'imagination, assigne aux conditions physiologiques un rôle de cause ou d'antécédent. Enfin, le travail psychique peut être initial, produire des changements dans l'organisme ou, s'ils existent déjà, les augmenter et les prolonger.

Les cas les plus instructifs sont ceux qui se traduisent par des manifestations bien nettes et des modifications profondes dans l'état du corps. Tels sont les moments d'inspiration ou simplement d'ardeur au travail qui surgissent sous la forme de poussées brusques.

Le fait général et dominateur consiste en changements dans la circulation sanguine. L'accroissement d'activité intellectuelle suppose une augmentation de travail dans les cellules de l'écorce, qui dépend elle-même d'un état congestif, quelquefois d'une anémie passagère. L'hyperhémie paraît plutôt la règle; mais on sait aussi qu'une anémie légère augmente l'excitabilité corticale. « Pouls petit, contracté, la peau pâle, froide, la tête bouillante, les yeux brillants, injectés, égarés » : telle est la description classique, souvent reproduite, de l'état physiologique pendant le travail de la création; et ils sont nombreux les inventeurs qui, d'eux-mêmes, ont noté ces modifications : irrégularité du pouls chez Lagrange; congestion de la tête chez Beethoven qui usait de douches froides pour y remédier, etc.[1]. Cette élévation du ton vital, cette tension nerveuse se traduit aussi dans l'ordre moteur par des mouvements analogues aux réflexes, sans but propre, répétés machinalement et toujours les mêmes chez le même homme : agitation des pieds, des mains, des doigts; tailler une table ou un bras de fauteuil comme Napoléon, quand il élaborait un projet, etc. C'est une dérivation pour le trop plein d'influx nerveux, et l'on admet que ce mode de dépense n'est pas inutile pour conserver à l'intelligence toute sa lucidité. En somme, augmentation de la circulation cérébrale aux dépens de la circulation locale : telle est la formule qui résume le plus grand nombre des observations sur ce point.

L'expérimentation proprement dite nous apprend-elle quelque chose sur ce point? Des recherches physiologiques

---

[1]. Pour des faits de ce genre, V. Ohzelt-Newin, *Ouv. cité*, 82-89.

nombreuses et très connues (celles de Mosso principalement) nous apprennent que tout travail intellectuel et surtout émotionnel cause une congestion cérébrale; que le volume du cerveau augmente et que celui des organes périphériques diminue; mais cela ne nous révèle rien de spécial sur l'imagination, qui n'est qu'un cas particulier de la règle. A la vérité, dans ces derniers temps, on s'est proposé d'étudier les inventeurs par une méthode objective : (examen des divers appareils, circulatoire, respiratoire, digestif; de la sensibilité générale et spéciale; des modalités de la mémoire et des formes d'association, des procédés de travail intellectuel, etc.); mais, jusqu'ici, de ces descriptions individuelles aucune conclusion n'a été tirée qui comporte quelque généralité. Au reste, une expérience, dans le sens strict du mot, a-t-elle jamais été faite au moment psychologique? Je n'en connais aucune; et serait-elle possible? Admettons que par un hasard heureux, l'expérimentateur disposant de tous ses moyens d'investigation, puisse tenir son sujet sous sa main à l'instant précis de l'inspiration, de la poussée brusque et féconde, bref de la création; l'expérience ne serait-elle pas par elle-même une cause de perturbation, en sorte que le résultat serait vicié *ipso facto*, au moins peu probant?

Il y a encore un ensemble de faits qui méritent d'être rappelés sommairement : les bizarreries des inventeurs. En recueillant uniquement celles qu'on peut tenir pour authentiques, on ferait un gros volume. Malgré leur apparence anecdotique et frivole, ces documents ne me paraissent pas tout à fait à dédaigner.

Il m'est impossible d'entrer ici dans une énumération qui serait sans fin. Après avoir rassemblé pour mon instruction personnelle un grand nombre de ces étrangetés, il m'a semblé qu'elles sont réductibles à deux catégories.

1° Les bizarreries inexplicables qui dépendent de la constitution de l'individu et plus encore probablement de quelques événements de la vie dont le souvenir s'est perdu : Schiller, par exemple, qui gardait des pommes pourries dans sa table de travail.

2° Les autres, bien plus nombreuses, sont aisées à expliquer, ce sont des moyens physiologiques, choisis consciemment ou inconsciemment pour faciliter le travail de la création ; ce sont des auxiliaires, des adjuvants de l'inspiration.

Le procédé le plus fréquent consiste à augmenter l'afflux du sang au cerveau par des moyens artificiels. Rousseau méditait la tête découverte en plein soleil, Bossuet travaillait dans une chambre froide, la tête enveloppée de fourrures ; d'autres plongeaient leurs pieds dans l'eau glacée (Grétry, Schiller). Très nombreux sont ceux qui méditent « horizontalement », c'est-à-dire étendus et quelquefois blottis sous leur couverture (Milton, Descartes, Leibniz, Rossini, etc.).

Quelques-uns ont besoin d'excitations motrices ; il ne trouvent qu'en marchant ou bien ils préludent au travail par l'exercice physique (Mozart). A titre de variante, rappelons ceux qui ont besoin du bruit des rues, des foules, des conversations, des fêtes, pour inventer. A d'autres, il faut la pompe extérieure et une mise en scène personnelle (Machiavel, Buffon, Guido Reni qui ne peignait que magnifiquement vêtu, ses élèves rangés autour de lui le servant en respectueux silence).

A l'opposé sont ceux qui ont besoin du recueillement, du silence, de la claustration et même des ténèbres comme Lamennais. Dans cette catégorie se rencontrent surtout les savants et penseurs : Tycho-Brahé qui pendant vingt et un ans sortit à peine de son observatoire, Leibniz qui pouvait rester trois jours dans un fauteuil presque sans remuer, etc.

Mais la plupart des procédés sont trop artificiels ou trop énergiques pour ne pas devenir rapidement nuisibles. Tout le monde les connaît : abus du vin, des alcooliques, des narcotiques, du tabac, du café, etc., — veilles prolongées, moins pour augmenter le temps du travail que pour provoquer un état d'hyperesthésie et de susceptibilité morbide (Goncourt).

En somme, les bases organiques de l'imagination créatrice, s'il en est qui lui soient *propres*, restent à déterminer ; car dans tout ce qui précède, il ne s'agit que des conditions du travail de l'esprit en général — assimilation aussi bien qu'invention. Les excentricités des inventeurs étudiées dans le détail et avec soin seraient peut-être finalement la matière la plus instructive ; parce qu'elle nous font pénétrer dans leur individualité intime. Ainsi la physiologie de l'imagination devient rapidement une pathologie. Je n'insiste pas, ayant volontairement éliminé l'étude morbide de notre sujet ; il sera pourtant nécessaire d'y revenir pour l'effleurer dans une autre partie de cet Essai[1].

III

Reste un problème tellement obscur et énigmatique que j'ose à peine l'aborder. L'analogie que la plupart des langues — expression spontanée d'une pensée commune — établissent entre la création physiologique et la création

---

1. Voir Deuxième partie, ch. IV.

psychique, n'est-elle qu'un rapprochement superficiel, un préjugé, une métaphore ou repose-t-elle sur quelque base positive? Généralement, les diverses manifestations de l'activité mentale ont pour précurseur une forme inconsciente dont elles émergent. La sensibilité propre à la matière vivante connue sous les noms d'héliotropisme, chimiotropisme, etc., est comme une ébauche de la sensation et des réactions qui la suivent; la mémoire organique est la base et la forme fruste de la mémoire consciente; les réflexes préludent à l'activité volontaire; les appétitions et tendances obscures sont les avant-courrières de la psychogie affective; l'instinct, par quelques côtés, ressemble à un essai inconscient et spécifique de la raison : la puissance créatrice de l'esprit humain a-t-elle aussi des antécédents analogues, un équivalent physiologique?

Un métaphysicien, Froschammer, qui a élevé l'imagination créatrice à la dignité de principe premier du monde, l'affirme hardiment. Pour lui, il y a une imagination objective ou cosmique qui travaille dans la nature, produit les innombrables variétés de formes végétales et animales; puis, transformée en imagination subjective, devient dans le cerveau humain la source d'une forme nouvelle de création. « Le même principe fait apparaître les formes vivantes, sortes d'images objectives et les images subjectives, sorte de formes vivantes [1] ». Si ingénieuse et séduisante que soit cette théorie philosophique, évidemment, elle est sans aucune valeur positive pour la psychologie.

Restons dans l'expérience. La physiologie nous apprend que la génération est une « nutrition prolongée », un surplus, comme on le voit si clairement dans les formes inférieures de la génération agame (le bourgeonnement,

---

1. *Die Phantasie als Grundprincip der Weltprocesses*, 1877. München. Pour quelques détails sur ce sujet, voir l'appendice C.

la scissiparité). Elle aussi, la création imaginative, suppose une surabondance de vie psychique qui pourrait d'ailleurs se dépenser d'une autre manière. La génération dans l'ordre physique est une tendance spontanée, naturelle, bien qu'elle puisse recourir, avec succès ou non, à des procédés artificiels : on en peut dire autant de l'autre. Cette liste de ressemblances serait facile à étendre. Mais tout cela est insuffisant pour établir l'identité foncière des deux cas et trancher la question.

Il est possible de la limiter, de la poser en termes plus précis : Le développement de la fonction génératrice et celui de l'imagination sont-ils connexes? Même sous cette forme, la question ne comporte guère que des réponses vagues. En faveur de la connexion on peut alléguer :

1° L'influence bien connue de la puberté sur l'imagination des deux sexes s'exprimant en rêveries, en aspirations vers un idéal insaisissable[1] : l'ingéniosité d'invention que l'amour donne aux moins doués. Rappelons aussi les troubles mentaux, les psychoses désignées sous le nom d'hébéphrénie. Avec l'adolescence coïncide la première floraison de la fantaisie qui, sortie des langes de l'enfance, ne s'est pas encore assagie et rationalisée.

Il n'est pas indifférent pour la thèse générale de cet ouvrage de noter que ce développement imaginatif dépend tout entier de l'effervescence première de la vie affective. Cette « influence des passions sur l'imagination » et « de

---

[1]. Un passage de Chateaubriand (cité par Paulhan, Rev. phil., mars 1893, p. 237), est une description typique de cette situation : « L'ardeur de mon imagination [d'adolescent], ma timidité, la solitude firent qu'au lieu de jeter au dehors, je me repliai sur moi-même; faute d'un objet réel, j'évoquai par la puissance de mes vagues désirs un fantôme qui ne me quitta plus; je me composai donc une femme de toutes les femmes que j'avais déjà vues. Cette charmeuse me suivait partout, invisible; je m'entretenais avec elle comme avec un être réel; elle variait au gré de ma folie; Pygmalion fut moins amoureux de sa statue ».

l'imagination sur les passions » dont les moralistes et les anciens psychologues parlent si souvent, est une formule vague pour exprimer ce fait : que l'élément moteur inclus dans les images est renforcé.

2° Par contre, avec la vieillesse qui est, en résumé, une déchéance de la nutrition, une atrophie progressive, la décroissance de la faculté génératrice et celle de l'imagination constructive coïncident ; je néglige les exceptions. Il convient de ne pas omettre l'influence de la castration : d'après la théorie de Brown-Séquard, elle produirait un ralentissement des fonctions nutritives par suppression d'un stimulant interne ; et, quoique ses rapports avec l'imagination créatrice n'aient pas été étudiés spécialement, il n'est pas téméraire d'admettre qu'elle est plutôt une cause d'arrêt.

Toutefois, ce qui précède constate simplement, entre les deux fonctions comparées, une concomitance dans la marche générale de leur évolution et dans leurs périodes de crise : c'est insuffisant pour conclure. Il faudrait des observations nettes, authentiques et assez nombreuses, prouvant que des individus dépourvus d'imagination créatrice l'ont acquise brusquement par le seul fait des influences sexuelles ; inversement, que des imaginations brillantes se sont flétries dans des conditions contraires. On en trouve dans Cabanis[1], Moreau de Tours et divers aliénistes : elles seraient en faveur de l'affirmative ; mais quelques-unes me paraissent peu sûres, d'autres peu explicites. Malgré mes recherches sur ce point et une enquête auprès de gens compétents, je n'ose pas tirer une conclusion ferme. Je laisse donc la question ouverte ; elle tentera peut-être un autre qui sera plus heureux.

---

1. Cabanis, *Rapports du physique et du moral*, édition Peisse, p. 248-249 ; anecdotes qu'il rapporte d'après Buffon. On trouvera aussi dans la *Psychologie morbide* de Moreau (de Tours) des faits analogues, mais moins nets.

CHAPITRE V

Le principe d'unité.

La nature psychologique de l'imagination serait très imparfaitement connue, si l'on se bornait à l'étude analytique qui précède. En effet, toute création quelle qu'elle soit, grande ou petite, présente un caractère organique; elle suppose un principe d'unité, synthétique. Chacun des trois facteurs — intellectuel, émotionnel, inconscient — ne travaille pas isolément et pour son propre compte : ils n'ont de valeur que par leur union entre eux et de signification que par leur convergence. Ce principe d'unité, que toute invention requiert et exige, est tantôt de nature intellectuelle — c'est une idée fixe; tantôt de nature émotionnelle — c'est une émotion fixe, c'est-à-dire une passion. Ces termes, idée fixe, émotion fixe, sont un peu absolus et comportent des restrictions et réserves qui seront faites dans la suite.

La distinction entre les deux n'est pas absolue.

Toute idée fixe est soutenue et entretenue par un besoin, une tendance, un désir, c'est-à-dire par un élément affectif : car c'est une chimère de croire à la *persistance* d'une idée qui, par hypothèse, serait un état purement intellectuel, tout sec, tout froid. Le principe d'unité sous cette forme prédomine naturellement dans certains modes de création : l'imagination pratique où le but est net, où les représentations sont des substituts directs des choses, où l'invention est soumise à des conditions rigoureuses, sous peine d'échec visible et palpable — l'imagination scientifique et métaphysique qui agit sur des concepts et est assujettie aux lois de la logique rationnelle.

Toute émotion fixe doit se concréter en une idée ou image qui lui donne un corps, la systématise, sans laquelle elle reste à l'état diffus ; et tous les états affectifs peuvent revêtir cette forme permanente qui en fait un principe d'unité. Les émotions simples (peur, amour, joie, tristesse, etc.), les émotions complexes ou dérivées (sentiment religieux, esthétique, intellectuel) peuvent également monopoliser la conscience à leur profit.

On voit donc que ces deux termes : idée fixe, émotion fixe, sont à peu près équivalents ; car ils impliquent l'un et l'autre deux éléments inséparables et ils ne font qu'indiquer la prépondérance de l'un ou de l'autre.

Ce principe d'unité, centre d'attraction et point d'appui de tout travail de l'imagination créatrice, c'est-à-dire d'une synthèse subjective qui tend à devenir objective, est l'idéal. Au sens complet du mot (non en le restreignant à la création esthétique ou en le faisant synonyme de perfection comme en morale), l'idéal est une construction en images qui doit devenir une réalité. Si l'on assimile la création imaginative à la génération physiologique, l'idéal c'est l'ovule qui attend d'être fécondé pour entamer son évolution.

<small>On pourrait, pour plus de précision, distinguer entre le principe synthétique et la conception idéale qui en est un degré supérieur. La fixation d'un but et la découverte des moyens appropriés sont les conditions nécessaires et suffisantes de toute invention. Une création,</small>

quelle qu'elle soit, qui ne vise qu'au succès actuel, peut se contenter du principe d'unité qui la rend viable et l'organise : mais on peut aspirer plus haut que le nécessaire et le suffisant.

L'idéal, c'est le principe d'unité en mouvement, dans son évolution historique; comme tout développement, il progresse ou recule selon les temps. Rien de moins justifié que la conception d'un archétype fixe (survivance non déguisée des Idées platoniciennes), illuminant l'inventeur qui le reproduit comme il peut. L'idéal n'est pas; il se fait dans l'inventeur et par lui; sa vie est un devenir.

Psychologiquement, c'est une construction en images appartenant au type simplement *ébauché*[1]. Elle résulte d'un double travail, négatif et positif, de dissociation et d'association, dont l'origine, la cause première est *dans un désir que cela soit ainsi* : c'est la tendance motrice des images à l'état naissant qui engendre l'idéal. — L'inventeur retranche, supprime, sépare, suivant son tempérament, son caractère, son goût, ses préjugés, ses sympathies et antipathies, son intérêt. — Il associe et combine. Dans cette opération déjà étudiée, notons une particularité importante. « Nous ne connaissons pas de production psychique complexe qui soit simplement la somme des éléments composants et en qui ils resteraient avec leurs caractères propres, sans aucune modification. La nature des composants disparaît pour donner naissance à un phénomène nouveau qui a sa physionomie propre et distincte. La construction de l'idéal n'est pas simplement un groupement des expériences passées : dans sa totalité, il a sa figure à lui dans laquelle on n'aperçoit pas plus les lignes composantes que, dans l'eau, l'oxygène et l'hydrogène. Dans aucune création scientifique ou artistique, dit Wundt, l'ensemble n'apparaît composé de ses parties, à la manière d'une mosaïque[2]. » En d'autres termes, c'est un cas de chimie mentale. L'exactitude de cette expression, due, je crois, à Stuart Mill, a été contestée. Cependant elle répond à des faits positifs. Ainsi dans l'ordre des perceptions, les phénomènes de contraste et leurs analogues : la juxtaposition ou la succession rapide de deux couleurs différentes, de deux sons différents, d'impressions tactiles, olfactives, gustatives de qualités diverses, produit un état de conscience particulier, assimilable à une combinaison. Un accord ou une dissonance n'existent pas, en effet, dans chaque son séparément, mais par leur rapprochement et en sus; c'est un *tertium quid*. — Plus haut, dans l'association des idées, on se représente trop souvent les états de conscience comme des éléments fixes qui se rapprochent, s'agglutinent, se séparent, se rap-

---

1. Pour la distinction entre cette forme d'imagination et les deux autres, *fixée, objectivée*, je renvoie le lecteur à la Conclusion de ce livre, où le sujet sera traité en détail.
2. Colozza, *L'immaginazione nella Scienza*, in-12. Roma, Paravia, 1900, p. 111 et suiv.

prochent de nouveau, inaltérables comme des atomes. Il n'en est rien. La conscience, remarque Titchener, ressemble « à une fresque où le passage entre les couleurs se fait par toutes sortes d'intermédiaires de lumière et d'ombres... L'idée d'une plume ou d'un encrier ne sont pas des choses stables, nettement dessinées comme la plume ou l'encrier eux-mêmes ». Plus que tout autre, W. James a insisté sur ce point dans sa théorie sur les *fringes* des états de conscience. Outre les cas cités, on en trouverait beaucoup d'autres parmi les diverses manifestations de la vie mentale. Il n'est donc pas chimérique d'admettre en psychologie un équivalent des combinaisons chimiques. Dans un état complexe, il y a, en outre des éléments composants, ce qui résulte de leurs influences réciproques, de leurs variables rapports : trop souvent on oublie cette résultante.

Au fond, l'idéal est une conception *individuelle*. Si l'on objecte qu'un idéal commun à une grande masse d'hommes est un fait d'expérience banale (par exemple les idéalistes et les réalistes dans les beaux-arts; bien plus encore les conceptions religieuses, morales, sociales, politiques, etc.), la réponse est facile. Il y a des familles d'esprits. Ils ont un idéal commun parce que, en certaines matières, ils ont une manière de sentir et de penser identique. Ce n'est pas une idée transcendante qui les met en communion; mais c'est de leurs aspirations communes que l'idéal collectif se dégage : il est, pour parler comme les scolastiques, un *universale post rem*.

La conception idéale est le premier moment de l'acte créateur qui n'est pas encore aux prises avec les nécessités de l'existence. Elle n'est que la vision interne d'un esprit individuel qui ne s'est pas encore projetée au dehors avec une forme et un corps. On sait si ce passage de la vie intérieure à la vie extérieure a suscité, chez les inventeurs, des déceptions et des plaintes. Telle était la construction imaginative qu'elle n'a pu, sans changements, entrer dans son moule et devenir une réalité.

Examinons maintenant les diverses formes de ce principe de coagulation[1] en allant du plus bas au plus haut, de l'unité vaguement entrevue à l'unité maîtresse absolue et tyrannique. Suivant une méthode qui me paraît mieux adaptée à ces questions mal débrouillées, je ne signalerai que les formes principales que je réduis à trois : l'unité

---

1. Ce principe d'unité, organisateur, créateur, est si actif en certains esprits que placés en face d'une œuvre quelconque — roman, tableau, monument, théorie scientifique ou philosophique, institution financière ou politique — en croyant l'apprécier, spontanément, ils le *refont*. Ce caractère de leur psychologie les distingue des purs critiques.

instable, l'unité organique ou moyenne, l'unité extrême ou demi-morbide.

1° La forme instable prend son point de départ direct et immédiat dans l'imagination reproductrice, sans création. Elle assemble un peu au hasard et coud des lambeaux de notre vie; elle n'aboutit qu'à des essais, des tentatives. Le principe d'unité est dans une disposition momentanée qui vacille et change sans cesse, au gré des impressions extérieures ou des modifications de notre manière d'être et de notre humeur. Citons comme exemple l'état du rêveur qui bâtit des châteaux en l'air, les constructions délirantes de l'aliéné, les inventions de l'enfant qui suivent toutes les fluctuations du hasard ou de ses caprices, les songes à demi cohérents qui semblent au dormeur contenir un germe de création. Par suite de l'extrême fragilité du principe synthétique, l'imagination créatrice ne parvient pas à accomplir son œuvre et reste dans un stade intermédiaire entre l'association des idées simple et la création proprement dite.

2° La forme organique ou moyenne peut être présentée comme le type du pouvoir unifiant. Finalement, elle se réduit à l'attention et ne suppose rien de plus; parce que grâce à ce procédé de « localisation » qui est la marque essentielle de l'attention, il se produit un centre d'attraction stable qui groupe autour de l'idée-maîtresse les images, associations, jugements, tendances, efforts volontaires. « L'inspiration, disait le poète Grillparzer, est une concentration de toutes les forces et aptitudes sur un seul point qui, pendant ce moment, doit moins envelopper tout le reste du monde que le représenter. Le renforcement de l'état de l'âme vient de ce que ses divers pouvoirs, au lieu de se disséminer sur le monde entier, se trouvent contenus dans les limites d'un seul objet, se touchent, se soutiennent, se renforcent réciproquement[1]. » Ce que ce poète soutient pour la seule esthétique est applicable à toutes les formes *organiques* de la création, c'est-à-dire à celles qui sont régies par une logique immanente et ressemblent comme telles aux productions de la nature.

Pour ne laisser aucun doute sur l'identité de l'attention avec la synthèse imaginative et montrer qu'elle est, dans les cas normaux, le vrai principe d'unité, on peut remarquer ce qui suit.

L'attention est tantôt spontanée, naturelle, sans effort, dépendante simplement de l'intérêt qu'une chose suscite en nous, durant tant qu'elle nous captive, puis cessant après; — tantôt volontaire, artificielle, imitée de l'autre, précaire et intermittente, maintenue avec effort, en un mot, laborieuse. De même pour l'imagination. Le moment de l'inspiration est régi par une unité parfaite et spontanée; son impersonnalité le rapproche des forces de la nature. Puis vient le moment personnel, travail de détail et de reprises, long, pénible, intermittent, dont tant d'inventeurs ont décrit les péripéties douloureuses. L'analogie des deux cas ne me paraît pas contestable.

Notons ensuite que les psychologues produisent toujours les mêmes exemples lorsqu'ils veulent éclaircir d'une part les procédés de l'attention persistante, tenace; d'autre part le travail d'incubation sans lequel la création n'aboutit pas : « Le génie n'est qu'une longue patience », le mot de Newton : « En y pensant toujours », d'autres analogues de d'Alembert, Helmholtz, etc : parce que dans l'un et l'autre cas, la condition fondamentale est l'existence d'une idée fixe, toujours vivace, malgré ses rémittences et ses incessantes disparitions dans l'inconscient avec retour à la conscience.

---

1. Œlzelt-Newin, *Ouv. cité*, p. 49.

3° La forme extrême qui, de sa nature, est à moitié morbide, devient, à son plus haut degré, franchement pathologique; le principe d'unité passe à l'état d'obsession.

L'état normal de notre esprit, c'est la pluralité des états de conscience (le polyidéisme). Par voie d'association, il y a un rayonnement en tout sens. Dans cet ensemble de représentations coexistantes, aucune n'occupe longtemps la première place; elle est chassée par d'autres, déplacées à leur tour par d'autres qui sortent de la pénombre. — Au contraire, dans l'état d'attention (monoidéisme relatif) une représentation unique tient longtemps le premier rôle et tend à le reprendre. — Enfin dans l'état d'obsession (monoidéisme absolu), l'idée fixe défie toute concurrence et règne en despote. Beaucoup d'inventeurs ont subi douloureusement cette tyrannie et lutté vainement pour la briser. L'idée fixe, obsédante, ne se laisse pas déloger, sinon en passant et avec beaucoup de peine; encore n'est-ce qu'en apparence; car elle persiste dans la vie inconsciente où elle a jeté de profondes racines.

A ce degré, le principe d'unité, bien qu'il puisse agir comme ferment de création, cesse d'être normal. Par suite, une question se pose naturellement. Entre l'obsession de l'inventeur et l'obsession du malade qui le plus souvent détruit au lieu de créer, où est la différence?

La nature des idées fixes a beaucoup préoccupé les aliénistes contemporains. Pour d'autres raisons et à leur manière, ils ont été conduits, eux aussi, à diviser les obsessions en deux classes : intellectuelles, émotionnelles, suivant que l'idée ou l'état affectif prédomine; puis à se demander lequel de ces deux éléments est primitif. Pour les uns c'est l'idée. Pour les autres (il semble qu'ils sont les plus nombreux) l'état affectif est, en général, le fait primaire; l'obsession repose toujours sur un fonds d'émotion morbide et en garde l'empreinte [1].

Mais quelque opinion que l'on adopte sur ce point, la difficulté d'établir une démarcation entre les deux formes d'obsession ci-dessus mentionnées reste entière. Y a-t-il des caractères propres à chacune d'elles?

On a dit : « L'idée fixe physiologique (normale) est voulue, parfois cherchée, en tout cas acceptée et elle ne rompt pas l'unité du moi ». Elle ne s'impose pas fatalement à la conscience; l'individu en connaît la valeur, sait où elle le conduit et adapte sa conduite à ses exigences. Exemple : Christophe Colomb.

L'idée fixe pathologique est « parasite, automatique, discordante, irrésistible. L'obsession n'est qu'un état particulier de la désagrégation psychique, une sorte de dédoublement de la conscience ». L'obsédé est un possédé dont le moi est confisqué au profit de l'idée fixe et qui subit avec douleur sa situation.

Malgré ce parallèle, le critérium de distinction entre les deux est bien vague, parce que de l'idée saine à l'idée délirante les transitions sont nombreuses. On est obligé de reconnaître « que chez certains travailleurs qui sont plutôt possédés par l'élaboration de leur œuvre, que maîtres de la diriger, de la quitter et de la reprendre à leur gré, une conception artistique, scientifique ou mécanique parvient à poursuivre l'esprit, à s'imposer à lui, en provoquant même de la souffrance ». En réalité, la psychologie pure est incapable de découvrir une différence positive entre l'obsession créatrice et les autres formes; parce que, dans les deux cas, le mécanisme mental est, au fond, le même.

---

[1]. Pitres et Régis. *Séméiologie des obsessions et des idées fixes*, 1878. Séglas, *Leçons cliniques sur les maladies mentales*, 1895. Raymond et Janet, *Névroses et idées fixes*, 1898.

Le critérium doit être cherché ailleurs. Pour cela, il faut sortir du monde intérieur et procéder objectivement; il faut juger l'idée fixe non en elle-même, mais par ses effets. Que produit-elle dans l'ordre pratique, esthétique, scientifique, moral, social, religieux? Elle vaut ce que valent ses fruits. Si l'on se refuse à ce changement de position, pour s'en tenir au point de vue strictement psychologique, il est certain que, dès qu'elle dépasse une limite moyenne, difficilement déterminable, l'idée fixe trouble profondément le mécanisme de l'esprit. Chez les imaginatifs, cela n'est pas rare : ce qui explique que la théorie pathologique du génie (dont nous parlerons plus tard) ait pu rallier tant de partisans et alléguer tant de faits en sa faveur.

DEUXIÈME PARTIE

LE DÉVELOPPEMENT DE L'IMAGINATION

CHAPITRE I

L'imagination chez les animaux.

Jusqu'ici l'imagination n'a été traitée que par l'analyse. Ce procédé seul nous donnerait une idée bien imparfaite de sa nature essentiellement concrète et vivante, si notre étude s'arrêtait là. Aussi cette deuxième partie reprend le sujet sous une autre forme. J'essaierai de suivre l'imagination dans son évolution ascendante, des formes les plus humbles aux plus complexes, des animaux à l'enfant, à l'homme primitif et de là aux modes les plus élevés de l'invention. Elle se montrera ainsi dans la variété inépuisable de ses manifestations que le procédé abstrait et simplificateur de l'analyse ne laisse pas soupçonner.

I

Je n'insisterai pas longuement sur l'imagination chez les animaux, non pas seulement parce que la question est épineuse, mais parce qu'elle n'est guère accessible à une solution positive. Même en éliminant les anecdotes ou observations douteuses, il n'y a pas pénurie de matériaux contrôlés et authentiques; mais il reste à les interpréter;

or, dès qu'on entre dans la conjecture, on sait s'il est facile de se défaire de tout anthropomorphisme.

La question a été posée, sinon traitée, avec beaucoup de méthode par Romanes dans son *Évolution mentale des animaux* (ch. x). Prenant l'imagination dans son sens le plus large, il distingue quatre degrés :

1° La réviviscence provoquée; par exemple, la vue d'une orange nous en rappelle le goût. C'est une forme inférieure de la mémoire, reposant sur l'association par contiguïté. Elle se rencontre très bas dans l'échelle animale et l'auteur en fournit des preuves abondantes;

2° La réviviscence spontanée : un objet présent rappelle un objet absent. C'est une forme supérieure de la mémoire qui est fréquente chez les fourmis, abeilles, guêpes, etc., et qui explique la sagacité méfiante des animaux sauvages. La nuit, l'aboiement lointain du chien arrête le renard dans sa course, parce que tous les dangers qu'il a traversés se représentent à son esprit.

Ces deux degrés ne dépassent pas la mémoire pure et simple, c'est-à-dire l'imagination reproductrice; les deux autres constituent l'imagination supérieure;

3° Faculté d'associer les images d'objets absents, sans suggestion venant du dehors, par un travail interne de l'esprit. C'est la forme inférieure et primitive de l'imagination créatrice qu'on pourrait appeler une synthèse passive. Pour en établir l'existence, Romanes rappelle que les rêves ont été constatés chez le chien, le cheval, un grand nombre d'oiseaux; que certains animaux, surtout dans la rage, paraissent sujets à des illusions et poursuivis par des fantômes; enfin qu'il se produit chez quelques-uns un état assimilable à la nostalgie, se traduisant par un besoin violent de retourner aux lieux d'autrefois ou par un lent dépérissement qui résulte de l'absence des personnes et des choses accoutumées. Tous ces faits, les derniers surtout, ne s'expliquent guère sans une réviviscence vive des images de la vie ancienne;

4° Le plus haut degré consiste à réunir intentionnellement des images pour en tirer des combinaisons nouvelles. Ceci peut s'appeler une synthèse active et c'est la véritable imagination créatrice. Se rencontre-t-elle quelquefois dans le règne animal? Romanes le nie tout net, non sans alléguer une raison spécieuse : pour créer, il faut d'abord être capable d'abstraire et, sans la parole, l'abstraction est bien débile. Une des conditions de l'imagination créatrice manque donc aux animaux supérieurs.

Nous arrivons ici à l'un de ces moments aigus, si fréquents dans la psychologie animale, où l'on se demande : Ce caractère est-il exclusivement humain ou est-il en germe au-dessous de l'homme? Aussi a-t-on pu soutenir une thèse contraire à celle de Romanes. Certains animaux, dit Œlzelt-Newin, remplissent toutes les conditions nécessaires à l'imagination créatrice : des sens subtils, une bonne mémoire et des états affectifs appropriés[1]. Cette assertion est peut-être vraie, mais purement dialectique. Elle équivaut à dire que la chose est possible; elle ne l'établit pas en fait. D'ailleurs, est-il bien sûr que *toutes* les conditions de l'imagination créatrice se rencontrent, puisque l'on vient de constater plus haut le déficit de l'abstraction? L'auteur qui restreint volontairement son étude aux oiseaux et à la construction de leurs nids, soutient, à l'encontre de Wallace et autres, que la nidification exige « la synthèse mystérieuse des représentations ».

On pourrait également invoquer le cas des animaux

---

1. *Ouvrage cité*, Appendice.

constructeurs (abeilles, guêpes, termites, fourmis, castors, etc.). Il n'est pas déraisonnable de leur attribuer une représentation anticipée de leur architecture. Dira-t-on que c'est « instinctif », par conséquent inconscient? Au moins ne peut-on pas ranger sous ce titre les changements et adaptations à des conditions nouvelles que ces animaux savent faire subir au plan-type de leurs constructions. Des observations et même des expériences méthodiques (comme celles de Huber, Forel, etc.) montrent que placés dans cette alternative, — impossibilité de bâtir ou modification de leurs habitudes, — certains animaux les modifient. Dès lors, comment leur refuser totalement l'invention? Ceci ne contredit en rien la réserve si juste de Romanes. Il suffit de remarquer que l'abstraction (ou dissociation) a des degrés, que les plus simples sont accessibles à l'intelligence animale. Si, faute de mots, la logique des concepts lui est interdite, il lui reste la logique des images[1], qui suffit à de petites innovations. En un mot, les animaux peuvent inventer dans la mesure où ils peuvent dissocier.

II

A notre avis, si l'on peut attribuer avec quelque vraisemblance un pouvoir créateur aux animaux, c'est ailleurs qu'il faut le chercher. Généralement, on n'accorde qu'une médiocre importance à une manifestation qui pourrait bien être la *forme propre* de la fantaisie animale. Elle est purement *motrice* et se traduit par les diverses espèces de jeu.

Quoique le jeu soit aussi vieux que l'homme, sa psycho-

---

[1]. Pour une étude plus détaillée sur ce sujet, nous renvoyons à notre *Évolution des idées générales*, ch. I, section I.

logie ne date que de ce siècle. Nous avons vu précédemment qu'il y a sur sa nature trois théories : c'est la dépense d'une activité superflue; c'est une réparation, une restitution de force, un délassement; c'est un apprentissage, un exercice préliminaire aux fonctions actives de la vie et au développement de nos dispositions naturelles. La dernière thèse, due à Groos, ne proscrit pas les deux autres; elle tient la première valable pour les jeunes, la seconde pour les adultes; mais elle les enveloppe l'une et l'autre dans une explication plus générale.

Laissons cette question de doctrine pour attirer l'attention sur la variété et la richesse des formes du jeu dans l'animalité. A cet égard, le livre précité de Groos est une mine abondante de documents à laquelle je renvoie le lecteur : je me borne à résumer sa classification. Il distingue neuf catégories de jeux : 1° Ceux qui sont, au fond, une expérience, et consistent en essais produits au hasard, sans but immédiat, donnant toutefois une certaine connaissance des propriétés du monde extérieur. C'est le prélude à une physique, une optique, une mécanique expérimentales, à la portée des animaux; 2° Les mouvements ou changements de place exécutés pour eux-mêmes : fait très général, comme le prouve l'agitation incessante des papillons, des mouches, des oiseaux, même des poissons qui semblent souvent jouer dans l'eau plutôt que chercher une proie; les courses folles des chiens, chevaux, etc., dans le libre espace; 3° Le simulacre de la chasse, c'est-à-dire le jeu avec une proie vivante ou inanimée; le chien et le chat qui poursuivent les objets en mouvements, une boule, une plume; 4° Les combats simulés, les taquineries et provocations sans colère; 5° L'art architectural qui se révèle surtout dans la construction des nids : certains oiseaux les ornent d'objets brillants (pierres, verroteries), par une sorte d'anticipation du sentiment esthétique; 6° Le jeu à la poupée est général chez l'homme, qu'il soit sauvage ou civilisé; Groos croit en trouver les équivalents chez quelques animaux; 7° L'imitation par plaisir, si familière au singe (les singeries); les oiseaux chanteurs qui contrefont la voix d'un grand nombre de bêtes; 8° La curiosité, qui est le seul jeu spirituel que l'on rencontre chez les animaux : le chien qui, d'un mur ou d'une fenêtre, regarde ce qui se passe dans la rue; 9° Les jeux amoureux, « qui diffèrent des autres en ce qu'ils ne sont pas de simples exercices, mais visent un but réel ». Ils sont très connus depuis Darwin qui, dans son livre sur la sélection sexuelle, leur attribue une valeur esthétique : ce qui est nié par Wallace, Tylor, Lloyd Morgan, Wallaschek et Groos.

Récapitulons par la pensée l'immense quantité de manifestations motrices renfermées dans ces neuf catégories et remarquons qu'elles ont en commun les caractères suivants : Elles sont groupées en combinaisons *souvent imprévues et nouvelles; elles ne sont pas une répétition de la vie journalière*, des actes nécessaires à la conservation. Tantôt les mouvements sont combinés en simultanéité (exhibition de belles couleurs), tantôt (le plus souvent) en succession (les parades amoureuses, les combats, le vol, la danse, l'émission des bruits, des sons ou des chants); mais sous une forme ou l'autre, il y a *création, invention*. Ici l'imagination agit sous sa forme purement motrice : elle consiste en un petit nombre d'images qui se traduisent en mouvements et servent de centre à leurs groupements; peut-être même l'image est-elle à peine consciente, en sorte que tout se borne à une production spontanée et à un assemblage de phénomènes moteurs.

On dira sans doute, que cette forme d'imagination

créatrice est d'une psychologie très mince, très pauvre. Il n'en peut être autrement. C'est dans le règne animal que la création imaginative doit se trouver réduite à sa plus simple expression et la forme motrice doit être sa marque propre, caractéristique; parce qu'elle ne peut guère en avoir d'autres pour des raisons que je rappelle :

Insuffisance du travail préalable d'abstraction ou de dissociation qui morcelle les données de l'expérience et en fait des matériaux, pour les constructions futures.

Peu d'images et surtout peu d'associations possibles entre les images. Ce dernier point est établi également par les données de la psychologie animale et par celles de l'anatomie comparée. Nous savons que les éléments nerveux qui, dans le cerveau, servent de connexions entre les régions sensorielles — qu'on les conçoive comme des centres (Flechsig) ou comme des faisceaux de fibres commissurales (Meynert, Wernicke) — sont à peine ébauchés chez les mammifères inférieurs et n'atteignent qu'un développement médiocre chez les plus élevés.

Pour corroborer ce qui précède, comparons les animaux supérieurs aux jeunes enfants : ce rapprochement n'est pas fondé sur une analogie lointaine, mais sur une ressemblance foncière de nature. L'homme, dans les premières années de sa vie, a un cerveau peu différencié, surtout quant aux connexions, un assez pauvre matériel d'images, une très faible capacité d'abstraction : son développement intellectuel est très inférieur à celui des mouvements réflexes, instinctifs, impulsifs, imitatifs. Par suite de cette prédominance du système moteur, les représentations simples et imparfaites tendent, chez les enfants comme chez les animaux, à se traduire immédiatement en mouvements. Même la plupart de leurs inventions, dans les jeux, sont fort inférieures à celles énumérées plus haut sous neuf titres distincts.

Un argument sérieux en faveur de la prévalence de l'imagination motrice chez l'enfant nous est fourni par le rôle majeur des mouvements dans la folie infantile : remarque faite par beaucoup d'aliénistes. Le premier degré de cette folie, a-t-on dit, se trouve dans les convulsions qui ne sont pas une simple maladie physique, mais « un délire des muscles ». « Le trouble des fonctions automatiques et instinctives chez l'enfant est si souvent associé avec des troubles musculaires que c'est une supposition très logique que, à cet âge, les désordres mentaux sont en rapport avec les centres ganglionnaires moteurs situés au-dessous de ces parties qui plus tard assumeront le travail de l'analyse et de l'imagination. Les troubles sont dans les centres d'organisation primaire et par suite les symptômes sont dépourvus de ces qualités analytiques ou constructives, de ces formes idéales qui se rencontrent dans la folie des adultes. Si nous descendons au plus bas degré de la vie humaine — *au baby* — nous voyons que la folie est presque tout entière dans l'activité d'un groupe musculaire agissant sur les choses extérieures. Le *baby* fou mord, frappe du pied, et ces symptômes sont la mesure extérieure de sa folie[1]. » La chorée, elle aussi, n'a-t-elle pas été appelée une folie musculaire ?

Sans doute, il existe également chez l'enfant une folie sensorielle (illusions, hallucinations); mais, en raison du faible développement intellectuel, le délire cause un désordre moins des images que des mouvements : son imagination vésanique est surtout une vésanie motrice.

Soutenir que l'imagination créatrice propre aux ani-

---

1. Hack Tuke. *Insanity of Children* in *Dictionary of psych. Medecine*.

maux consiste en combinaisons nouvelles de mouvements, est assurément une hypothèse. Cependant, je ne crois pas qu'elle soit une simple vue de l'esprit, sans fondement, si l'on tient compte des faits qui précédent. Je la considère en outre comme un appoint en faveur de la théorie motrice de l'invention. C'est un cas unique où la forme originelle de la création se montre à nu. Si nous voulions la découvrir, il fallait la chercher là où elle est réduite à la plus grande simplicité : dans le monde animal.

CHAPITRE II

L'imagination créatrice chez l'enfant.

A quel âge, sous quelle forme, dans quelles circonstances, l'imagination créatrice fait-elle son apparition? Il est impossible de répondre à cette question qui a d'ailleurs à peine sa raison d'être; car l'imagination créatrice émerge peu à peu de la pure reproduction, elle en sort par évolution non par éruption.

Toutefois son évolution est assez tardive pour des causes organiques et psychologiques.

Sur les causes organiques, on ne pourrait insister sans tomber dans des répétitions fastidieuses. Le nouveau-né est un être spinal, à cerveau amorphe, riche en eau, diffluent. Chez lui, la vie réflexe elle-même n'est pas complète et le système cortico-moteur n'est qu'ébauché; les centres sensoriels sont indifférenciés, les systèmes d'association restent isolés longtemps après la naissance. Nous avons rapporté plus haut les observations de Flechsig sur ce point.

Les causes psychologiques se réduisent à la nécessité d'une consolidation des opérations primaires et secondaires de l'esprit, sans lesquelles l'imagination créatrice ne peut se constituer. Pour préciser, on peut avec Baldwin distinguer quatre époques dans le développement mental de l'enfant : 1° affective (processus sensoriels rudimentaires, plaisirs et douleurs, adaptations motrices simples); 2° et 3° objective, où l'auteur établit deux stades : dans le premier, apparition des sens spéciaux, de la mémoire, des instincts surtout défensifs, de l'imitation; dans le second, mémoire complexe, mouvements complexes, action offensive, volonté rudimentaire; 4° subjective ou finale (pensée consciente, volonté constituée, émotion idéale). Si l'on accepte ce schéma comme approchant de la réalité, le moment de l'imagination doit être assigné à la troisième époque (deuxième phase de l'époque objective), qui remplit les conditions nécessaires et suffisantes pour qu'elle puisse naître et s'élever au-dessus de la pure reproduction.

A l'âge propice quel qu'il soit, l'étude de l'imagination infantile n'est pas sans difficultés. Pour pénétrer dans l'enfant, il faudrait redevenir comme lui; nous sommes réduits à l'interpréter en adultes avec beaucoup de contresens possibles, accordant trop ou trop peu. De plus, les enfants que l'on observe, vivent et croissent dans un milieu civilisé. Il en résulte que le développement de leur imagination est rarement libre et complet; car dès que la fantaisie dépasse le niveau moyen, l'éducation rationaliste des parents et des maîtres s'empresse de la maîtriser et de la dompter. Elle est refrénée dans son essor par une puissance antagoniste qui la traite comme un commencement de folie. En fait, elle ne donne sa mesure et ne se révèle dans sa plénitude que chez les peuples primitifs. Enfin, les enfants ne sont pas également bons pour cette étude; il faut faire le départ entre les imaginatifs et les non-imaginatifs : ceux-ci doivent être éliminés.

Quand on a ainsi choisi les sujets convenables, l'observation montre dès l'origine des variétés assez tranchées, des orientations différentes de l'imagination dépendant de causes intellectuelles telles que la prédominance des images visuelles, ou acoustiques, ou tactiles-motrices qui disposent à l'invention mécanique; dépendant de causes affectives, c'est-à-dire du caractère, suivant qu'il est craintif, joyeux, exubérant, renfermé, sain, maladif, etc.

Si maintenant on essaie de suivre le développement de l'imagination infantile, on peut distinguer quatre stades principaux, sans leur attribuer d'ailleurs un ordre chronologique rigoureux.

I. Le premier stade consiste dans le passage de l'imagination passive à l'imagination créatrice. Son histoire serait longue, si l'on recueillait toutes les formes hybrides qui sont faites en partie de souvenirs, en partie de groupements nouveaux, qui sont à la fois répétition et construction. Même chez l'adulte, elles sont fréquentes. Je connais une personne qui a toujours peur d'étouffer et qui, pour cette raison, recommande instamment que, dans son cercueil, sa chemise ne soit pas serrée au cou : cette préoccupation bizarre n'appartient en propre ni à la mémoire ni à l'imagination. Ce cas particulier traduit sous une forme claire la nature des premières démarches de l'esprit qui s'essaie à imaginer. Sans énumérer d'autres faits de ce genre, il est préférable de suivre le développement imaginatif en se rattachant à deux formes de la vie psychique : la perception et l'illusion. La présence nécessaire de l'image dans l'une et dans l'autre a été si souvent établie par la psychologie contemporaine qu'il suffira de quelques mots de rappel.

Entre la perception qui saisit le réel et l'imagination l'opposition semble radicale. Cependant, on admet généralement que pour s'élever au-dessus du sentir, pour percevoir, il faut une synthèse d'images. Plus simplement, deux éléments sont nécessaires : l'un qui vient du dehors, l'événement physiologique agissant sur les nerfs et les centres sensoriels qui se traduit dans la conscience par l'état vague qu'on désigne sous le nom de sensation ; l'autre, venant du dedans, qui ajoute à la sensation présente les images appropriées, résidus d'expériences antérieures. En sorte que la perception exige un apprentissage ; il faut sentir, puis mal percevoir, pour enfin bien percevoir. La donnée sensorielle n'est qu'une fraction du fait total, et dans l'opération que nous appelons percevoir, c'est-à-dire appréhender directement un objet, une partie de cet objet est simplement représentée.

Toutefois, ceci ne dépasse pas l'imagination reproductrice. Le pas décisif se produit dans l'illusion. On sait que l'illusion a pour base et point d'appui une modification des sens externes ou internes qui est métamorphosée, amplifiée par une construction immédiate de l'esprit : une branche d'arbre devient un serpent, un bruit lointain paraît la musique d'un orchestre. L'illusion a un domaine aussi étendu que celui des perceptions (puisqu'il n'en est aucune qui ne puisse subir cette transformation erronée) et est produite par le même mécanisme, mais avec interversion des deux termes. Dans la perception, l'élément sensoriel est principal, l'élément représentatif secondaire. Dans l'illusion, c'est l'inverse ; ce que l'on tient pour perçu, est simplement imaginé ; l'imagination assume le premier rôle. L'illusion est le type de ces formes de passage, de ces cas hybrides qui consistent en constructions faites de souvenirs, sans être, au sens strict, une création.

II. L'imagination créatrice ne s'affirme avec ses caractères propres que dans le deuxième stade, sous la forme de l'animisme ou animation de toutes choses. Cette démarche de l'esprit nous est déjà connue, bien qu'elle n'ait été mentionnée qu'en passant : comme l'état d'esprit de l'enfant est, à ce moment, semblable à celui qui crée les mythes chez l'homme primitif, nous y reviendrons dans le chapitre suivant. Les ouvrages de psychologie abondent en faits qui démontrent que cette tendance primitive à attribuer à tout la vie et même la personnalité, est une phase nécessaire que l'esprit doit traverser, — longue ou courte, riche ou pauvre en inventions, suivant le degré d'imagination de l'enfant. Son attitude envers ses poupées en est l'exemple le plus banal et aussi le meilleur, parce qu'il est universel, sans exception, qu'il a été constaté dans tous les pays, dans toutes les races humaines. Il est inutile d'entasser des faits sur un point incontesté[1]. Deux suffiront : je les choisis en raison de leur extravagance qui montre que, à ce moment et chez certains, l'animisme peut tout oser. « Un enfant s'était pris de tendresse pour la lettre W qu'il interpellait ainsi : *Dear old boy* W. » Un autre, à trois ans, en traçant la lettre L, y ajoute un petit crochet et saisissant immédiatement la ressemblance avec une forme humaine assise, s'écrie : Oh, il s'assied. Ayant fait un jour une F du mauvais côté, il s'en aperçoit, en place une autre à gauche correctement et s'exclame aussitôt : ils causent ensemble (F ꟻ). « Je me souviens, dit un correspondant de J. Sully, que j'attribuais de l'intelligence non seulement aux êtres vivants, mais aux pierres et aux objets fabriqués. Je trouvais très malheureux les cailloux étendus sur les routes, condamnés à rester toujours immobiles et à voir toujours la même chose. Par

---

1. On en trouvera un grand nombre dans le livre de J. Sully : *Studies of Chilhood*, ch. II, *The Age of Imagination*. La plupart des observations rapportées dans le présent chapitre sont empruntées à cet auteur.

pitié, je les transportais à un autre bout du chemin, pour qu'ils eussent l'agrément de voir du nouveau[1] ».

Arrêtons-nous un instant pour essayer de déterminer la nature de cet état mental étrange, d'autant plus que nous le retrouverons chez l'homme primitif et qu'il nous présente l'imagination créatrice à son début.

1° Le premier élément est une idée fixe ou plutôt une image ou un groupe d'images qui s'empare de la conscience et en exclut tout le reste : c'est l'analogue de l'état de suggestion chez l'hypnotisé, avec cette seule différence que la suggestion ne vient pas du dehors, d'un autre, mais de l'enfant lui-même; c'est une auto-suggestion. Le bâton qu'il tient entre ses jambes devient pour lui un cheval imaginaire. La pauvreté de son développement mental rend d'autant plus facile ce rétrécissement du champ de sa conscience qui assure la suprématie de l'image.

2° Celle-ci a pour support une réalité qu'elle enveloppe : détail important à noter, parce que cette réalité, si mince qu'elle soit, confère l'objectivité à la création imaginaire et l'incorpore au monde extérieur. Le mécanisme est analogue à celui qui produit l'illusion, mais avec un caractère de stabilité qui exclut la rectification. L'enfant transforme un morceau de bois ou de carton en un autre lui-même, parce qu'il ne perçoit que le fantôme qu'il a créé, c'est-à-dire les images qui hantent son cerveau, non la matière qui les suscite.

3° Finalement, cette puissance de création qui investit l'image de tous les attributs de la réalité, dérive d'un fait fondamental : l'état de *croyance*, c'est-à-dire l'adhésion de l'esprit fondée sur des conditions purement subjectives. Il n'entre pas dans mon sujet de traiter incidemment une si

1. J. Sully, *Ouv. cité*, 30-31.

grosse question. Oubliée par l'ancienne psychologie, que sa méthode des facultés disposait à cette omission, la croyance a été récemment l'objet de nombreuses études. Je me borne au nécessaire, en faisant remarquer que, sans cet état psychique, la nature de l'imagination est totalement incompréhensible. Le propre de l'imagination est de produire une réalité d'origine humaine à côté de la réalité d'origine naturelle et elle n'y réussit que par la croyance qui accompagne l'image.

La représentation et la croyance ne sont jamais complètement séparées : il est dans la nature de l'image d'apparaître d'*abord* comme une réalité. Cette vérité psychologique, quoique elle soit constatée par l'observation, s'est fait accepter très péniblement. Elle avait à lutter d'une part contre les préjugés du sens commun pour qui imaginaire est synonyme de creux, de vide et s'oppose à la réalité comme le néant à l'être ; d'autre part, contre une doctrine propre aux logiciens qui soutient que l'idée est d'abord simplement conçue, sans aucune affirmation d'existence ou de non-existence (*apprehensio simplex*). Cette position, légitime en logique qui est une science abstraite, est tout à fait inacceptable en psychologie, science concrète. Le point de vue psychologique qui donne la vraie nature de l'image n'a prévalu que peu à peu. Déjà Spinoza soutient « que les représentations considérées en elles-mêmes n'enveloppent aucune erreur », et il « nie qu'il soit possible de percevoir [se représenter] sans affirmer ». Plus explicitement, Hume rapporte la croyance à nos dispositions subjectives : « La croyance ne dépend pas de la nature de l'idée, mais *de la manière* dont nous la concevons... L'existence n'est pas une qualité que nous y ajoutons ; elle est fondée sur l'habitude et est irrésistible. La différence entre la fiction et la croyance consiste en quelque sentiment (*fee-*

ling) qui se joint à la seconde, non à la première. » Dugald Stewart traite la question en pur psychologue et d'après la méthode expérimentale : il énumère des faits assez nombreux d'où il conclut « que l'imagination est toujours accompagnée d'un acte de croyance ; sans quoi plus l'image est vive, moins on devrait y croire, or c'est le contraire qui arrive : la conception [représentation] forte commande la persuasion comme la sensation elle-même ». Enfin Taine traite méthodiquement ce sujet en étudiant la nature de l'image et son caractère primitivement hallucinatoire[1]. Actuellement, je pense qu'il n'y a aucun psychologue qui ne considère comme établi que l'image, quand elle entre dans la conscience, traverse deux moments. Durant le premier, elle apparaît comme une réalité pleine et entière ; elle est objective. Durant le second (qui est définitif) elle est dépouillée de son objectivité, réduite à l'état d'événement tout intérieur, par l'effet d'autres états de conscience qui contredisent et finalement annihilent son caractère objectif. Il y a affirmation, puis négation ; impulsion, puis arrêt.

La croyance n'étant qu'une manière d'être, une attitude de notre esprit, doit son pouvoir créateur et vivifiant à des dispositions générales de notre organisation. Outre l'élément intellectuel qui est son contenu, sa matière — la chose affirmée ou niée — il y a les tendances et autres éléments affectifs (désir, peur, amour, etc.) qui donnent à l'image son intensité et lui assurent la victoire dans sa lutte contre les autres états de conscience. Il y a les facultés actives qu'on désigne quelquefois sous le nom de volonté, « en entendant, comme le dit W. James, non seulement la volition délibérée, mais tous les facteurs de la

---

1. Spinoza, *Éthique*, II, 49. Scholie, D. Hume, *Traité de la Nature humaine*, III, 7, suiv. Dugald-Stewart, *Élém. de la phil. de l'esprit humain*, t. I, « De la conception ». Taine, *De l'Intelligence*, t. I, 2ᵉ partie.

croyance (espoir, crainte, passions, préjugés, esprit de secte, etc.) » : ce qui a fait dire à juste titre, que le critérium de la croyance est l'action[1]. C'est ce qui explique comment en amour, en religion, en morale, en politique et partout, la croyance peut survivre aux assauts logiques de la raison raisonnante; sa force est ailleurs. Elle dure tant que l'esprit tend et consent; mais que ces dispositions affectives et actives disparaissent par l'expérience de la vie, la croyance tombe avec elle, laissant à sa place une matière sans forme, une représentation vide et morte.

Après cela, est-il nécessaire de faire remarquer que la croyance dépend uniquement des éléments *moteurs* (non intellectuels) de notre organisation? Comme il n'y a ni imagination sans croyance ni croyance sans imagination, nous revenons par une autre voie à la thèse soutenue dans la première partie : c'est que la création dépend de la nature motrice des images.

En ce qui concerne le cas particulier de l'enfant, des deux moments que l'image traverse dans la conscience, le premier (celui de l'affirmation) est tout pour lui, le second (celui de la rectification) n'est rien : hypertrophie de l'un, atrophie de l'autre. Pour l'adulte, c'est le contraire : même, dans beaucoup de cas, par suite de l'expérience et de l'habitude, le premier moment où l'image devrait être affirmée comme réalité n'est que virtuel, littéralement atrophié. Cependant, il faut remarquer que ceci ne s'applique que partiellement à l'ignorant et encore moins au sauvage.

Toutefois, on peut encore se demander si la croyance de l'enfant à ses chimères est pleine, entière, absolue, sans réserves. Le bâton qu'il chevauche est-il identifié totalement à un cheval? L'enfant de J. Sally qui montrait à sa

---

[1] W. James, *Essays*, p. 10. Payot, *De la Croyance*, 139 sq.

poupée une série de gravures pour qu'elle pût choisir, était-il complètement dupe? Il semble qu'il faut admettre plutôt une intermittence, une alternance entre l'affirmation et la négation. D'une part, l'attitude sceptique de ceux qui le raillent, est déplaisante à l'enfant; il est comme un croyant sincère dont on démolit la foi. D'autre part, il faut bien que le doute naisse en lui de temps en temps, sans quoi la rectification n'aurait jamais lieu : une croyance chasse l'autre ou la contredit. Ce second travail se fait peu à peu; mais alors, sous cette forme, l'imagination rétrograde.

III. Le troisième stade est celui du jeu qui, dans l'ordre chronologique, coïncide avec le précédent. Comme forme de création, il nous est déjà connu; mais en passant des animaux aux enfants, il croit en complexité et s'intellectualise. Ce n'est plus une simple combinaison de mouvements, il est en sus une combinaison d'images.

Le jeu sert à deux fins : à expérimenter; comme tel il est une introduction à la connaissance, il donne quelques notions vagues sur la nature des choses; — à créer, c'est son principal office.

L'enfant, comme les animaux, se dépense en mouvements, forme des associations nouvelles pour lui, il simule la défense, la fuite, l'attaque; mais il dépasse rapidement ce niveau inférieur pour la construction en images. Il commence par *imiter* : C'est une nécessité psychologique dont nous donnerons plus tard les raisons (v. ch. IV ci-après). Il construit des maisons, des bateaux, se livre à des dessins grossiers; mais il imite surtout dans sa personne et par ses actes, se faisant tour à tour soldat, marin, brigand, marchand, cocher, etc.

A la période d'imitation succèdent des tentatives plus

hardies; il agit en maître, il est possédé par son idée qu'il tend à réaliser. Le caractère personnel de la création se révèle en ceci, qu'il ne s'intéresse réellement qu'à un travail qui émane de lui et dont il se sent cause. B. Perez raconte qu'il voulait donner une leçon à son neveu (trois ans et demi) dont les inventions lui paraissaient bien pauvres. Il trace sur le sable une rigole simulant une rivière, plante de petites branches sur les deux rives, y fait couler de l'eau, pose un pont, lance des navires. A chaque invention, l'enfant restait froid, son admiration se faisait toujours attendre. Bref, impatienté, il déclare « que ce n'est pas du tout amusant ». L'auteur ajoute : « Je crus inutile d'insister et je piétinai, en riant de moi-même, mon essai maladroit de construction enfantine. J'avais déjà lu dans maint livre, mais cette fois j'avais appris par expérience que la libre initiative des enfants est toujours supérieure aux imitations que nous prétendons en faire. En outre, cette expérience et d'autres pareilles m'ont appris que leur force créatrice est beaucoup plus faible qu'on ne le dit[1] ».

IV. Au quatrième stade apparaît l'invention romanesque qui exige une culture plus raffinée, étant une création purement intérieure et toute en images. Elle s'éveille vers l'âge de trois ou quatre ans. On sait le goût des enfants imaginatifs pour les histoires et légendes qu'ils se font répéter à satiété : en cela ils ressemblent aux peuples demi-civilisés qui écoutent avidement leurs rapsodes pendant des heures, éprouvant toutes les émotions appropriées aux incidents du récit. C'est le prélude à la création, un état semi-passif, semi-actif, une période d'apprentissage qui leur permettra de créer à leur tour. Aussi, les premiers essais sont faits de réminiscences et plutôt imités que créés.

1. B. Perez, *Les trois premières années de l'enfant*, p. 323.

On en trouvera de nombreux exemples dans les ouvrages spéciaux. Un enfant de trois ans et demi voit un boiteux cheminant le long d'une route. Il s'écrie : « Maman, vois ce pauvre homme avec sa mauvaise jambe. » Puis le roman commence : Il était sur un grand cheval, il est tombé sur une grosse pierre, il a heurté sa pauvre jambe, il faudrait trouver quelque poudre pour la guérir, etc. — Quelquefois l'invention est moins réaliste. Une enfant de trois ans souhaitait souvent de vivre comme poisson dans l'eau ou comme étoile dans le ciel. — Une autre (cinq ans neuf mois) ayant trouvé une pierre percée inventa un conte de fées; le trou était une belle salle habitée par des personnages brillants et mystérieux[1], etc.

Cette forme d'imagination n'est pas aussi commune que les autres; elle est propre à ceux que la nature a bien doués. Elle présage un développement de l'esprit supérieur à la moyenne; elle peut même être la marque d'une vocation naissante et indiquer dans quel sens la création s'orientera.

Rappelons sans insister le rôle créateur de l'imagination dans le langage, par l'intervention d'un facteur déjà étudié : la pensée par analogie, source abondante de métaphores qui sont quelquefois pittoresques. Un enfant appelait « porte » un bouchon de bouteille; une menue monnaie était désignée par un petit Américain sous le nom de « baby dollar »; un autre, en voyant la rosée sur l'herbe, disait : « Le gazon pleure ».

L'extension du sens des mots a été étudiée par Taine, Darwin, Preyer et autres. Ils ont montré que son mécanisme psychologique dépend tantôt de la perception de la ressemblance, tantôt de l'association par contiguïté, qui

---

1. J. Sully, *Ouv. cité*, 59-61. Compayré, *Psychologie de l'enfant*, p. 145.

apparaissent et s'entre-mêlent d'une manière imprévue. Ainsi un enfant applique le mot « Mamro » d'abord à sa nourrice, puis à une machine à coudre dont elle se sert, puis par analogie à un orgue qu'il voit dans la rue, orné d'un singe, puis à ses jouets figurant des animaux[1]. Nous avons rapporté ailleurs plusieurs cas semblables où l'on saisit la différence fondamentale entre la pensée par image et la pensée rationnelle.

Pour conclure, à ce moment, l'imagination est la faculté maîtresse et la plus haute forme du développement intellectuel. Elle travaille dans deux directions, l'une principale : elle crée des jeux, invente des romans et étend le langage; l'autre secondaire : elle contient un germe de pensée et hasarde une explication chimérique du monde qui ne peut pas encore être conçu d'après des notions abstraites et des lois.

1. Sully, *Ouv. cité*, p. 164.

CHAPITRE III

L'homme primitif et la création des mythes.

Nous arrivons à un moment unique dans l'histoire du développement de l'imagination, à son âge d'or. Chez l'homme primitif, encore enfermé dans la vie sauvage ou n'ayant fait que les premiers pas vers la civilisation, elle atteint sa pleine efflorescence dans la création des mythes ; et on est en droit de s'étonner que les psychologues, obstinément attachés à l'esthétique, aient négligé une forme d'activité si importante, si riche en renseignements sur la nature de l'imagination créatrice. Où trouver, en effet, des conditions plus favorables pour la connaître ?

L'homme avant la civilisation est un pur imaginatif, c'est-à-dire que l'imagination marque l'apogée de son développement intellectuel; il ne la dépasse pas [1], mais elle n'est plus une énigme comme chez les animaux, ni une phase transitoire comme chez l'enfant civilisé qui s'achemine rapidement vers l'âge de raison; elle est un état fixe, permanent, qui dure toute la vie.

Elle se révèle à nous dans sa pleine spontanéité ; elle a

---

[1]. On a défini l'homme primitif « celui pour qui les données des sens et les images l'emportent sur les conceptions rationnelles ». A ce compte, beaucoup de poètes, romanciers, artistes contemporains seraient des primitifs. L'état mental de l'individu humain ne suffit pas à cette détermination ; il faut tenir compte aussi de la simplicité du milieu social.

son libre essor; elle peut créer sans imitation ni traditions, elle n'est emprisonnée dans aucune forme convenue; elle est souveraine maîtresse. Comme l'homme primitif n'a nulle connaissance de la nature ni de ses lois, il n'hésite pas à donner un corps aux plus folles imaginations qui jaillissent dans son cerveau. Le monde n'étant pas pour lui un ensemble de phénomènes soumis à des règles, rien ne le limite ni ne l'entrave.

Ce travail de l'imagination pure, livrée à elle-même, non adultérée par l'intrusion et la tyrannie des éléments rationnels, se traduit sous une seule forme — la création du mythe, œuvre anonyme, impersonnelle, inconsciente, qui, tant que dure son règne, suffit à tout, renferme tout : religion, poésie, histoire, sciences, philosophie, législation.

Les mythes n'ont pas seulement l'avantage d'être l'incarnation de l'imagination pure; ils permettent de plus aux psychologues de l'étudier objectivement. Grâce aux travaux du xixᵉ siècle, ils offrent une matière presque inépuisable. Tandis que les âges précédents les ont oubliés, méconnus, défigurés et le plus souvent dédaignés comme des aberrations de l'esprit humain, indignes d'une heure de peine; de nos jours, il n'est plus nécessaire d'en montrer l'intérêt et l'importance, même pour la psychologie qui n'en a pourtant pas tiré tout le profit qu'elle pouvait.

Mais avant d'aborder l'étude psychologique de la genèse et de la formation des mythes, considérés comme une manifestation objective de l'imagination créatrice, il faut rappeler sommairement les hypothèses admises actuellement sur leur origine. On en trouve deux principales : l'une, étymologique, généalogique ou linguistique; l'autre, ethno-psychologique ou anthropologique [1].

---

[1]. Rappelons aussi la thèse évhémériste de Herbert Spencer, reprise récemment par Grant Allen : *The Evolution of the idea of God* (1897), qui

La première dont le principal champion (non le seul) est Max Müller, soutient que les mythes sont issus d'une « maladie du langage »; les mots deviennent des choses, « nomina numina ». Cette transformation est l'effet de deux causes linguistiques principales. La polyonymie : plusieurs mots pour une seule chose; ainsi le soleil est désigné par plus de vingt termes dans les *Védas*; Apollon, Phaéton, Héraclès sont trois personnifications du soleil; Varouna (la nuit) et Yama (la mort) expriment à l'origine la même conception et sont devenus deux divinités distinctes. Bref, chaque mot tend à devenir une entité ayant ses attributs et sa légende propres. — L'homonymie : un seul mot pour plusieurs choses; le même terme « brillant » désignant l'aurore, une source, le printemps, etc.; autre source de confusion. Ajoutons les métaphores prises au sens littéral, les jeux de mots, les contre-sens, etc.

Les adversaires de cette doctrine soutiennent que, dans la formation des mythes, les mots représentent à peine cinq pour cent. Quoi qu'il en soit de cette assertion, l'explication purement philologique reste sans valeur pour la psychologie; elle n'est ni vraie ni fausse; elle ne résout pas le problème, elle passe à côté. Le mot n'est qu'une occasion, qu'un véhicule : sans le travail de l'esprit qu'il suscite, rien ne changera. C'est d'ailleurs ce que Max Müller lui-même a reconnu récemment [1].

La théorie anthropologique, bien plus générale que la précédente, pénètre davantage jusqu'aux origines psycho-

rapporte toutes les conceptions religieuses et mythiques à une origine unique : le culte des morts.

1. « Lorsque j'ai tenté de caractériser brièvement la mythologie dans sa nature intime, je l'ai appelée maladie du langage plutôt que maladie de la pensée. L'expression était bizarre, mais d'une bizarrerie voulue, destinée à éveiller l'attention et à provoquer la controverse. Pour moi, le langage et la pensée sont inséparables, etc. » (*Nouvelles études de Mythologie*, trad. fr., p. 51).

logiques : elle nous ramène aux premières démarches de l'esprit humain. Elle considère le mythe non comme un accident de la vie primitive, mais comme une fonction naturelle, comme un mode d'activité propre à l'homme pendant une certaine période de son développement. Plus tard les créations mythiques paraissent absurdes, souvent immorales, parce qu'elles sont des survivances d'une époque lointaine, conservées et consacrées par la tradition, les habitudes, le respect de l'antiquité. D'après la définition qui me paraît la mieux adaptée à la psychologie, « le mythe est l'objectivation psychophysique de l'homme dans tous les phénomènes qu'il peut percevoir »[1]; c'est une humanisation de la nature selon les procédés propres à l'imagination.

Ces deux doctrines sont-elles inconciliables? Il ne semble pas, à la condition de n'accepter la première que comme une explication partielle. En tout cas, les deux écoles s'accordent sur un point important pour nous : La matière des mythes est fournie par le spectacle des phénomènes naturels, en y comprenant les grands événements humains (naissance, maladies, mort, etc.) : c'est le facteur objectif. La création des mythes a sa raison d'être dans la nature de l'imagination humaine : c'est le facteur subjectif. On ne peut nier que la plupart des mythographes ont une inclination très marquée à accorder le plus d'importance au premier facteur : en quoi, ils manquent un peu de psychologie. Les retours périodiques de l'aurore, du soleil, de la lune et des étoiles, les vents et les orages agissent aussi, pensons-nous, sur les singes, les éléphants et autres animaux réputés les plus intelligents. Ont-ils inspiré des mythes? Tout au contraire, « la surprenante monotonie

---

1. Vignoli, *Mito e Scienza*, p. 27.

des idées que les diverses races se sont faites des causes dernières des phénomènes, de l'origine et de la destinée de l'homme, d'où il résulte que les innombrables mythes se réduisent à un très petit nombre de types »[1], montre que c'est l'imagination humaine qui tient le principal rôle et qu'en somme, elle n'est peut-être pas aussi riche qu'on se plaît à le dire, qu'elle est même bien pauvre, comparée à la fécondité de la nature.

Étudions maintenant la psychologie de cette activité créatrice, en la réduisant à ces deux questions : Comment se forment les mythes? Quelle marche suit leur évolution?

I

La psychologie de la genèse du mythe, du travail qui le fait éclore peut, théoriquement et pour la facilité de l'analyse, être ramenée à deux moments principaux : celui de la création proprement dite, celui de l'invention romanesque.

I. Le moment de la création suppose deux opérations inséparables, mais qu'il faut décrire séparément : la première consiste à tout animer, la seconde à tout qualifier.

Tout animer, c'est-à-dire à attribuer à toutes choses la vie et l'action, à se représenter tout comme vivant et agissant, même les montagnes, les pierres et autres objets incapables de mouvement. De cette tendance innée et irrésistible, il y a tant de preuves de fait qu'une énumération quelconque est inutile : *c'est la règle*. Les témoignages recueillis par les ethnologistes, les mythographes, les voyageurs remplissent de gros volumes. Cet état d'esprit

---

[1]. Marillier, Préface à la traduction de Lang, *Myths, ritual and Religion*.

n'appartient pas en propre aux âges lointains ; il existe encore, il est contemporain, et pour le voir de ses yeux, il n'est pas nécessaire de s'enfoncer dans les pays vierges, car il s'en trouve de fréquentes survivances, même dans les pays civilisés : « En somme, dit Tylor, il faut tenir comme accordé que, pour les races inférieures de l'humanité, le soleil et les étoiles, les arbres et les rivières, les vents et les nuages deviennent des créatures animées qui vivent comme les hommes et les bêtes, remplissant leurs fonctions spéciales dans la création — ou bien encore que ce que l'œil humain peut atteindre n'est que l'instrument ou la matière dont dispose quelque être prodigieux, analogue à l'homme, qui se cache derrière les choses visibles. Les bases sur lesquelles reposent de telles idées ne peuvent être amoindries aux proportions d'une fantaisie poétique ou d'une métaphore mal comprise ; elles s'appuient sur une vaste philosophie de la nature, certainement rude et primitive, mais conséquente et sérieuse »[1].

La seconde opération de l'esprit, inséparable, comme nous l'avons dit, de la première, attribue à ces êtres imaginaires des qualités diverses, mais toutes importantes pour l'homme. Ils sont bons ou mauvais, utiles ou nuisibles, faibles ou puissants, cléments ou inexorables. On reste stupéfait devant la pullulation de ces génies sans nombre auxquels pas un phénomène naturel, pas un acte de la vie, pas une forme de maladie n'échappe, et ces croyances demeurent inébranlables même chez des tribus en contact avec de vieilles civilisations[2]. L'homme primitif vit et se meut dans les chimères incessantes de son imagination[3].

1. *La Civilisation primitive*, I, p. 326.
2. Consulter sur ce point l'ouvrage si riche en documents de W. Crooke : *The popular Religion and Folk-lore of northern India*, 1897.
3. « L'Indien qui parcourt la *Montaña* ne se sent jamais seul. Des

Finalement, le mécanisme psychologique du moment de la création est très simple. Il dépend d'un unique facteur précédemment étudié : la pensée par analogie. Il s'agit d'abord — et c'est l'essentiel — de concevoir des êtres analogues à nous, coulés dans notre moule, taillés d'après notre patron, c'est-à-dire sentant et agissant : ensuite de les qualifier et déterminer selon les attributs de notre nature. Mais la logique des images, très différente de celle de la raison, conclut d'une ressemblance subjective à une ressemblance objective; elle tient pour semblable ce qui lui *paraît* semblable; elle attribue à une liaison interne entre les images la valeur d'une liaison externe entre les choses. D'où le désaccord entre le monde imaginé et le monde réel. « Les analogies qui ne sont pour nous que des fantaisies étaient pour l'homme des temps passés la réalité. » (Tylor.)

II. Dans la genèse des mythes, le second moment est celui de l'invention romanesque; les entités prennent un corps, elles ont une histoire, des aventures; elles deviennent la matière d'un roman. Les peuples d'imagination pauvre et sèche n'atteignent pas cette seconde période. Ainsi la religion des Romains peuplait l'univers d'une quantité innombrable de « Génies ». Pas un objet, un acte, un détail qui n'ait le sien. Il y en a pour le blé qui germe,

---

légions d'êtres lui font cortège. La nature entière à laquelle il prête une âme, lui parle dans le bruit du vent, dans le grondement des cascades. L'insecte comme l'oiseau, tout, jusqu'à la branche qui ploie, trempée de rosée, possède pour lui un langage, une personnalité distincte. La forêt s'anime dans ses profondeurs, elle a ses caprices, ses colères; elle écarte le hallier sous les pas du chasseur, ou bien l'étreint plus étroitement, l'attire dans des marécages empestés, dans des fondrières sans issue où de misérables lutins épuiseront sur lui leurs maléfices, boiront son sang en collant leurs lèvres sur les blessures faites par les ronces. L'Indien sait tout cela; il connaît par leurs noms ces redoutables génies. » Monnier, *Des Andes au Para*, p. 300.

qui pousse, qui fleurit, qui se rouille ; pour la porte, ses gonds, sa serrure, etc.. C'est une myriade d'entités nuageuses, amorphes ; c'est l'animisme arrêté à son premier stade : l'abstraction a tué l'imagination.

Ces légendes et récits d'aventures qui constituent la matière de la mythologie, qui les a créés ? Probablement des inspirés, prêtres ou prophètes ; peut-être sont-ils sortis des songes, de l'hallucination, des troubles de la folie ; ils dérivent de plusieurs sources. Quelle qu'en soit l'origine, ils sont l'œuvre de ces esprits imaginatifs par excellence (que nous étudierons plus tard) qui, en face d'un événement quelconque, *doivent* en raison de leur nature bâtir un roman.

Outre l'analogie, cette création imaginative a pour principal ressort la forme d'association précédemment décrite sous le nom de « constellation ». On sait qu'elle consiste en ce que l'évocation d'un groupe d'images est, dans certains cas, le résultat d'une tendance qui prévaut entre plusieurs possibles, à un moment donné. Cette opération a été exposée théoriquement avec quelques exemples individuels à l'appui[1] ; mais pour en mesurer la valeur, il faut la voir agissant par grandes masses. Les mythes nous le permettent. Ordinairement, on les étudie dans leur développement historique, d'après leur distribution géographique ou leur caractère ethnique. Si on procède autrement, si on ne considère que leur matière, c'est-à-dire les thèmes assez peu nombreux sur lesquels l'imagination humaine a travaillé : phénomènes célestes, terrestres, déluges, origine de l'univers, de l'homme, etc., on est surpris de l'extrême richesse des variations. Quelle diversité dans les mythes solaires ou de la création, de l'eau, du feu ! Ces variations sont

---

1. Voir Première partie : ch. III.

dues à des causes multiples qui ont orienté l'imagination tantôt dans un sens, tantôt dans l'autre. Signalons les principales : les caractères de la race, dont l'imagination est nette ou fluide, pauvre ou exubérante — le genre de vie, totalement sauvage ou affleurant à la civilisation — le milieu cosmique; la nature extérieure ne peut se réfléter dans le cerveau de l'Hindou comme dans celle du Scandinave, enfin cet ensemble de causes menues et imprévisibles que l'on résume sous le nom de hasard.

Les variables combinaisons de ces différents facteurs, avec influence de l'un ou de l'autre, expliquent la multiplicité des conceptions imaginatives du monde, en opposition avec l'unité et la simplicité des conceptions scientifiques.

II

La forme d'imagination qui nous occupe en raison de son caractère non individuel, anonyme, collectif, atteint un développement séculaire qu'on peut suivre dans ses phases successives d'ascension, d'apogée et de déclin. D'abord, est-elle nécessairement inhérente à l'esprit humain? Y a-t-il des races ou groupes d'hommes totalement dépourvus de mythes? question assez peu différente de celle si souvent posée : Y a-t-il des tribus totalement dépourvues de sentiment religieux? S'il est très douteux qu'il s'en trouve actuellement, il est probable qu'il en a été ainsi à l'origine, quand l'homme dépassait à peine le niveau de l'animalité (à moins qu'on n'admette avec Vignoli [*ouv. cité*, 23-24] que chez les animaux supérieurs on rencontre déjà des formes embryonnaires de l'animisme).

En tout cas, la création mythique apparut tôt. On peut l'inférer de l'insigne puérilité de certaines légendes. Des sauvages qui n'ont pu se connaître — les Iroquois, les aborigènes de l'Australie, les naturels des îles Andaman — croyaient que la terre était d'abord sèche et stérile, toute l'eau ayant été avalée par une grenouille ou un crapaud gigantesque qu'on força à la vomir par des stratagèmes comiques. Ce sont des imaginations de petit enfant. Chez les Hindous, le même mythe prend une allure épique : le dragon qui veille sur les eaux célestes dont il s'est emparé, est blessé par Indra après une lutte héroïque et les restitue à la terre.

Les cosmogonies, remarque Lang, fournissent un bon exemple du développement des mythes; il est possible de marquer des étages et échelons suivant le degré d'intelligence et de culture. Les naturels de l'Océanie croient que le monde a été créé et organisé par des araignées, des sauterelles, des oiseaux divers. Des peuples plus avancés voient dans ces animaux puissants des dieux déguisés (telles sont certaines divinités mexicaines). Plus tard enfin, toute trace d'animalité disparaît et le caractère du mythe est l'anthropomorphisme pur[1]. Kühn, dans un ouvrage spécial, a montré comment les stades successifs de l'évolution sociale s'expriment dans les stades successifs de la mythologie : mythes de cannibales, de chasseurs, de pasteurs, d'agriculteurs, de marins. En parlant de la sauvagerie pure, Max Müller admet au moins deux périodes (l'une panaryenne et l'autre indo-iranienne) antérieures à la période védique[2]. Au cours de cette évolution lente, le travail de l'imagination sort peu à peu de l'enfantillage, devient de plus en plus complexe, subtil et raffiné.

Dans la race aryenne, l'époque védique, malgré son ritualisme sacerdotal, est considérée comme le moment par

---

1. Lang. *Ouv. cité*, p. 30-43 et 232 sq.
2. M. Müller, *Ouv. cité*, p. 42.

excellence de la floraison mythique. « Le mythe, dit Taine, n'est point ici [dans les Védas] un déguisement, mais une expression; point de langage plus juste et plus souple; il laisse entrevoir ou plutôt il fait apercevoir les formes des nuages, les mouvements de l'air, les changements des saisons, tous les accidents du ciel, du feu, de l'orage; jamais la nature extérieure n'a rencontré une pensée aussi molle et aussi pliante pour s'y figurer avec l'inépuisable variété de ses apparences. Si ondoyante que soit la nature, cette imagination l'est autant[1]. » Elle anime tout : non seulement le feu en général (Agni), mais les sept formes de la flamme, le bois qui l'allume, les dix doigts du sacrificateur, la prière elle-même et jusqu'à la balustrade qui enferme l'autel. C'est un exemple entre bien d'autres. — Les partisans de la théorie linguistique ont pu soutenir qu'à ce moment, chaque mot est un mythe, parce que chaque mot est un appellatif qui désigne une qualité ou un acte, transformés par l'imagination en substance. Max Müller a traduit une page d'Hésiode en substituant aux noms qui font images le langage analytique, abstrait, rationnel de nos jours : aussitôt toute la matière mythique s'évanouit. « Ainsi Séléné tient sous ses baisers Endymion endormi » devient cette formule sèche : Il fait nuit. Les plus habiles linguistes se déclarent souvent incapables de transposer la langue fluide de l'âge imaginatif en nos idiomes à notation algébrique[2]. La pensée par image ne peut à la fois rester elle-même et prendre un vêtement rationnel.

Cet état mental qui, dans le développement libre de l'imagination, marque l'apogée, ne se rencontre plus actuellement que chez les mystiques et quelques poètes.

---

1. *Nouveaux essais*, p. 320.
2. Voir dans Lang, p. 216, un passage du *Rig Véda* avec quatre traductions totalement différentes de Wilson, Benfey, Langlois et Max Müller.

Le langage en a aussi conservé de nombreux vestiges dans des locutions courantes, mais dont la signification mythique est perdue : Le soleil se lève, la mer est perfide, le vent est furieux, la terre a soif, etc.

A cette période triomphante, chez les races qui ont évolué, c'est-à-dire ont pu dépasser l'âge de l'imagination, succède la période descendante, de régression, de déclin. Pour la comprendre, pour en saisir le comment et le pourquoi, remarquons d'abord que les mythes sont réductibles à deux grandes catégories :

Les mythes *explicatifs*, nés de l'utilité, de la nécessité de connaître; *ils vont subir une transformation radicale.*

Les mythes *non explicatifs*, issus d'un besoin de luxe, du pur désir de créer : ceux-ci ne subiront qu'une *transformation partielle*.

Suivons-les dans l'accomplissement de leurs destinées.

1° Les mythes de la première catégorie qui répondent aux diverses formes du besoin de connaître pour agir en conséquence, sont de beaucoup les plus nombreux. — Le primitif est-il naturellement curieux? Cette question a été résolue diversement : ainsi Tylor dit oui, Spencer dit non. L'affirmation et la négation ne sont peut-être pas inconciliables, si l'on tient compte de la différence des races. A tout prendre et en général, il est difficile qu'il ne soit pas curieux; sa vie est à ce prix. Il est en présence de l'univers comme nous en face d'un animal ou d'un fruit inconnu. Est-il utile ou nuisible? Il a d'autant plus besoin d'une conception du monde qu'il se sent dépendant de tout. Tandis que notre subordination à l'égard de la nature est limitée par la connaissance de ses lois, il est, lui, en raison de son animisme, dans la posture où nous sommes devant une assemblée de personnes qu'il faut rechercher ou éviter, se concilier ou fléchir. Il faut qu'il soit curieux *pratiquement*, cela est indispensable à sa conservation. On a allégué l'indifférence du primitif pour les engins compliqués de la civilisation (un bateau à vapeur, une montre) : elle dénote non l'incuriosité, mais le défaut d'intelligence ou l'absence d'intérêt pour ce qu'il ne considère pas comme immédiatement utile à ses besoins.

Sa conception du monde est l'œuvre de l'imagination, parce que, pour lui, il n'y en a pas d'autre possible. Le problème se pose impérieusement, il le résout comme il peut : le mythe est une réponse à une multitude de besoins théoriques et pratiques. L'explication imaginative tient lieu pour lui de l'explication rationnelle qui n'est pas encore née, qui ne peut naître pour des raisons majeures : d'abord, la pauvreté de son expérience renfermée dans un cercle exigu, engendre une foule d'associations illégitimes, qui restent indissolubles en l'absence d'autres expériences qui les contredisent et les rompent; ensuite la faiblesse extrême de sa logique et notamment de son concept de la causalité qui, le plus souvent, se réduit à un *post hoc, ergo propter hoc*. De là, la subjectivité foncière de son interprétation du monde. En somme, le primitif fait sans exception, sans réserves et avec des images ce que la science fait par exception, avec des réserves et par concepts — des hypothèses.

Les mythes explicatifs sont, comme on le voit, la condensation d'une philosophie pratique, proportionnée aux besoins de l'homme des premiers âges ou peu cultivés. Puis vient la période de transformation critique : substitution lente et progressive d'une conception rationnelle du monde à la conception imaginative. Elle résulte d'un travail de *dépersonnification* du mythe qui dépouille peu à peu son caractère subjectif, anthropomorphique, pour devenir de plus en plus objectif, *sans y réussir jamais complètement*.

Cette transformation s'est opérée grâce à doux points d'appui principaux : l'observation méthodique et prolongée des phénomènes, qui suggère la notion objective de stabilité et de règle, opposée aux caprices de l'animisme (ex. les travaux des vieux astronomes de l'Orient); — la puissance croissante de la réflexion et de la rigueur logique, du moins chez les races bien douées.

Il n'entre pas dans notre sujet de retracer les péripéties de cette lutte séculaire où l'imagination, assaillie par une puissance rivale, perd peu à peu ses positions et sa prépondérance dans l'interprétation du monde. Quelques remarques suffiront.

A l'origine, le mythe se transforme en spéculation philosophique, mais sans disparaître totalement, comme cela se voit dans les spéculations mystiques des pythagoriciens, dans la cosmologie d'Empédocle régie par deux entités humanisées, l'Amitié et la Discorde ; même pour Thalès, esprit positif qui observe, calcule les éclipses, le monde est plein de δαίμονες, reste de l'animisme primitif; dans Platon, sans parler de sa théorie des Idées, l'emploi du mythe n'est pas seulement un jeu, mais une survivance.

Ce travail d'élimination, commencé par les philosophes, s'affirme davantage avec les premiers essais de science pure (les mathématiciens alexandrins; les naturalistes comme Aristote et quelques médecins grecs). Cependant on sait combien les conceptions imaginaires restent vivaces jusqu'au XVI° siècle dans la physique, la chimie, la biologie; on sait la lutte acharnée que les deux siècles suivants ont livrée contre les qualités occultes et les méthodes sans rigueur : même de nos jours, Stallo a pu proposer d'écrire un traité « sur la mythologie dans la science ». Sans parler, pour le moment, des hypothèses *admises comme telles* et en raison de leur utilité, il reste encore dans les sciences bien des vestiges latents de l'anthropomorphisme primitif. Au commencement de ce siècle, on admettait plusieurs « propriétés de la matière » que l'on considère de nos jours comme de simples modalités de l'énergie. Mais cette notion dernière, expression de la permanence sous les diverses manifestations de la nature, n'est pour la science qu'une formule abstraite et symbolique : si on essaie de lui donner un corps, de la rendre concrète et représentable; alors, qu'on le veuille ou non, elle se résout dans le sentiment de l'effort musculaire, c'est-à-dire reprend un caractère humain. Sans produire d'autres exemples, on voit qu'au terme de cette régression lente, l'imagination n'est pas complètement annihilée, quoique elle ait dû reculer sans cesse devant une rivale plus solide et mieux armée.

2° Outre les mythes explicatifs, il y a ceux qui n'ont aucune prétention de ce genre, bien qu'ils aient pu être suggérés à l'origine par quelque phénomène de la nature animée ou inanimée. Ils sont beaucoup moins nombreux que les autres parce qu'ils ne répondent pas aux multiples nécessités de la vie. Tels sont les récits épiques ou héroïques, les contes populaires, les romans (qui se rencontrent déjà dans l'ancienne Égypte) : c'est la première apparition de cette forme de l'activité esthétique qui deviendra plus tard l'invention littérature. Ici, l'activité mythique ne subit qu'une métamorphose superficielle; le fond ne change pas. La littérature est une mythologie transformée et adaptée aux conditions variables de la civilisation. Si cette assertion paraît douteuse ou irrévencieuse, que l'on remarque ce qui suit :

Historiquement, des mythes où ne figurent d'abord que des personnages divins, sortent les épopées (hindoues, grecques, scandinaves, etc.), où les dieux et les héros se confondent, vivent dans un même monde, sur un pied d'égalité ; puis le caractère divin s'efface peu à peu ; le mythe se rapproche des conditions ordinaires de la vie humaine, jusqu'à ce qu'il devienne roman romanesque et finalement réaliste.

Psychologiquement, le travail imaginatif qui a créé d'abord les dieux et les êtres supérieurs devant qui l'homme s'incline parce qu'il les a faits sans en avoir conscience, s'humanise de plus en plus en devenant conscient ; mais ne peut cesser d'être une projection des sentiments, des idées, de la nature de l'homme en des êtres fictifs auxquels la croyance du créateur et de ses lecteurs confère une existence illusoire et momentanée. Les dieux sont devenus des poupées dont l'homme se sait le maître et qu'il traite à son gré. A travers les multiples techniques, esthétiques, recueils documentaires, reproductions de la vie sociale, l'activité créatrice du premier âge reste inaltérée dans son fond. La littérature est une mythologie déchue et rationalisée.

III

L'activité mythique des temps anciens existe-t-elle encore chez les peuples civilisés, — non modifiée comme dans la création littéraire, mais sous sa forme pure : œuvre non individuelle, collective, anonyme, inconsciente? Oui, dans l'imagination populaire lorsqu'elle crée les légendes. En passant des phénomènes de la nature aux personnages et événements historiques, l'imagination constructive prend une position un peu différente qu'on peut caractériser ainsi :

La légende est au mythe ce que l'illusion est à l'hallucination.

Le mécanisme psychologique est le même dans les deux cas. L'illusion et la légende sont des imaginations partielles, l'hallucination et le mythe sont des imaginations totales. L'illusion peut parcourir tous les degrés entre la perception exacte et l'hallucination; la légende peut parcourir tous les degrés entre l'histoire exacte et le pur mythe. Entre l'illusion et l'hallucination, la différence est quelquefois indiscernable; de même quelquefois entre la légende et le mythe. L'illusion sensorielle se produit par une addition d'images qui transforment la perception; la légende se produit aussi par une addition d'images qui changent le personnage ou l'événement historique. La seule différence est donc dans la matière élaborée qui est, dans un cas, une donnée des sens, un phénomène de la nature; dans l'autre cas, une donnée de l'histoire, un événement humain.

La genèse psychologique des légendes étant ainsi établie en général, quels sont, d'après les faits, les procédés inconscients que l'imagination emploie pour les créer? On peut en distinguer deux principaux.

Le premier procédé est une fusion ou combinaison. Le mythe précède le fait; le personnage ou l'événement historiques entrent dans le cadre d'un mythe préexistant. « Il faut que le moule mythique soit façonné avant qu'on y verse à l'état plus ou moins fluide le métal historique. » L'imagination avait créé une mythologie solaire, bien avant qu'elle s'incarnât chez les Grecs en Héraclès et ses exploits. « Il y a eu historiquement un Roland, peut-être un Arthur, mais la plupart des hauts faits que leur attribue la poésie du moyen âge avaient été accomplis longtemps auparavant par des héros mythiques dont on avait oublié jusqu'aux noms[1]. » Tantôt, l'homme est totalement noyé dans le mythe et devient absolument légendaire; tantôt il n'emprunte qu'une auréole qui le transfigure. C'est exactement ce qui se passe dans le phénomène plus simple de l'illusion

---

1. Max Müller, *Ouv. cité*, p. 39, 47-48, 59-60.

sensorielle; tantôt le réel (la perception) est noyé dans les images, transformé, et l'élément objectif réduit à presque rien; tantôt l'élément objectif reste le maître, mais avec des déformations nombreuses.

Le second procédé qui peut agir conjointement avec l'autre, est l'idéalisation. L'imagination populaire incarne en un homme réel son idéal d'héroïsme, de loyauté, d'amour, de piété ou de lâcheté, de férocité, de félonie et autres perversités. Ce procédé est plus complexe. Il suppose, outre la création mythique, un travail d'abstraction par lequel, dans le personnage historique, un caractère dominateur est choisi et tout le reste supprimé, rejeté dans l'oubli : l'idéal devient un centre d'attraction autour duquel se forme la légende, l'invention romanesque. Que l'on compare l'Alexandre, le Charlemagne, le Cid des traditions du moyen âge à ceux de l'histoire.

Même bien plus près de nous, ce procédé de simplification à outrance — que la loi d'inertie mentale ou du moindre effort suffit à expliquer — subsiste toujours : Lucrèce Borgia reste le type de la débauche, Henri IV de la bonhomie, etc. Les protestations des historiens et les documents qu'ils produisent n'y font rien; l'œuvre de l'imagination résiste à tous les assauts.

Pour conclure, nous venons de traverser une période de l'évolution mentale où la création imaginative règne sans partage, explique tout, suffit à tout. On a dit que l'imagination du sauvage est « une folie temporaire ». Elle nous paraît telle, bien qu'elle soit souvent un effort vers la sagesse, c'est-à-dire vers la compréhension des choses. Il serait plus juste de dire avec Tylor, « qu'elle représente un état intermédiaire entre celui d'un homme de notre temps, prosaïque et bien portant, et celui d'un fou furieux ou d'un fiévreux en délire ».

CHAPITRE IV

Les formes supérieures de l'invention.

Nous passons du primitif à l'homme civilisé, de la création collective à la création individuelle dont il nous reste à étudier les caractères d'après les grands inventeurs qui nous les montrent en grossissement. Heureusement, nous pouvons nous dispenser de traiter la question tant discutée, nullement résolue, de la nature psychologique du génie. Comme on l'a fait remarquer précédemment, il entre dans sa composition d'autres facteurs que l'imagination constructive, quoique celle-ci ne soit pas la moindre. D'ailleurs, les grands hommes étant des exceptions, des anomalies ou, selon l'expression en vogue, « des variations spontanées », on peut se demander *in limine* si leur psychologie est explicable par quelques formules simples, comme pour la moyenne des hommes, ou si des monographies n'en apprennent pas plus long sur leur nature que des théories générales qui ne conviennent jamais à tous les cas. Donc, prenant le génie comme synonyme de grand inventeur, l'acceptant *à titre de fait* historique et psychologique, notre tâche se borne à essayer de dégager les caractères qui, d'après l'observation et l'expérience, paraissent lui appartenir en propre.

Laissant de côté les dissertations vagues ou les dithyrambes pour les théories à tendance scientifique sur la nature du génie, on rencontre d'abord celle qui lui attribue une origine pathologique. Indiquée dès l'antiquité (Aristote, Sénèque, etc.), ébauchée dans le rapprochement fait si fréquemment entre l'inspiration et la folie, à travers des timidités, des réserves, des affirmations partielles (Lélut), elle a atteint, comme on le sait, son expression complète dans la fameuse formule de Moreau de Tours : « Le génie est une névrose ». La névropathie était pour lui l'exaltation des propriétés vitales et par suite la condition la plus favorable à l'éclosion des créations géniales. Plus tard, Lombroso, dans un livre qui fourmille en documents suspects ou manifestement faux, trouvant la théorie de son prédécesseur trop vague, prétendit la préciser, en substituant à la névrose en général une névrose déterminée : l'épilepsie larvée. Les aliénistes, loin d'accepter cette opinion avec empressement, ont été acharnés à la combattre et à soutenir que Lombroso a tout compromis en voulant trop préciser. Il y a, ont-ils dit, plusieurs hypothèses possibles : ou bien l'état névropathique est la cause directe et immédiate dont les facultés supérieures du génie sont l'effet; ou bien la supériorité intellectuelle par l'excès de travail et d'excitation qu'elle provoque est la cause des troubles névropathiques; ou bien il n'y a entre le génie et la névrose aucun rapport de cause à effet, mais une simple coexistence, puisqu'il se trouve des névropathes très bornés et des hommes supérieurs sans tare nerveuse; ou bien les deux états, l'un psychique, l'autre physiologique, sont l'un et l'autre des effets; ils résultent de conditions organiques qui produisent, suivant les cas, le génie, la folie, divers troubles nerveux. Chacune de ces hypothèses peut alléguer des faits en sa faveur. Cependant il faut reconnaître que chez la plupart des hommes de génie, il se trouve tant de bizarreries, excentricités et désordres physiques de tout genre[1] que la théorie pathologique conserve beaucoup de vraisemblance.

Restent les génies sains que, malgré beaucoup d'efforts et de subtilités, on n'a pas réussi à ramener à la formule précédente et qui ont permis d'édifier une théorie contraire. Récemment, Nordau, répudiant la doctrine de son maître Lombroso, a soutenu qu'il est aussi peu raisonnable de dire « le génie est une névrose », que « l'athlétisme est une cardiopathie », parce que beaucoup de gymnastes sont atteints d'une maladie de cœur. Pour lui « les éléments essentiels du génie sont le jugement et la volonté ». D'après cette définition, il établit parmi les hommes supérieurs la hiérarchie suivante : Au premier rang, ceux en qui le jugement et la volonté sont également puissants; hommes d'action qui font l'histoire du monde (Alexandre, Cromwell, Napoléon), ce sont les dompteurs d'hommes. Au second rang les génies de jugement, mais sans développement génial de la volonté (Pasteur, Helmholtz, Röntgen), ce sont les dompteurs de la matière. Au troisième rang, les génies de jugement sans volonté énergique : les penseurs et philosophes. Que faire alors des génies émotionnels : poètes, artistes? Ce n'est pas le génie au sens propre, « parce qu'il ne crée rien de nouveau et n'exerce pas d'influence sur les phénomènes ». — Sans discuter la valeur de cette classification, sans examiner si même elle est possible, puisqu'il n'y a pas de commune mesure entre Alexandre, Pasteur, Spinoza et Shakespeare et si, au contraire, l'opinion commune n'a pas raison de mettre sur la même ligne les grands créateurs quels qu'ils soient, uniquement parce qu'ils dépassent le niveau moyen, une remarque est indispensable : dans la définition précitée, la faculté créatrice par excellence, l'imagination, nécessaire à tous les inventeurs, est totalement omise.

Cependant, on peut tirer quelque profit de cette répartition arbitraire. Bien qu'il soit impossible d'admettre que les « génies émotionnels » ne créent rien de nouveau et n'aient aucune influence *sociale*, ils forment un groupe spécial. La création exige d'eux une excitabilité nerveuse et une prédominance des états affectifs qui deviennent rapidement morbides. Aussi ont-ils fourni à la théorie pathologique la plupart de ses preuves de fait. Peut-être serait-il nécessaire d'établir des distinctions entre les diverses formes de l'invention. Elles exigent des conditions organiques et psychiques assez différentes pour que les unes puissent profiter des dispositions morbides qui sont loin d'être utiles aux autres. Ce point mériterait une étude spéciale qui n'a pas été faite jusqu'ici.

I

Nous réduirons à trois les caractères qui se rencontrent ordinairement chez la plupart des grands inventeurs. Aucun n'est sans exception.

I. *La précocité* qui est réductible à l'innéité. La tendance naturelle se manifeste dès que les circonstances le permettent; c'est le signe de la vraie vocation. Leur histoire à tous est la même; à un moment, l'étincelle jaillit; mais le cas n'est pas si fréquent qu'on le suppose. Les fausses vocations abondent. Si l'on déduit ceux qui sont entraînés par l'imitation, l'influence du milieu, les exhortations et les conseils, le hasard, l'attrait d'un profit immédiat, l'aversion pour une carrière imposée qu'ils fuient pour adopter une contraire, restera-t-il beaucoup de vocations naturelles et irrésistibles?

On a vu précédemment (chap. II), que le passage de l'imagination reproductive à l'imagination constructive a lieu vers la fin de la troisième année. D'après quelques auteurs, cette période initiale serait suivie d'une dépression vers la cinquième année; puis la marche ascendante reprend son cours. Mais la faculté créatrice, selon sa nature et sa matière, se développe dans un ordre chronologique très net. Musique, arts plastiques, poésie, invention mécanique, imagination scientifique : tel est l'ordre ordinaire d'apparition.

Dans la musique, sauf quelques enfants prodiges, on ne trouve guère de création personnelle avant douze ou treize ans. Comme exemple de précocité on peut citer : Mozart trois ans, Mendelssohn cinq ans, Haydn quatre ans, Hændel douze ans, Weber douze ans, Schubert onze ans, Cherubini treize ans, et beaucoup d'autres. Les tardifs (Beethoven, Wagner, etc.) sont bien moins nombreux [1].

Dans les arts plastiques, la vocation et l'aptitude à créer se manifestent sensiblement plus tard; en moyenne vers la quatorzième année : Giotto dix ans, Van Dyck dix ans, Raphaël huit ans, Guerchin huit ans, Greuze huit ans, Michel-Ange treize ans, A. Dürer quinze ans, Bernini douze ans; Rubens et Jordaens furent aussi des précoces.

Dans la poésie, on ne trouve pas d'œuvre ayant quelque valeur personnelle avant seize ans. C'est à cet âge qu'est mort Chatterton, exemple peut-être unique d'un poète si jeune ayant laissé quelque réputation. Schiller et Byron débutent aussi à seize ans. On sait d'ailleurs que

1. Une partie de ces chiffres et des suivants sont empruntés à OElzelt-Newin, Ouv. cité, p. 70 sq.

le talent des vers, au moins comme imitation, est fort précoce.

Dans les arts mécaniques, beaucoup d'enfants ont de bonne heure une remarquable aptitude à comprendre et à imiter. A neuf ans, Poncelet achetait une mauvaise montre pour l'étudier, puis il la démonta et la remonta correctement. Arago rapporte que, au même âge, Fresnel était appelé par ses camarades un « homme de génie », parce qu'il avait déterminé « par de véritables expériences la longueur et le calibre donnant la plus forte portée aux canons de sureau qui servent aux jeux des enfants, ainsi que les bois verts ou secs qui, dans la fabrication des arcs, ont le plus de solidité et de durée ». En général, l'âge moyen de l'invention mécanique est plus tardif et ne devance guère celui de la découverte scientifique.

La forme d'imagination abstraite qui est nécessaire à l'invention dans les sciences, n'a pas une grande valeur personnelle avant la vingtième année; pourtant il y en a bon nombre qui ont fait leurs preuves longtemps avant cet âge : Pascal, Newton, Leibniz, Gauss, A. Comte, etc. Presque tous sont des mathématiciens.

Ces diversités chronologiques résultent non du hasard, mais des conditions psychologiques nécessaires au développement de chaque forme d'imagination. On sait que l'acquisition des sons musicaux est antérieure à la parole; beaucoup d'enfants peuvent répéter correctement une gamme avant de parler. Par contre, comme la dissolution suit l'ordre inverse de l'évolution, des aphasiques dénués des mots les plus usuels peuvent encore chanter. Les images sonores (musicales) s'organisent donc avant toutes les autres, et la puissance créatrice, lorsqu'elle agit dans ce sens, trouve de bonne heure des matériaux à sa disposition. — Pour les arts plastiques, un plus long apprentissage est nécessaire : l'éducation des sens et des mouvements. Il faut s'habituer à voir les formes, les combinaisons de lignes et de couleurs et devenir apte à les reproduire, acquérir la dextérité manuelle. — La poésie et les premiers essais de romans supposent quelque expérience des passions de la vie humaine et une certaine réflexion dont l'enfant n'est pas capable. — L'invention dans les arts mécaniques requiert, comme dans les arts plastiques, l'éducation des sens et des mouvements, mais en sus le calcul, la combinaison rationnelle des agencements, l'adaptation rigoureuse aux nécessités pratiques. — Enfin, l'imagination scientifique ne peut rien sans un développement supérieur de la faculté d'abstraire qui se développe lentement. Les mathématiciens sont les plus précoces parce que leur matière est plus simple; ils n'ont pas besoin, comme dans les sciences expérimentales, d'une connaissance étendue des faits, qui ne s'acquiert qu'avec le temps.

A cette période de son développement, l'imagination est en grande partie imitation. Il faut expliquer ce paradoxe. Le créateur commence par imiter : c'est un fait si connu qu'il est inutile d'en fournir des preuves, et il souffre peu d'exceptions; l'esprit le plus original est d'abord, consciemment ou inconsciemment, le disciple de quelqu'un. C'est une nécessité. La nature ne lui donne qu'une chose : l'instinct créateur, c'est-à-dire le besoin de produire dans une direction déterminée. Ce facteur interne ne suffit pas. Outre que l'imagination ne dispose, à l'origine, que d'un matériel très exigu, il lui manque la technique, les procédés indispensables pour devenir une réalité. Tant que le créateur n'a pas trouvé la forme propre à traduire son invention, il faut bien qu'il l'emprunte à un autre; ses idées doivent subir la nécessité d'une hospitalité provisoire. Ce qui explique comment plus tard l'inventeur parvenu à la pleine conscience de lui-même et à la maîtrise entière de ses procédés, rompt souvent avec ses modèles et brûle ce qu'il a d'abord doré.

II. Un deuxième caractère consiste dans la *nécessité*, la fatalité de la création. Les grands inventeurs ont conscience d'une tâche à accomplir; ils se sentent chargés d'une mission. On a sur ce point un grand nombre de témoignages et d'aveux. Dans les jours les plus sombres de sa vie, Beethoven poursuivi par l'idée du suicide écrivait : « L'art seul m'a retenu ; il me semblait que je ne pouvais quitter le monde, avant d'avoir produit tout ce que je sentais en moi. » D'ordinaire, ils ne sont aptes qu'à une seule besogne : même quand ils ont une certaine souplesse, ils restent emprisonnés dans leur manière propre ; ils ont leur marque (Michel-Ange) ; ou s'ils essaient de changer, s'ils tentent quelque infidélité à l'égard de leur vocation, ils tombent bien au-dessous d'eux-mêmes.

Ce caractère d'impulsion irrésistible qui fait que le génie crée non parce qu'il le veut, mais parce qu'il le doit, a été souvent assimilé à l'instinct. Cette opinion assez répandue a été examinée précédemment (Partie I, chap. II).

Nous avons vu qu'il existe non pas un instinct créateur en général, mais des tendances particulières, orientées dans un sens déterminé qui, à beaucoup d'égards, ressemblent à l'instinct. Il est contraire à l'expérience et la logique d'admettre que le créateur de génie puisse suivre une voie quelconque à son choix : thèse que Weismann, dans son horreur pour l'hérédité des qualités acquises (qui sont un mode de l'innéité), n'a pas craint de soutenir. Cela n'est vrai que du talent, œuvre de l'éducation et des circonstances. La distinction entre ces deux catégories de créateurs — les grands et les moyens — a été faite trop souvent pour réitérer, quoiqu'il soit juste de reconnaître qu'elle n'est pas toujours facile dans la pratique, qu'il y a des noms qui laissent hésitants et qu'on classe un peu au hasard. Toutefois, le génie reste, comme le disait Schopenhauer, *monstrum par excessum* : l'excès de développement en un seul sens, l'hypertrophie d'une aptitude spéciale, les fait souvent, quant au reste, tomber au-dessous de la moyenne des hommes. Ceux même qui, par exception, ont fait preuve d'aptitudes multiples (Vinci, Michel-Ange, Gœthe, etc.) ont toujours une tendance prépondérante qui, dans l'opinion commune, les résume.

III. Un troisième caractère est l'*individualisme* net, tranché du grand créateur. Il est l'homme de son œuvre ; il a fait ceci ou cela : c'est sa marque. Il est « représentatif ». Pas de contestation sur ce point : ce qui est discuté, c'est *l'origine* non la nature de cet individualisme. La théorie darwinienne sur la toute-puissante action du milieu a conduit à se demander si le caractère représentatif des grands inventeurs vient d'eux-mêmes, d'eux seuls, ou s'il ne doit pas être cherché dans l'influence inconsciente de la race et de l'époque dont ils ne sont, à un moment donné, que des échantillons supérieurs. Ce débat dépasse de beaucoup les limites de notre sujet. Décider si les changements sociaux sont dus surtout à l'influence accumulée de quelques individus et de leur initiative ou au milieu, aux circonstances, aux transmissions héréditaires, est un problème qu'il n'appartient à la psychologie de résoudre. Toutefois, nous ne pouvons écarter totalement cette discussion, car elle touche aux sources mêmes de la création.

Le créateur génial est-il le plus haut degré de la personnalité ou une synthèse des masses, la résultante de lui-même ou des autres, l'expression d'une activité individuelle ou d'une activité collective? Bref, son caractère représentatif doit-il être cherché en lui ou hors de lui? Les deux thèses ont, l'une et l'autre, des partisans autorisés.

Pour Schopenhauer, Carlyle (*Heroworship*), Nietzsche, etc., le grand homme est un produit autonome, un être hors de pair, un demi-dieu (*Uebermensch*). Il ne s'explique ni par l'hérédité ni par le milieu.

Pour d'autres, Taine, Spencer, Grant Allen, etc., l'important est dans la race et les conditions extérieures. Gœthe soutenait que toute la lignée d'une famille se résume un jour dans l'un de ses membres et tout un peuple en un ou plusieurs hommes; pour lui, Louis XIV et Voltaire sont le roi et l'écrivain français par excellence. « Les prétendus grands hommes, dit Tolstoï, ne sont que les étiquettes de l'histoire; ils donnent leurs noms aux événements. »

Chaque parti explique les mêmes faits suivant son principe et à sa façon. Les grandes époques historiques sont riches en hommes supérieurs (Républiques grecques du iv° siècle avant J.-C.; République romaine, Renaissance, Révolution, etc). Pourquoi? Parce que, disent les uns, les époques tourmentées par le travail profond des masses rend cette éclosion possible. Parce que, disent les autres, cette éclosion modifie profondément l'état social et intellectuel des masses et en hausse le niveau. Pour les uns, le ferment est en bas; pour les autres, il est en haut.

Sans prétendre à trancher le débat, j'incline vers la thèse de l'individualisme pur et simple. Il me paraît bien difficile d'admettre que le grand créateur ne soit que la résultante de son milieu. Puisque cette influence agit sur beaucoup d'autres, il faut bien que chez les hommes supérieurs, il y ait un facteur personnel en sus. D'ailleurs, contre la théorie exclusive du milieu, on peut faire valoir ce fait très connu que la plupart des novateurs et inventeurs suscitent d'abord de l'opposition. On sait le mot invariable sur toute nouveauté : c'est faux ou mauvais; puis on l'adopte en déclarant que c'était connu depuis longtemps. Dans l'hypothèse de l'invention collective, il semble que la masse devrait acclamer les inventeurs, se reconnaître en eux, voir sa pensée confuse prendre une forme et un corps : or, le plus souvent c'est le contraire. Le misonéisme des foules me paraît l'un des plus forts arguments en faveur du caractère individuel de l'invention.

Sans doute, on peut distinguer deux cas : dans le premier, le créateur résume et traduit clairement les aspirations de son milieu; dans le second il est en opposition avec lui, parce qu'il le devance. Que de novateurs ont échoué, parce qu'ils sont venus trop tôt! Mais cette distinction ne pénètre pas jusqu'au fond de la question et ne suffit pas à la résoudre.

Laissons cette discussion que l'on ne peut guère trancher par des raisons péremptoires, à cause de sa complexité et essayons d'examiner *objectivement* le rapport entre la création et le milieu, pour voir en quelle mesure l'imagination créatrice, sans perdre son caractère individuel — ce qui est impossible — dépend de l'ambiance intellectuelle et sociale.

Si, avec les psychologues américains [1], nous appelons la disposition à innover « une variation spontanée » (terme darwinien qui n'explique rien, mais qui est commode), on peut énoncer la loi suivante :

La tendance à la variation spontanée (invention) est toujours en raison inverse de la simplicité du milieu.

Le milieu sauvage est par nature très simple et consé-

---

[1]. W. James, *Essays*, p. 218 et suiv.; Jastrow, *Psychological Review*, mai 1898, p. 307; J. Royce, *Ibid.*, mars 1898; Baldwin, *Social Interprétation*, etc.

quemment homogène. Les races inférieures présentent un degré de différenciation bien moindre que les races supérieures ; chez elles, comme le remarque Jastrow (*loc. cit.*), la maturité physique et psychique est plus précoce et comme la période antérieure à l'âge adulte est l'époque plastique par excellence, cela diminue les chances d'écart du type commun. Aussi la comparaison entre les noirs et les blancs, entre les primitifs et les civilisés montre que, pour une population égale, la disproportion est énorme quant au nombre des novateurs.

Le milieu barbare est bien plus complexe et hétérogène ; il contient tous les rudiments de la vie civilisée : par suite il favorise davantage les variations individuelles et est plus riche en hommes supérieurs ; mais ces variations ne se produisent guère en dehors d'un champ assez restreint (politique, militaire, religieux). Aussi il m'est impossible d'admettre avec Joly (*Psychologie des grands hommes*) que ni les primitifs ni les barbares ne produisent d'esprits supérieurs, « à moins, dit-il, de désigner sous ce nom celui qui dépasse simplement ses congénères ». Mais y a-t-il un autre critérium que celui-là ? je n'en vois pas. La grandeur est une idée toute relative ; et à des êtres beaucoup mieux doués que nous, nos grands créateurs ne paraîtraient-ils pas très petits ?

Le milieu civilisé exigeant la division du travail et par suite une complexité toujours croissante d'éléments hétérogènes, est une porte ouverte à toutes les vocations. Sans doute l'esprit social garde toujours quelque chose de cette tendance à la stagnation qui est la règle dans les sociétés inférieures ; il est plus favorable à la tradition qu'à l'innovation. Mais l'inéluctable nécessité d'une concurrence ardente entre les individus et les peuples est un remède naturel à cette inertie naturelle ; elle favorise les variations utiles. De plus, qui dit civilisation dit évolution ; par suite les conditions dans lesquelles l'imagination s'exerce, changent de siècle. « Supposons, dit judicieusement Weismann, qu'aux îles Samoa naisse un enfant ayant le génie unique et extraordinaire de Mozart. Que pourrait-il ? Tout au plus étendre la gamme de trois ou quatre tons à sept et créer quelques mélodies plus compliquées ; mais il serait aussi incapable de composer des symphonies que l'eût été Archimède d'inventer une machine dynamo-électrique. » Combien de créateurs ont échoué parce que les conditions nécessaires à leurs inventions faisaient défaut ! Roger Bacon a entrevu plusieurs de nos grandes découvertes, Cardan le calcul infinitésimal, Van Helmont la chimie, et l'on a pu écrire un livre sur les précurseurs de Darwin. Tout cela est bien connu, mais méritait d'être rappelé. On parle tant du libre essor de l'imagination, de la toute-puissance du créateur, qu'on oublie les conditions sociologiques (sans parler des autres) dont ils dépendent à chaque instant. Si individuelle que soit la création, elle enveloppe toujours un coefficient social. En ce sens, nulle invention n'est personnelle au sens rigoureux ; il lui reste toujours un peu de cette collaboration anonyme dont l'activité mythique, nous l'avons vu, est la plus haute expression.

En résumé, et quelles qu'en soient les causes, il y a une tendance universelle à la variation dans tout ce qui vit : végétaux, animaux, homme physique et mental. Le besoin d'innover n'en est qu'un cas particulier, rare dans les races inférieures, fréquent dans les races supérieures. Cette tendance à la variation est fondamentale ou légère.

Fondamentale, elle correspond au génie et survit par des procédés analogues à la sélection naturelle, c'est-à-dire par sa propre force.

Légère, elle correspond au talent, survit et prospère surtout par l'aide des circonstances et de son milieu. Ici l'orientation vient du dehors non du dedans. Suivant que l'esprit de l'époque incline davantage vers la poésie ou la peinture, ou la musique, ou la recherche scientifique, ou l'industrie, ou l'art militaire, les esprits de second ordre sont entraînés dans le courant : ce qui signifie qu'une bonne partie de leur force est dans l'aptitude non à l'invention mais à l'*imitation*.

II

La détermination des caractères propres au créateur génial a nécessité quelques remarques, épisodiques en apparence, sur l'action du milieu. Revenons à l'invention proprement dite.

Pour inventer, il faut toujours une disposition naturelle; quelquefois un hasard heureux.

La disposition naturelle doit être acceptée comme fait. Pourquoi l'homme crée-t-il? Parce qu'il est capable de former des combinaisons nouvelles d'idées. Si naïve que soit cette réponse, il n'y en a pas d'autres. La seule chose possible, c'est de tenter la détermination des conditions nécessaires et suffisantes pour produire ces combinaisons nouvelles : ce travail a été fait dans la première partie et il n'y a pas lieu d'y revenir. Mais il y a dans la création un autre aspect à considérer : son *mécanisme* psychologique et la forme de son développement.

Tout homme normal crée peu ou beaucoup. Il peut, dans son ignorance, inventer ce qui l'a été déjà mille fois; si ce n'est plus une création pour l'espèce, elle reste telle pour l'individu. On a dit à tort que l'invention « est une idée nouvelle et importante » : la nouveauté seule est essentielle, c'est la marque psychologique; l'importance ou l'utilité sont accessoires, ce n'est qu'une marque sociale. On restreint donc indûment l'invention en ne l'attribuant qu'aux grands inventeurs. Toutefois, il ne s'agit que d'eux en ce moment et en eux le mécanisme de l'invention est plus facile à étudier.

Nous avons vu combien est fausse cette idée théorique, qu'il y a toujours un coup d'inspiration subite, suivi d'une période d'exécution rapide ou lente. L'observation nous révèle au contraire des procédés multiples qui paraissent différer moins d'après la matière de l'invention que selon le tempérament individuel. Je distingue deux procédés généraux dont les autres ne sont que des variantes. Dans toute création, grande ou petite, il y a une idée directrice, un « idéal » (en prenant ce mot non au sens transcendant, mais comme synonyme de fin, but) — plus simplement : un problème à résoudre. La *place* de l'idée, du problème posé, n'est pas la même dans les deux procédés. Pour celui que j'appelle complet, elle est au commencement; pour celui que j'appelle abrégé, elle est au milieu. Il y a aussi d'autres différences que les tableaux suivants feront mieux comprendre.

1ᵉʳ Procédé (complet).

1ʳᵉ PHASE.	2ᵉ PHASE.	3ᵉ PHASE.
Idée (commencement). Incubation *spéciale* plus ou moins longue.	Invention, ou découverte (fin).	Vérification ou application.

L'idée sollicite l'attention et prend un caractère de fixité. La période d'incubation commence. Pour Newton, elle a duré dix-sept ans et au moment d'établir définitivement sa découverte par le calcul, il fut saisi d'une telle émotion qu'il dut confier à un autre le soin d'achever. Le mathématicien Hamilton nous dit que sa méthode des quaternions jaillit un jour, toute faite, près d'un pont de Dublin : « En ce moment, j'avais le résultat de quinze années de travail. » Darwin amasse des matériaux durant ses voyages, observe longtemps les plantes et les animaux; puis, la lecture du livre de Malthus, faite par hasard, le frappe et fixe sa doctrine. Dans la création littéraire et artistique, de pareils exemples abondent[1]. — La deuxième phase n'est qu'un moment, mais capital, celui de la trouvaille, où le créateur prononce son εὕρηκα. Avec elle, le travail est terminé en fait ou virtuellement.

2ᵉ Procédé (abrégé).

1ʳᵉ Phase.	2ᵉ Phase.	3ᵉ Phase.
Préparation générale (état inconscient).	Idée (commencement). Inspiration. Éruption.	Période de construction et de développement.

Le second procédé est celui des esprits intuitifs. Tel paraît avoir été le cas de Mozart, d'E. Poë, etc. Sans essayer une énumération d'exemples qui serait longue, on peut dire que cette forme de la création comprend deux catégories : ceux qui sont mus par une poussée intérieure, par le coup brusque de l'inspiration; ceux qui sont illuminés soudainement par un hasard.

Entre les deux procédés, la différence est plutôt superficielle que foncière. Comparons-les sommairement.

La première phase est chez les uns longue et pleinement consciente; chez les autres elle paraît nulle, égale à zéro; il n'en est rien, parce qu'il existe une disposition naturelle ou acquise qui rétablit l'équivalence. « J'eus longtemps, disait Schumann, l'habitude de me torturer le cerveau, et

---

[1]. Tel paraît le cas des Goncourt, de Pailleron, etc., d'après Binet et Passy : *Psychologie des auteurs dramatiques* dans *l'Année psychologique*, I, 96.

maintenant j'ai à peine besoin de me gratter le front. Tout vient naturellement[1]. »

La seconde phase est à peu près semblable dans les deux cas; elle n'est qu'un *moment*, mais essentiel : celui de la synthèse imaginative.

Enfin la troisième phase est très courte pour les uns, parce que le travail utile est fait et qu'il ne reste plus qu'à parachever ou vérifier; elle est longue pour les autres, parce qu'il faut passer de l'idée entrevue à la réalisation complète, et que le travail préparatoire fait défaut : en sorte que le second procédé de création n'est abrégé qu'en apparence.

Telles me paraissent les deux formes principales du mécanisme de la création. Ce sont des genres; ils comportent des espèces et des variétés qu'une étude patiente et minutieuse des procédés propres aux divers inventeurs nous révélerait. Je rappelle que ceci n'a pas la prétention d'être une monographie de l'invention, mais un essai[2].

Les deux procédés ci-dessus décrits me paraissent correspondre en gros à la distinction souvent établie entre l'imagination intuitive, spontanée, et l'imagination combinatrice, réfléchie.

La forme intuitive, essentiellement synthétique, se rencontre surtout chez les imaginatifs purs, les enfants, les sauvages. L'esprit marche *de l'unité aux détails*. L'idée génératrice ressemble à ces concepts qui, dans les sciences, sont à grande portée, parce qu'ils condensent une généralisation riche en conséquences. Le sujet est d'abord embrassé

---

1. Cité par Arréat, *Mémoire et imagination*, 118 (Paris, F Alcan).
2. Paulhan (*De l'invention*, Revue philosophique, décembre 1898, p. 590 sq) distingue trois sortes de développement dans l'invention : 1° spontané ou par raisonnement; l'idée directrice subsiste jusqu'au bout; 2° par transformation, qui comprend plusieurs évolutions contradictoires qui se succèdent et se remplacent par suite de modifications des impressions et sentiments; 3° par déviation qui est un composé des deux précédentes formes.

d'un bloc; le développement est organique et on peut le comparer au processus embryologique qui fait sortir de l'ovule fécondé un être vivant, suivant une évolution rigoureuse, analogue à une logique immanente. On a souvent cité comme type de cette forme de création une lettre où Mozart expose son mode de composition. Récemment (et c'est pourquoi je ne la transcris pas), on l'a soupçonnée d'être apocryphe : je le regrette; elle méritait d'être authentique. Selon Gœthe, l'*Hamlet* de Shakespeare n'a pu être créé que par le procédé intuitif, etc.

L'imagination combinatrice, discursive, marche *des détails à l'unité vaguement entrevue.* Elle débute par un fragment qui sert d'amorce et se complète peu à peu. Une aventure, une anecdote, une scène, une vision rapide, un détail suggérant une création littéraire ou artistique; mais la forme organique n'apparaît pas d'emblée. Dans les sciences, Kepler fournit un bon exemple de cette imagination combinatrice : on sait qu'il a consacré une partie de sa vie à essayer des hypothèses bizarres jusqu'au jour où ayant découvert l'orbite elliptique de Mars, tout son travail antérieur prit corps et s'organisa en système. Si l'on voulait user encore d'une comparaison embryologique, il faudrait la chercher dans les conceptions étranges de quelques cosmogonies antiques : elles croyaient que, du limon de la terre, étaient sortis des membres et organes épars qui, par une attraction mystérieuse et un accident heureux, avaient fini par s'agglutiner et constituer des êtres vivants.

C'est une opinion accréditée, qu'entre ces deux procédés, l'un — le procédé abrégé ou intuitif — est supérieur à l'autre. J'avoue avoir partagé ce préjugé; après examen, je le trouve douteux et même faux. Il y a différence, non supériorité ou infériorité.

D'abord ces deux formes de la création sont nécessaires.

Le procédé intuitif peut suffire à une invention de courte haleine : une strophe, une nouvelle, un profil, un motif, un ornement, une petite combinaison mécanique, etc. : mais dès que l'œuvre exige du temps et un développement, le procédé discursif devient inévitable; chez beaucoup d'inventeurs, on saisit aisément le passage de l'un à l'autre. Nous avons vu que chez Chopin « la création était spontanée, miraculeuse... qu'elle venait complète, soudaine »; mais G. Sand ajoute : « la crise passée, alors commençait le travail le plus navrant auquel j'aie assisté », et elle nous le montre, pendant des jours et des semaines, courant avec angoisse après les lambeaux de l'inspiration disparue. De même Gœthe, dans une lettre à Humboldt sur son *Faust* qui l'a occupé pendant soixantes années, pleines d'interruptions et de lacunes : « La difficulté a été d'obtenir par la force de la volonté ce qui ne s'obtient à vrai dire que par un acte spontané de la nature. » Zola, d'après son biographe Toulouse, « imagine un roman, en partant toujours d'une idée générale qui domine l'œuvre; puis de déduction en déduction, il en tire les personnages et toute l'affabulation ».

En somme, l'intuition pure et la combinaison pure sont exceptionnelles : ordinairement, c'est un procédé mixte où l'un des deux éléments prévaut et permet de le qualifier. Si l'on remarque en outre qu'il serait aisé de grouper sous les deux rubriques des noms de premier ordre, on conclura que la différence est tout entière dans le mécanisme, non dans la nature de la création, par suite accessoire — et que cette différence est réductible à des dispositions naturelles que l'on peut opposer comme il suit :

Esprits primesautiers,	Esprits à développement logique,
Qui excellent dans la conception,	Qui excellent dans le développement,
Qui donnent à peu près tout d'un bloc.	Rôle prépondérant de la patience.
Travail surtout inconscient,	Travail surtout conscient,
Actions brusques.	Actions lentes.

III

« Si l'on élevait des monuments aux inventeurs dans les arts et dans les sciences, il y aurait moins de statues pour les hommes que pour les enfants, les animaux et surtout la *fortune*. » Ainsi s'exprimait Turgot, l'un des plus sages philosophes du siècle dernier. L'importance de ce dernier facteur a été bien surfait. Hasard peut s'entendre en deux sens, l'un général, l'autre restreint.

1° Au sens large, le hasard dépend de circonstances tout intérieures et purement psychiques. On sait que l'une des meilleures conditions pour inventer, c'est l'abondance des matériaux, l'expérience accumulée, le savoir, qui augmentent les chances d'associations d'idées nouvelles. On a pu même soutenir que la nature de la mémoire implique l'aptitude à créer dans une direction spéciale. Les aveux des inventeurs ou de leurs biographes ne laissent aucun doute sur la nécessité d'un grand nombres d'esquisses, essais, ébauches préalables, qu'il s'agisse d'industrie, de commerce, d'une machine, d'un poème, d'un opéra, d'un tableau, d'un édifice, d'un plan de campagne, etc. « Le génie de la découverte, dit Jevons, dépend du nombre de ces notions et aperçus de hasard qui visitent l'esprit du chercheur. Être fertile en hypothèses, telle est la première méthode pour trouver. » Il faut que le cerveau de l'inventeur soit plein de formes, de mélodies, d'agencements mécaniques, de combinaisons commerciales, de calculs, etc., suivant la nature de son œuvre; « mais il est bien rare que les idées que nous trouvons soient précisément celles que nous cherchions.... Pour trouver, *il faut penser à côté* » [1]. Rien de plus juste.

1. P. Souriau, *Théorie de l'Invention*, p. 6-7.

Voilà le rôle du hasard à l'intérieur; il est incontestable, quoi qu'on en ait dit; mais il dépend finalement de l'individualité : c'est d'elle que surgit cette synthèse imprévue d'idées. L'abondance des idées-souvenirs (on le sait) n'est pas une condition suffisante pour créer; elle n'est pas même une condition nécessaire. On a remarqué qu'une ignorance relative est quelquefois utile pour innover; elle favorise l'audace. Il y a des inventions surtout scientifiques et industrielles. qui n'auraient pas été faites, si l'on avait été arrêté par les dogmes régnants et réputés inébranlables. L'inventeur était d'autant plus libre que souvent il les ignorait. Puis, comme il a bien fallu s'incliner devant le fait accompli, la théorie s'est élargie pour embrasser la découverte nouvelle et l'expliquer.

2° Le hasard, au sens limité, précis, est un accident heureux qui suscite l'invention; mais lui attribuer la meilleure part est une vue partielle, erronée. Ici, ce qu'on nomme hasard est la rencontre et la convergence de *deux* facteurs; l'un interne (le génie individuel), l'autre externe (l'événement fortuit).

Il est impossible de déterminer tout ce que l'invention doit au hasard entendu en ce sens. Dans l'humanité primitive, son influence a dû être énorme : l'emploi du feu, la fabrication des armes, des ustensiles, la fonte des métaux : tout cela est issu d'accidents aussi simples que la chute d'un arbre sur une rivière suggérant la première idée d'un pont.

Dans les temps historiques et à s'en tenir simplement à l'époque moderne, le recueil de faits authentiques ferait un gros volume. Qui ne connaît la pomme de Newton, la lampe de Galilée, la grenouille de Galvani? Huyghens déclarait que sans un concours imprévu de circonstances, l'invention du télescope exigeait « un génie surhumain » (on sait qu'elle est due à des enfants qui jouaient avec des verres dans l'atelier d'un opticien). Schönbein trouve l'ozone, grâce à l'odeur phosphorique de l'air traversé par des étincelles électriques. Les découvertes de Grimaldi et de Fresnel sur les interférences, celles de Faraday, d'Arago, de Foucault, de Fraunhofer, de Kirchoff et de centaines d'autres ont dû quelque chose au hasard. On dit que la vue d'un crabe suggéra à Watt l'idée d'une ingénieuse machine. C'est aussi au hasard que beaucoup de poètes, romanciers, auteurs dramatiques, artistes, ont dû le meilleur de leur inspiration : la littérature et les arts abondent en personnages fictifs dont on connaît l'origine réelle.

Voilà pour le facteur externe, fortuit. Son rôle est clair; celui du facteur interne l'est moins; il n'apparaît pas au vulgaire, il échappe à l'irréflexion. Pourtant il est capital. Le même événement fortuit passe devant des millions d'hommes sans rien susciter. Que de Pisans avaient vu la lampe de leur Dôme avant Galilée! Ne trouve pas qui veut. Le hasard *heureux* n'arrive qu'à ceux qui le méritent. Pour en profiter, il faut d'abord l'esprit d'observation, l'attention en éveil qui isole et fixe l'accident; ensuite, s'il s'agit d'inventions scientifiques ou pratiques, la pénétration qui saisit les rapports et établit des rapprochements imprévus; s'il s'agit de productions esthétiques, l'imagination qui construit, organise, donne la vie.

Sans insister sur une vérité évidente, quoique souvent méconnue, on doit conclure que le hasard est une occasion non un agent de création.

CHAPITRE V

Loi du développement de l'imagination.

L'imagination, si souvent nommée « une faculté capricieuse », est-elle soumise à quelque loi? Ainsi posée la question est trop simple et il faut préciser.

Comme cause directe d'invention, grande ou petite, l'imagination agit sans déterminisme assignable : c'est en ce sens qu'on l'appelle une spontanéité — terme vague que nous avons essayé d'éclaircir. Son apparition n'est réductible à aucune loi; elle résulte de la convergence, souvent fortuite, des divers facteurs précédemment étudiés.

Ce moment d'origine mis à part, la puissance d'invention, considérée dans son développement individuel et spécifique, paraît-elle suivre une loi? ou, si ce terme semble trop ambitieux, présente-t-elle dans son évolution quelque régularité saisissable? — L'observation dégage une loi empirique, c'est-à-dire extraite directement des faits dont elle n'est que la condensation, la formule abrégée. On peut l'énoncer ainsi :

L'imagination créatrice, dans son développement complet, parcourt deux périodes séparées par une phase critique : une période d'autonomie ou d'efflorescence, un moment critique, une période de constitution définitive qui présente plusieurs aspects.

Cette formule n'étant qu'un résumé de l'expérience, doit être justifiée et expliquée par elle. Pour cela, nous pouvons emprunter les faits à deux sources distinctes : le développement de l'individu qui est le plus sûr, le plus net, le plus facile à observer; le développement de l'espèce (ou historique), en raison du principe admis que la phylogenèse et l'ontogenèse suivent généralement la même marche.

I

Première période. Elle nous est connue; c'est l'âge de l'imagination. Chez l'homme normal, elle commence vers trois ans, embrasse l'enfance, l'adolescence, la jeunesse; tantôt plus longue, tantôt plus courte. Le jeu, l'invention romanesque, la conception mythique et fantaisiste du monde la résument d'abord; puis, chez la plupart, l'imagination dépend de l'influence des passions et surtout de l'amour sexuel. Longtemps, elle reste pure de tout élément rationnel.

Cependant, peu à peu celui-ci se fait sa place. La réflexion (en résumant sous ce nom le travail de l'esprit) naît assez tard, grandit lentement et, à mesure qu'il s'affirme, influe sur le travail imaginatif et tend à le réduire. Cet antagonisme naissant est représenté dans la figure ci-après :

La courbe I M est celle de l'imagination pendant cette première période. Elle s'élève d'abord assez lentement; puis atteint une ascension rapide et se maintient à une hauteur qui marque son apogée sous cette forme primitive. La ligne ponctuée R x, figure le développement rationnel qui commence plus tard, marche avec beaucoup plus de lenteur, mais progressivement arrive en x au niveau de la courbe imaginative. Les deux formes intellectuelles sont en présence comme deux puissances rivales. La portion Mx de l'ordonnée marque le début de la deuxième période.

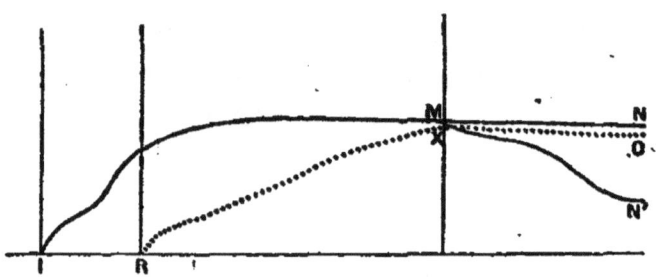

Deuxième période. C'est une phase critique de longueur indéterminée, en tout cas, toujours beaucoup plus courte que les deux autres. Ce moment de crise ne peut être caractérisé que par ses causes et ses résultats. Elle a pour causes, dans l'ordre physiologique, la formation d'un organisme et d'un cerveau adultes; dans l'ordre psychologique, l'antagonisme entre la subjectivité pure de l'imagination et l'objectivité des procédés rationnels : on pourrait dire, sous une autre forme, entre l'instabilité et la stabilité mentales. Quant aux résultats, ils n'apparaissent que dans la troisième période, résultat de cette phase obscure de métamorphose.

Troisième période. Elle est définitive; d'une manière ou d'une autre et à un degré quelconque, l'imagination est *rationalisée* : mais cette transformation n'est pas réductible à une formule unique.

1° L'imagination créatrice déchoit (comme cela est indiqué dans la figure où la courbe imaginative M N' descend rapidement vers la ligne d'abscisse, sans jamais l'atteindre). C'est le cas le plus général; seuls les imaginatifs vrais font exception. On entre peu à peu dans le prosaïsme de la vie pratique, c'est la chute de l'amour qu'on traite en chimère, on enterre ses rêves de jeunesse, etc. Ceci est une régression, non une fin; car l'imagination créatrice ne disparaît complètement chez aucun homme; seulement elle devient un accident.

2° Elle se maintient, mais en se transformant; elle s'adapte aux conditions rationnelles : ce n'est plus l'imagination pure, elle devient une forme mixte (ce qui est indiqué dans la figure par l'accollement des deux lignes, imaginative MN et rationnelle XO). Tel est le cas des imaginatifs vrais, chez qui la puissance d'invention reste longtemps jeune et vivace.

Cette période de maintien, de constitution définitive avec transformation rationnelle, présente plusieurs cas.

D'abord — et c'est le plus simple — *la transformation à forme logique*. Le pouvoir créateur qui s'est révélé dans la première période reste constant avec lui même et suit toujours la même voie. Tels sont les inventeurs précoces, ceux dont la vocation a paru tôt et n'a jamais dévié. L'invention dépouille son caractère enfantin ou juvénile pour devenir virile; il n'y a pas d'autres changements. Comparez les *Brigands* de Schiller écrits avant vingt ans au *Wallenstein* qui date de sa quarantième année; ou les vagues ébauches de J. Watt adolescent aux inventions de l'âge adulte.

Un autre cas est *la métamorphose* ou *déviation* du pouvoir créateur. On sait combien d'hommes ayant laissé un grand nom dans les sciences, la politique, l'invention mécanique ou industrielle ont débuté par des essais médiocres dans la musique, la peinture et surtout la poésie, le théâtre, le roman. La poussée imaginative n'a pas trouvé sa voie du premier coup; elle imitait en espérant inventer. Ce qui a été dit plus haut sur les conditions chronologiques du développement de l'imagination nous dispense d'insister. Le besoin de créer a suivi d'abord la ligne de moindre résistance où il trouvait quelques matériaux préparés ; mais pour arriver à la pleine conscience de lui-même, il lui fallait plus de temps, plus de connaissances, plus d'expériences accumulées.

On peut se demander si le cas inverse se rencontre, où l'imagination, au terme de cette troisième période, reviendrait aux dispositions du premier âge. Cette métamorphose régressive — car je ne puis la qualifier autrement — est rare, mais non sans exemples. Ordinairement, l'imagination créatrice, quand elle a traversé sa phase adulte, s'éteint par atrophie lente, sans subir de transformation. Cependant, je peux citer le cas d'un savant connu qui a débuté par le goût des arts (surtout plastiques), a traversé rapidement la littérature, a consacré sa vie aux sciences biologiques où il s'est fait une réputation très méritée ; puis, sur le retour, s'est dégoûté totalement des recherches scientifiques, pour revenir à la littérature et finalement aux arts qui l'ont repris tout entier.

Enfin (car il y a bien des formes), chez quelques-uns l'imagination, quoique puissante, ne dépasse guère la première période, conserve toujours sa forme juvénile, presque enfantine, à peine modifiée par un minimum de rationalité. Remarquons qu'il s'agit ici non de l'ingénuité de caractère propre à quelques inventeurs qui les fait appeler « de grands enfants », mais de la candeur, de l'ingénuité inhérentes à l'imagination elle-même. Cette forme exceptionnelle n'est guère conciliable qu'avec la création esthétique. Ajoutons l'imagination mystique. Elle fournirait des exemples, moins dans ses conceptions religieuses qui sont sans contrôle que dans ses rêveries à visée scientifique. Des mystiques contemporains ont inventé des applications du monde qui nous ramènent à la mythologie des premiers âges. Cette enfance prolongée de l'imagination qui est, en somme, une anomalie, produit des curiosités plutôt que des œuvres.

A cette troisième période du développement de l'imagination apparaît une loi secondaire, subsidiaire : celle de la *complexité croissante* ; elle suit une marche progressive du simple au complexe. A vrai dire, ce n'est pas une loi de l'imagination proprement dite, mais du développement rationnel qui influe sur elle par contre-coup : c'est une loi de l'esprit qui connaît non qui imagine.

Il est inutile de montrer que la connaissance théorique et pratique se développe suivant une augmentation en complexité. Or, dès que l'esprit distingue nettement entre le possible et l'impossible, entre le chimérique et le réel (ce qui manque à l'enfant et au primitif), dès qu'il a contracté des habitudes rationnelles, qu'il a subi une discipline dont l'influence est ineffaçable, l'imagination créatrice est soumise, bon gré mal gré, à des conditions nouvelles ; elle n'est plus maîtresse absolue d'elle-même, elle a perdu l'audace de son enfance et subit les règles de la pensée logique qui l'entraîne dans son mouvement. Sauf les exceptions signalées plus haut — encore ne sont-elles que particlles — le pouvoir créateur dépend de la faculté de connaître qui lui impose sa forme et la loi de son développement. Dans la littérature et les arts, la comparaison entre la simplicité des créations primitives et la complication des civilisations avancées est devenue un lieu commun. Dans l'ordre pratique, technique, scientifique, social, plus on avance, plus il faut savoir pour créer, sans quoi on répète en croyant inventer.

II

Considéré historiquement, dans l'espèce, le développement de l'imagination suit la même marche que dans l'individu. On nous dispensera d'insister : ce serait reprendre sous une forme plus vague ce qui vient d'être dit. Il suffira de quelques rapides indications.

Vico — dont le nom mérite d'être rappelé ici, parce qu'il a vu, le premier, le parti qu'on peut tirer des mythes pour l'étude de l'imagination — divisait le cours de l'humanité en trois âges successifs : divin ou théocratique, héroïque ou fabuleux, humain ou historique; après quoi le cycle recommence. Bien que cette conception trop hypothétique soit aujourd'hui oubliée, elle suffit à notre dessein. Qu'est-ce, en effet, que ses deux premiers âges qui ont été partout et toujours les stades précurseurs et préparateurs de la civilisation, sinon la période triomphante de l'imagination? Elle a produit les mythes, les religions, les légendes, les récits épiques et guerriers, les monuments fastueux élevés en l'honneur des dieux et des héros. Beaucoup de nations, dont l'évolution a été incomplète, ne l'ont pas dépassée.

Prenons la question sous une forme plus précise, plus restreinte, mieux connue : l'histoire du développement intellectuel en Europe depuis la chute de l'empire romain. Elle présente très nettement nos trois périodes.

Personne ne contestera la prépondérance de l'imagination au moyen âge : intensité du sentiment religieux, épidémies de superstition sans cesse renaissantes, institution de la chevalerie avec tout ce qui s'y rattache, poésies héroïques, romans chevaleresques, cours d'amour, efflorescence de l'art gothique, prélude à la musique moderne, etc. Par contre, pendant cette période, la *quantité* d'imagination appliquée à l'invention pratique, industrielle, commerciale est faible. La culture scientifique, consignée dans des grimoires latins qui ne sont lus que des clercs, est faite partie de traditions antiques, partie de chimères : ce que ces dix siècles ont ajouté aux sciences positives est presque nul. Notre figure, avec ses deux courbes, l'une imaginative, l'autre rationnelle, convient donc aussi bien au développement historique qu'a l'évolution individuelle, pendant cette première période.

Personne ne contestera non plus que la Renaissance est un moment critique, une période de transition et de transformation analogue à celle que nous avons signalée dans l'individu, où, devant l'imagination, se dresse une puissance rivale.

Enfin, on admettra sans contestation que pendant la période moderne, l'imagination sociale s'est en partie amortie, en partie rationalisée, sous l'influence de deux principaux facteurs : l'un scientifique, l'autre économique. D'une part, le développement des sciences; d'autre part, les grandes découvertes maritimes, en suscitant l'invention industrielle et commerciale, ont donné à l'imagination une activité nouvelle; il s'est produit des points d'attraction qui l'ont entraînée dans d'autres voies, lui ont imposé d'autres formes de création qu'on a souvent oubliées ou méconnues et que nous aurons à étudier dans la troisième partie.

TROISIÈME PARTIE

LES PRINCIPAUX TYPES D'IMAGINATION

PRÉLIMINAIRES

Après avoir étudié l'imagination créatrice dans ses éléments constitutifs et dans son développement, nous nous proposons de décrire ses principales formes, dans cette dernière partie qui ne sera plus analytique ni génétique, mais concrète. Que le lecteur ne craigne pas les redites; notre sujet est assez complexe pour qu'on puisse le traiter une troisième fois, sans se répéter.

Le mot « imagination créatrice », comme tous les termes généraux, est une abréviation et une abstraction. Il n'y a pas d'imagination en général, mais *des hommes qui imaginent* et le font diversement : en eux est la réalité. Ces diversités dans la création, si nombreuses qu'elles soient, doivent être réductibles à quelques types qui sont les variétés de l'imagination, et la détermination de ces variétés est tout à fait analogue à celle des caractères par rapport à la volonté. En effet, quand on a fixé les conditions physiologiques et psychologiques de l'activité volontaire, on n'a fait qu'une œuvre de psychologie générale : les hommes étant constitués diversement, leur manière d'agir porte l'empreinte de leur individualité; il y a en chacun un facteur personnel (quelle qu'en soit la nature dernière) qui impose sa marque à la volonté et la fait énergique ou faible, rapide ou lente, stable ou instable, continue ou intermittente. De même pour l'imagination créatrice. On ne peut la connaître complètement sans une étude de ses variétés, sans une *psychologie spéciale* dont les chapitres suivants sont un essai.

Comment déterminer ces variétés? Beaucoup seront enclins à admettre que le procédé est indiqué d'avance. N'a-t-on pas, suivant la prépondérance d'un groupe d'images, distingué des types visuels, auditifs, moteurs, mixtes? La voie n'est-elle pas tracée et ne suffit-il pas de marcher dans cette direction? Si naturelle que cette solution paraisse, elle est illusoire et ne peut conduire à rien. Elle repose sur l'équivoque du mot « Imagination » qui signifie tantôt la simple reproduction des images, tantôt l'activité créatrice, et par suite entretient cette opinion erronée, que, dans l'imagination créatrice, les images — purs matériaux — sont l'essentiel. Sans doute, les matériaux ne sont pas un élément négligeable; mais, seuls, ils ne peuvent nous révéler les espèces et variétés qui ont leur origine dans une tendance de l'esprit antérieure et supérieure. Nous verrons dans la suite que la même nature d'imagination constructive peut s'exprimer indifféremment par des sons, des mots, des couleurs, des lignes et même des nombres. Le procédé qui prétendrait fixer les diverses orientations de l'activité créatrice d'après la nature des images, n'irait pas plus au fond des choses qu'une classification des architectures suivant les matériaux employés (monuments en pierres, en briques, en fer, en bois, etc.), sans souci des différences de styles.

Ce procédé écarté, puisque la détermination doit être faite d'après l'individualité de l'architecte, quelle méthode suivre? Le cas est plus embarrassant encore que pour l'étude des caractères. Quoique divers auteurs aient traité ce dernier sujet (nous l'avons essayé ailleurs), aucune des classifications proposées n'est acceptée universellement. Cependant, malgré leurs désaccords, elles coïncident sur plusieurs points, parce qu'elles ont l'avantage de reposer sur une base commune : les grandes manifestations de la nature humaine : sentir, agir, penser. Dans notre sujet, je ne découvre rien de semblable et je cherche en vain un point d'appui. On classe d'après des attributs dominateurs essentiels; or, pour les variétés de l'imagination créatrice, quels sont-ils ?

A la vérité, on pourrait, comme nous l'avons dit plus haut, distinguer deux grandes classes : les intuitifs, les combinateurs. On pourrait, d'un autre point de vue, distinguer d'une part l'invention à libre essor (esthétique, religieuse, mystique), et d'autre part l'invention à déterminisme plus ou moins strict (mécanique, scientifique, commerciale, militaire, politique, sociale). Mais ces divisions, trop générales, ne conduisent à rien. Une classification véritable doit entrer en contact avec les faits et celle-ci plane trop haut.

Laissant donc à d'autres, plus habiles ou plus heureux, le soin d'une détermination rationnelle et systématique (si elle est possible), nous essaierons simplement de distinguer et de décrire les principales formes telles que l'expérience nous les donne, en insistant sur celles qu'on a oubliées ou méconnues. Ce qui suit n'est donc ni une classification ni même une énumération complète.

Nous étudierons d'abord deux formes générales de l'imagination créatrice — plastique, diffluente — puis des formes spéciales, déterminées par leur matière et leur objet.

Wundt dans un passage peu remarqué de la *Psychologie physiologique*, a tenté de déterminer la composition des « principales formes de talent » qu'il réduit à quatre.

Le premier élément est l'imagination. Elle peut être intuitive;

« c'est celle qui confère aux représentations une netteté d'intuition saisissante, » — ou bien combinatrice; alors « elle opère sur des combinaisons multiples de représentations ». Un développement très marqué dans les deux directions à la fois est rare; l'auteur en donne les raisons.

Le second élément est l'entendement (*Verstand*). Il peut être inductif, c'est-à-dire enclin à colliger les faits pour en tirer des généralisations, — ou bien déductif, prenant des concepts généraux et des règles pour en tirer les conséquences.

Si l'imagination *intuitive* est combinée avec l'esprit *inductif*, on a le talent d'observation du naturaliste, du psychologue, du pédagogue, de l'homme pratique.

Si l'imagination *intuitive* se rencontre avec l'esprit *déductif*, on a le talent d'analyse du naturaliste systématique, du géomètre. Chez Linné, Cuvier, l'élément intuitif prédomine; chez Gauss, l'élément analytique.

L'imagination *combinatrice* jointe à l'esprit *inductif* constitue « le talent de l'invention proprement dite », dans l'industrie, dans la technique des sciences; elle donne à l'artiste et au poète le pouvoir de composer leurs œuvres.

L'imagination *combinatrice* plus l'esprit *déductif* donnent le talent spéculatif du mathématicien et du philosophe; la déduction prédomine chez le premier, l'imagination chez le second.

1. 4ᵉ édition allemande, tome II, 490-495.

CHAPITRE I

L'Imagination plastique.

I

J'entends par imagination plastique celle qui a pour caractères propres la netteté et la précision des formes — plus explicitement : celles dont les matériaux sont des *images* nettes (quelle qu'en soit la nature) se rapprochant de la perception, donnant l'impression de la réalité; et où prédominent les *associations à rapports objectifs*, déterminables avec précision. La marque plastique est donc dans les images et dans les modes d'association entre les images. D'un terme un peu gros, qui demande des atténuations que le lecteur fera de lui-même, c'est l'imagination qui matérialise.

Entre la perception, synthèse très complexe de qualités, d'attributs, de rapports et le concept qui n'est que la conscience d'une qualité, d'une quantité ou d'un rapport, souvent d'un simple mot accompagné de quelques schèmes vagues et d'un savoir potentiel, latent; entre le concret et l'abstrait, l'image occupe une position intermédiaire et peut courir d'un pôle à l'autre, tantôt imprégnée de réalité, tantôt presque aussi pauvre et pâle qu'un concept. La représentation que nous appelons plastique descend vers son point d'origine; c'est une imagination *extérieure*, issue de la sensation plus que du sentiment et qui a besoin de s'objectiver.

Aussi ses caractères généraux sont faciles à déterminer.

1° Elle emploie d'abord et avant tout les images visuelles; puis les images motrices; enfin, dans l'invention pratique, les images tactiles : en somme, les trois groupes de représentations qui présentent à un haut degré le caractère d'extériorisation et d'objectivité. La netteté de forme de ces trois groupes vient de leur origine, parce qu'ils sont issus de sensations bien déterminées dans l'*espace* : la vue, le mouvement, le toucher. L'imagination plastique est celle qui dépend le plus des conditions spatiales. Nous verrons que son contraire, l'imagination diffluente, est celle qui en dépend le moins ou s'en affranchit le plus. Entre ces éléments naturellement objectifs, l'imagination plastique choisit les plus objectifs; ce qui donne à ses créations un air de réalité et de vie.

2° Infériorité de l'élément affectif; il n'apparaît que par intermittences et s'efface devant l'impression sensorielle. Cette forme d'imagination créatrice, issue surtout de la sensation, s'adresse surtout à la sensation. Aussi est-elle plutôt en surface, assez dénuée de cette marque intérieure qui vient du sentiment.

Mais s'il arrive que les deux éléments, sensoriel et affectif, soient d'égale puissance; s'il y a à la fois la vision intense, adéquate à la réalité et l'émotion profonde, la secousse violente; alors surgissent des imaginatifs hors ligne comme Shakespeare, Carlyle, Michelet. Il est inutile de décrire cette forme d'imagination dont les critiques ont fait d'excellents portraits[1]; notons seulement que sa psychologie se réduit à un mouvement tour à tour ascendant et descendant entre les deux points-limites : la perception, l'idée. Le procédé ascendant prête à l'inanimé la vie, les désirs et les passions. Ainsi Michelet : « Les grands fleuves des Pays-Bas *ennuyés* de leur trop long cours, *meurent* comme de *langueur* dans l'*indifférent* Océan. » Ailleurs, le gros incunable engendre l'in-octavo « qui devient le père des petits formats, des livres, des pamphlets rapides, esprits invisibles qui filent dans la nuit, créant sous les yeux des tyrans la circulation de la liberté ». — Le procédé descendant matérialise l'abstraction, lui donne un corps, la fait chair et os : Le moyen-âge devient « un triste enfant, arraché des entrailles du christianisme, qui naquit dans les larmes, qui grandit dans la prière et la rêverie, dans les angoisses du cœur, qui mourut sans achever rien ». Sous cette splendeur d'images, il y a retour momentané à l'animisme primitif.

II

Pour une plus ample connaissance de l'imagination plastique, relevons ses principales manifestations.

1° D'abord les arts de la forme où sa nécessité est évidente. Au sculpteur, au peintre, à l'architecte, il faut des

---

[1]. Ainsi Taine dit de Carlyle : « Il ne peut pas s'en tenir à l'expression simple; il entre à chaque pas dans les figures; il donne un corps à toutes ses idées, il a besoin de toucher des formes. On voit qu'il est obsédé et hanté de visions éclatantes ou lugubres; chaque pensée en lui est une secousse; un flot de passion fumeuse arrive en bouillonnant dans ce cerveau qui regorge et le torrent d'images déborde et roule avec toutes les boues et toutes les splendeurs. Il ne peut pas raisonner, il faut qu'il peigne. » Malgré la vigueur de cette esquisse, la lecture de dix pages du *Sartor resartus* ou de *French Revolution*, en apprend plus sur la nature de cette imagination que tous les commentaires.

représentations visuelles et tactiles-motrices ; c'est la matière dont leur création s'enveloppe. Même en écartant les tours de force qui exigent une vision intérieure si sûre et si tenace (portraits exécutés de mémoire, souvenir exact des figures au bout de vingt ans, comme chez Gavarni, etc. [1]) et à s'en tenir à l'ordinaire, les arts plastiques réclament une imagination de voyant. Pour le commun des hommes, les images concrètes d'une figure, d'une forme, d'une couleur, restent le plus souvent vagues et fuyantes ; « rouge, bleu, noir, blanc, arbre, animal, tête, bouche, bras, etc., ne sont guère que des mots, des symboles qui expriment une synthèse grossière. Pour le peintre, au contraire, les images ont une précision de détails bien supérieure ; et ce qu'il voit sous les mots ou dans les objets réels, ce sont des faits analysés, des éléments positifs de perception et de mouvement »[2].

Le rôle des images tactiles-motrices n'est pas moindre. On a souvent cité le cas de sculpteurs qui, devenus aveugles, ont pu façonner des bustes d'une rigoureuse ressemblance. C'est une mémoire du toucher et du sens musculaire tout à fait équivalente à la mémoire visuelle des peintres de portraits, mentionnée plus haut. La connaissance pratique du dessin et du modelé, c'est-à-dire des contours et des reliefs, qu'elle résulte de dispositions naturelles ou acquises, dépend de conditions cérébrales : — le développement de régions sensori-motrices déterminées et de leurs connexions — et de conditions psychologiques : l'acquisition et l'organisation des images appropriées. « On apprend à peindre et à sculpter, écrit un peintre contemporain, comme à coudre, à broder, à scier, à limer ou à

---

1. Arréat (*Psychologie du peintre*, p. 62 et suiv.) en rapporte un grand nombre d'exemples.
2. *Ibid.*, p. 115.

tourner » : bref comme tout métier manuel qui exige des actes associés et combinés.

2° Une autre forme d'imagination plastique emploie les mots comme évocateurs d'impressions vives et nettes de vision, de contact, de mouvements : c'est la forme poétique, littéraire. On en trouve un type achevé dans Victor Hugo. Au su de tous, il suffit d'ouvrir ses œuvres au hasard pour assister à un défilé d'images étincelantes; mais quelle est leur nature? Ses récents biographes, guidés par la psychologie contemporaine, ont bien montré qu'elles peignent toujours des visions ou des mouvements. Il est inutile d'en produire des preuves. Quelques faits ont une portée plus générale et éclairent sa psychologie. Ainsi on nous apprend « qu'il [V. Hugo] ne dictait jamais, ne rimait jamais de mémoire et ne composait qu'en écrivant; car il estime que l'écriture a sa physionomie et veut *voir les mots*. Th. Gautier, qui le connaît et le comprend si bien, dit : « Moi aussi, je crois qu'il faut surtout dans la phrase un rythme *oculaire*. Un livre est fait pour être *lu*, non parlé à haute voix ». On ajoute que « Victor Hugo ne parlait pas ses vers, mais les écrivait et souvent il les *illustrait* en marge, comme s'il avait besoin de fixer l'image pour trouver le mot correspondant »[1].

Après les représentations visuelles, celles de mouvement : le clocher *troue* l'horizon, le mont *crève* la nue, le mont se *soulève* et regarde, « les antres froids *ouvrent* la bouche avec stupeur, » le vent *fouette* avec la cascade le rocher tout en pleurs, l'épine est la plante *exaspérée*; et ainsi sans fin.

---

1. Pour de plus amples détails sur ce point, consulter Mabilleau : *Victor Hugo*, 2ᵉ partie, ch. II, III, IV. — Renouvier, dans le livre qu'il a consacré à ce poète, soutient « que par son aptitude à se représenter les faits de figure, d'ordre et de position dans l'espace, en dehors de toute sensation actuelle », V. Hugo aurait pu devenir mathématicien de premier ordre.

Un fait plus curieux (nous aurons à noter l'opération inverse dans le chapitre suivant) c'est la transposition des sensations ou images sonores, et comme telles sans forme ni figure, en images visuelles et motrices : « Les *dentelles* du son que le fifre *découpe*; la flûte *monte* sur l'alto comme sur la colonne un frêle chapiteau ». Cette imagination foncièrement plastique reste constante avec elle-même en ramenant tout, spontanément, inconsciemment, à des déterminations de l'espace.

En littérature, cette mode d'activité créatrice tout en dehors a trouvé son expression la plus complète chez les « Parnassiens » et leurs congénères dont la doctrine est résumée dans la formule : forme impeccable et impassibilité. Théophile Gautier prétend « qu'un poète, quoi qu'on en dise, est un *ouvrier*; il ne faut pas qu'il ait plus d'intelligence qu'un ouvrier et sache un autre état que le sien, sans quoi il le fait mal. Je trouve très parfaitement absurde la manie qu'on a de les guinder sur un socle idéal; rien n'est moins idéal qu'un poète... Pour lui, les mots ont, *en eux-mêmes et en dehors du sens qu'ils oppriment*, une beauté et une valeur propres, comme des pierres précieuses qui ne sont pas encore taillées et montées en bracelets, en colliers et en bagues; ils charment le connaisseur qui les regarde et les tire du doigt dans la petite coupe où ils sont mis en réserve ». Si cette déclaration, sincère ou non, est prise au sens strict, je ne vois plus de différence, sauf la matière employée, entre l'imagination de ce groupe de poètes et celle qui agit dans les arts mécaniques : car l'inutilité de l'une et l'utilité de l'autre est un caractère étranger à l'invention elle-même.

3° Dans la masse fourmillante des mythes et conceptions religieuses que notre siècle a recueillis avec tant de soin, on pourrait établir des classifications diverses : suivant les races, suivant la matière, suivant le niveau intellectuel et, d'une manière plus artificielle mais adaptée à notre sujet, suivant le degré de précision ou de fluidité.

En négligeant les formes intermédiaires, on peut, en effet, les répartir en deux groupes : les uns sont à contours nets, consistants, d'une logique relative, ils ressemblent à une histoire fixée; les autres sont vagues, multiformes, incohérents, contradictoires, leurs personnages se transforment l'un en l'autre, les légendes sont emmêlées et insaisissables dans l'ensemble.

Les premiers sont l'œuvre de l'imagination plastique. Tels (en éliminant les influences orientales) la plupart des mythes propres à la Grèce, lorsque étant sortis de la période archaïque, ils ont atteint leur constitution définitive. On a soutenu que le caractère plastique de ces conceptions religieuses est un effet du développement esthétique : les statues, les bas-reliefs, la poésie et même la peinture ont fixé les attributs des dieux et leur histoire. Sans nier cette influence, il faut pourtant comprendre qu'elle n'a été qu'un auxiliaire. A ceux qui en douteraient faisons remarquer que les Hindous ont eu des poèmes gigantesques, ont couvert leurs temples de sculptures sans nombre et que leur mythologie fluide est l'antithèse de celle des Grecs. Parmi les peuples qui n'ont incarné leurs divinités dans aucune statue, dans aucune figuration humaine ou animale, nous trouvons les Germains et les Celtes : or, la mythologie des premiers est claire, bien arrêtée dans ses grandes lignes; celle des seconds, fuyante et inconsistante, fait le désespoir des érudits.

Il est donc certain que les mythes à forme plastique sont le fruit d'une qualité innée de l'esprit, d'une manière de sentir et de traduire qui a été prépondérante dans une race, à un moment de son histoire — bref d'une forme d'imagination et finalement d'une structure cérébrale particulière.

4° La manifestation la plus complète de l'imagination plastique se rencontre dans l'invention mécanique et ce qui s'y rattache, par suite de la nécessité de représentations très exactes des qualités et des rapports : mais ceci est une forme spécialisée et comme on en a trop souvent méconnu l'importance, elle mérite une étude à part (v. ch. V ci-après).

III

Tels sont les traits principaux de ce type d'imagination : netteté dans les contours, dans l'ensemble et dans les détails. Elle n'est pas identique à la forme dite réaliste; elle est plus compréhensive : c'est un genre dont le « réalisme » est une espèce. D'ailleurs ce dernier terme étant réservé par l'usage à la création esthétique, je l'écarte à dessein pour bien insister sur ce point : que l'imagination esthétique n'a aucun caractère essentiel, qui lui soit exclusivement propre et qu'elle ne diffère des autres formes (scientifique, mécanique, etc.) que par ses matériaux et sa fin, non par sa nature première.

En somme, l'imagination plastique pourrait se résumer en cette formule : *Netteté dans la complexité*. Elle conserve toujours la marque de sa source originelle, c'est-à-dire que chez le créateur et chez ceux qui sont disposés à le goûter et à le comprendre, elle tend à se rapprocher de la perception.

Serait-il abusif de considérer comme une *variété* du genre un mode d'imagination qui, elle, pourrait se résumer en la formule : *Netteté dans la simplicité*? C'est l'imagination sèche et rationaliste. Sans la calomnier, on peut dire qu'elle est plutôt un état d'indigence imaginative. Nous croyons, avec Fouillée, que la moyenne des Français en fournit un bon exemple. « Le Français, dit-il, n'a généralement pas l'imagination très forte. Sa vision intérieure n'a ni l'intensité hallucinatoire ni la fantaisie exubérante de l'esprit germain et anglo-saxon : elle est plutôt une vue intellectuelle et lointaine qu'une résurrection sensitive, qu'un contact et une possession immédiate des choses mêmes. Portée à déduire et à construire, notre intelligence excelle moins à se représenter des choses réelles qu'à découvrir des enchaînements de choses *possibles* ou nécessaires. En d'autres termes, c'est une imagination logique et combinatrice qui se plaît à ce qu'on a nommé le dessin abstrait de la vie. Les Chateaubriand, les Hugo, les Flaubert, les Zola sont chez nous exceptionnels. Nous raisonnons plus que nous n'imaginons[1]. »

Sa constitution psychologique est réductible à deux éléments : des images peu concrètes, des schémas se rapprochant des idées générales; pour les associer, des rapports surtout rationnels, produits de la logique de l'intelligence plus que de la logique des sentiments. Il lui manque la poussée violente et brusque des émotions qui donne l'éclat aux images, les fait surgir et les groupe en combinaisons imprévues. C'est une forme d'invention et de construction qui est l'œuvre du raisonnement plus que de l'imagination proprement dite.

Par suite, n'est-il pas paradoxal de la rapprocher de l'imagination plastique, comme l'espèce du genre? N'essayant ici aucune classification, il serait oiseux d'entamer une discussion sur ce sujet : notons seulement les ressem-

---

1. Fouillée, *Psychologie du peuple français*, p. 185.

blanches et les différences. Les deux sont surtout objectives ; l'une parce qu'elle est sensorielle, l'autre parce qu'elle est rationnelle. Les deux emploient des modes d'association analogues, dépendant plus de la nature des choses que de l'impression personnelle du sujet. L'opposition n'existe que sur un point : l'une est faite d'images vives qui se rapprochent de la perception ; l'autre est faite d'images ternes qui confinent au concept. L'imagination rationnelle est une imagination plastique desséchée et simplifiée.

CHAPITRE II

L'Imagination diffluente.

I

L'imagination diffluente est encore une forme générale, mais qui se pose en antithèse complète avec la précédente. Elle consiste en images à contours vagues, indécis, qui sont évoquées et liées suivant les modes les moins rigoureux de l'association. Elle présente donc aussi deux choses à considérer : la nature des images, celle des associations.

1° Elle n'emploie ni les images nettes, concrètes, tout imprégnées de réalité, de l'imagination plastique, ni les représentations demi-schématiques de l'imagination rationnelle; mais celles qui sont à mi-chemin dans cette échelle ascendante et descendante qui va des perceptions aux concepts. Toutefois, cette détermination est insuffisante et l'on peut préciser. L'analyse, en effet, découvre une certaine catégorie trop méconnue d'images, que j'appelle des *abstraits émotionnels* et qui sont la matière propre de l'imagination diffluente. Ces images se réduisent à quelques qualités ou attributs des choses, tenant lieu de la totalité et qui sont choisis entre les autres pour des raisons diverses, mais dont l'origine est affective. On comprendra mieux leur nature par le rapprochement qui suit.

L'abstrait intellectuel ou rationnel résulte du choix d'un caractère fondamental — au moins principal ; — il devient le substitut de tout le reste qui est omis. Ainsi, l'étendue ou la résistance ou l'impénétrabilité, représentent par simplification et abréviation ce que nous appelons matériel.

L'abstrait émotionnel, lui, résulte de la prédominance constante ou momentanée, d'un état affectif. Un aspect quelconque d'une chose, essentiel ou non, surgit en relief, uniquement parce qu'il est en relation directe avec la disposition de notre sensibilité, sans autre préoccupation : une qualité, un attribut sont choisis spontanément et arbitrairement, parce qu'ils nous impressionnent au moment actuel ; en dernière analyse, parce qu'ils nous plaisent ou nous déplaisent en quelque manière. Les images de cette catégorie ont une marque « impressionniste ». Elles sont des abstraits, au sens rigoureux, c'est-à-dire des extraits, des simplifications de la donnée sensorielle. Elles agissent, moins par une influence directe que par évocation, suggestion, sous-entendus ; elles laissent entrevoir, transparaître : on peut à juste titre les appeler des « idées crépusculaires ».

2º Quant aux formes d'association, aux rapports qui lient ces images, elles dépendent moins de l'ordre et de la connexion des choses que des dispositions changeantes de l'esprit : elles ont un caractère très marqué de subjectivité. Les unes dépendent du facteur intellectuel : les plus fréquentes reposent sur le hasard, sur des contiguïtés accidentelles et rares, sur des analogies lointaines et vacillantes ; plus bas encore sur des assonances, allitérations. Les autres dépendent du facteur affectif et sont régies par la disposition du moment : les associations par contraste, surtout celles par ressemblance à base émotionnelle qui ont été étudiées précédemment (1re partie, ch. II).

Ainsi l'imagination diffluente est, traits pour traits, le contraire de l'imagination plastique. Elle a un caractère général d'*intériorité*, parce qu'elle est issue moins des sensations que des sentiments, souvent d'une simple et fugitive impression. Ses créations n'ont pas le caractère organique de l'autre, étant dépourvues d'un centre stable d'attraction; mais elles agissent par diffusion et enveloppement.

II

Par sa nature même, elle est exclue en droit sinon en fait de certains domaines; si elle s'y aventure, elle ne produit que des avortements. Ainsi, dans l'ordre pratique qui ne supporte ni les représentations vagues ni les constructions approximatives; dans l'ordre scientifique où l'imagination ne peut servir qu'à créer une théorie ou à inventer des procédés de découvertes (expériences, stratagèmes de raisonnement) : ces exclusions faites, il lui reste encore une fort belle part.

Passons rapidement sur quelques manifestations très fréquentes, très connues de l'imagination diffluente : ce sont des formes frustes où elle n'atteint pas son développement complet et ne peut donner la mesure de sa puissance.

1° La rêverie et les états qui s'en rapprochent. C'est peut-être l'échantillon le plus pur du genre; mais il reste embryonnaire.

2° L'esprit romanesque : ceux qui, en présence d'un événement quelconque ou d'une personne inconnue, spontanément, involontairement, malgré eux, construisent un roman de toute pièces. J'en donnerai plus loin des exemples d'après les confidences écrites de plusieurs personnes[1]. Ils créent, en ce qui concerne eux-mêmes ou les autres, un monde imaginaire qu'ils substituent au monde réel.

3° L'esprit chimérique. Ici nous sortons des formes frustes; l'imagination diffluente prend corps et s'affirme par sa permanence. Au fond, l'esprit chimérique, c'est l'esprit romanesque tendant à s'objectiver. L'invention qui n'était d'abord qu'une construction tout intérieure et reconnue pour telle, aspire à devenir extérieure, à se réaliser; et comme elle se hasarde dans un monde qui n'est pas le sien, qui exige les conditions rigoureuses de l'imagination pratique, elle échoue ou ne réussit que par chance et très rarement. A cette catégorie appartiennent ces inventeurs connus de tous, qui sont féconds en procédés pour enrichir eux ou leur pays par des entreprises agricoles, minières, industrielles, commerciales; les faiseurs d'utopies financières, politiques, sociales, etc. C'est une forme d'imagination orientée contre nature vers la pratique[2].

4° Le cadre s'élargit avec les mythes et conceptions religieuses : l'imagination à forme diffluente se trouve ici sur son terrain.

En s'appuyant sur la linguistique, on a soutenu récemment que, chez les Aryens au moins, l'imagination n'a créé à l'origine que des dieux d'un instant (*Augenblicksgötter*)[3]. Chaque fois que l'homme primitif éprouvait, en

---

1. Voir l'Appendice E.
2. Citons seulement le cas de Balzac qui, dit l'un de ses biographes, « fut toujours chimérique ». Il achète une propriété pour y créer une laiterie avec des vaches « les premières du monde » d'où un bénéfice net de trois mille francs. En sus, cultures potagères supérieures, même bénéfice. Viticulture avec des plants de Malaga, devant rapporter douze mille francs. Il se fait céder par la commune de Sèvres un noyer qui lui vaudrait deux mille francs par an, parce que tous les habitants y déposaient leurs immondices, etc... Et, au bout de quatre ans, il se voit forcé de vendre son domaine pour 30 000 francs, après y avoir englouti le triple.
3. Usener, *Goetternamen*, 1896.

présence d'un phénomène, une émotion saisissante, il la traduisait par un nom ; la manifestation de ce qui était imaginé comme divin dans l'émotion ressentie. « Chaque émotion religieuse fait naître un nom nouveau c'est-à-dire une divinité nouvelle. Or, jamais l'imagination religieuse n'est identique à elle-même : à deux moments différents, quoique produite par le même phénomène, elle se traduira par deux mots différents. » Par suite, « aux premiers âges de l'humanité, les noms religieux ont dû être appliqués non à des *catégories* d'êtres ou d'événements, mais à des êtres ou événements *individuels*. Avant d'adorer l'éclair ou le figuier, les hommes ont dû adorer chacun des éclairs qu'ils voyaient traverser le ciel, chacun des figuiers qu'ils voyaient de leurs yeux. » Plus tard, avec le progrès de la faculté de généraliser, ces instantanés se seraient condensés en divinités plus consistantes. Si cette hypothèse, qui a soulevé des critiques, était établie, si cet état s'est rencontré, il serait le type idéal de l'instabilité imaginative, dans l'ordre religieux.

Plus près de nous, des documents authentiques montrent que certains peuples, à certains moments de leur histoire, ont créé des mythes si vagues, si fluides, qu'on ne peut parvenir à les fixer. Chaque dieu peut se transformer en un autre, différent ou même contraire. Les religions sémitiques en fourniraient des exemples : on a établi l'identité d'Istar, Astarté, Tanit, Baalath, Derkéto, Mylitta, Aschéra et d'autres encore. Mais c'est dans la religion primitive des Hindous que l'on saisit le mieux ce procédé de kaléidoscope appliqué aux êtres divins. Dans les hymnes védiques, non seulement les nuages sont tantôt des serpents, tantôt des vaches, tantôt des forteresses, repaires des sombres Asouras, mais on voit Agni (le feu) qui devient Kama (le désir ou l'amour), ou Indra qui devient lui-même Varouna et ainsi de suite. « On n'imagine pas, dit Taine, une limpidité si grande. Le mythe n'est point ici un déguisement, mais une expression ; point de langage plus juste et plus souple ; il laisse entrevoir ou plutôt il fait apercevoir les formes des nuages, les mouvements de l'air, les changements des saisons, tous les accidents du ciel, du feu, de l'orage ; jamais la nature extérieure n'a rencontré une pensée aussi molle et aussi pliante pour s'y figurer avec l'inépuisable variété de ses apparences. Si ondoyante que soit la nature, cette imagination l'est autant. Elle n'a point de dieux fixes ; les siens sont fluides comme les choses ; ils se confondent les uns dans les autres... chacun d'eux est à son tour le dieu suprême ; aucun d'eux n'est une personne distincte ; chacun d'eux n'est qu'un moment de la nature, capable, suivant le moment de l'aperception, de contenir son voisin ou d'être contenu par son voisin. A ce titre, ils pullulent et fourmillent. Chaque moment de la nature et chaque moment de l'aperception peut en fournir un[1]. » Remarquons, en effet, que pour l'adorateur, le dieu à qui il s'adresse, et pendant qu'il le prie, est toujours le plus puissant et le plus grand : cette qualification passe brusquement de l'un à l'autre, sans souci de la contradiction. Sous cette versatilité, quelques auteurs ont cru découvrir une vague conception panthéistique. Rien de plus douteux que cette interprétation en profondeur. Il est plus conforme à la psychologie de ces esprits naïfs d'admettre tout simplement un état extrême d' « impressionnisme » explicable d'après la logique des sentiments.

Ainsi, l'antithèse est complète entre l'imagination qui a créé le polythéisme net et arrêté des Grecs et celle d'où sont issues ces divinités flottantes qui laissent pressentir la

---

[1]. *Nouveaux essais de critique*, p. 320.

doctrine future de la *Mâya*, de l'illusion universelle : — autre forme plus raffinée de l'imagination diffluente. Notons enfin que l'imagination hellénique a réalisé ses dieux par *anthropomorphisme* : ils sont la forme idéale d'un attribut humain : majesté, beauté, force, sagesse, etc. L'imagination hindoue procède par *symbolisme* : ses divinités ont plusieurs têtes, plusieurs bras, plusieurs jambes pour signifier l'intelligence et la puissance sans limites; ou bien des formes animales, comme Ganésa, dieu de la sagesse, avec sa tête d'éléphant, réputé le plus intelligent des animaux.

5° Il serait facile de montrer par l'histoire de la littérature et des beaux-arts, que les formes vagues ont obtenu la préférence, suivant les peuples, les temps et les lieux. Bornons-nous à un seul exemple contemporain, complet, créé systématiquement : c'est l'art des symbolistes. Il ne s'agit ici ni de le louer, ni de le critiquer, ni même de l'apprécier; mais de le considérer comme un document psychologique propre à nous instruire sur la nature de l'imagination diffluente.

Cette forme d'art dédaigne la représentation nette et lumineuse du monde extérieur; elle la remplace par une sorte de musique qui aspire à exprimer l'intimité mobile et fugitive de l'âme humaine. C'est l'école du *sujet* « qui ne veut connaître que la série fuyante de ses états d'âme ». Pour cela, elle use d'une imprécision naturelle ou artificielle; tout flotte dans un rêve, hommes et choses, souvent sans marque dans le temps et l'espace : il se passe quelque chose, on ne sait où ni quand; ce n'est d'aucun pays, d'aucune époque; c'est *la* Forêt, *la* Ville, *le* Chevalier, *le* Bois, *le* Pèlerin; quelquefois moins encore : *Il, Elle, On*; bref, tous les caractères vagues et instables de l'état affectif pur et sans contenu. Ce procédé de « suggestion », parfois réussit, parfois échoue.

Le mot est le signe par excellence. Comme, pour les symbolistes, il doit traduire moins des représentations que des émotions, devenir l'instrument de la suggestion, il faut qu'il perde partiellement sa fonction intellectuelle et qu'il subisse une nouvelle adaptation.

Un premier procédé consiste à employer les mots usuels en changeant leur acception ordinaire ou bien à les associer de telle sorte qu'ils perdent leur sens précis, qu'ils se présentent effacés, mystérieux; ce sont « les mots écrits en profondeur ». On ne nomme pas, on laisse deviner. « On chasse la banalité par l'imprécision et ne laisse aux choses que la propriété d'émouvoir. » On ne décrit pas une rose d'après les sensations particulières qu'elle cause, mais d'après une disposition générale qu'elle suscite.

Un second procédé est l'emploi de mots nouveaux ou tombés en désuétude. Les mots usuels conservent malgré tout quelque chose de leur sens traditionnel, des associations et sentiments condensés en eux par une longue habitude : les mots oubliés depuis quatre ou cinq siècles échappent à cette nécessité; c'est une monnaie sans titre fixe.

Enfin, un procédé plus radical encore consiste à essayer de donner aux mots une valeur exclusivement émotionnelle. Incorsciemment ou par réflexion, quelques symbolistes en sont venus à cette tentative extrême que la logique des choses leur imposait. Ordinairement, la pensée s'exprime par le mot, le sentiment par les gestes, les cris, les interjections, les différences d'intonation; il trouve son expression complète et savante dans la musique. Les symbolistes veulent transférer aux mots le rôle du son, en faire l'instrument qui traduit et suggère l'émotion par la seule sonorité; les mots doivent agir non comme signes, mais comme sons; ils sont « des notations musicales au gré d'une psychologie passionnelle ».

A la vérité, tout ceci ne concerne que l'imagination qui s'exprime par les mots; or, on sait que l'école symbolique s'est appliquée aux arts plastiques pour les traiter à sa manière : mais la seule différence est dans le vêtement dont l'idéal esthétique s'enveloppe. Les préraphaélites ont essayé, par l'effacement des formes, des contours, des apparences, des couleurs, de faire « apparaître les choses comme de simples sources d'émotion », en un mot de peindre des émotions.

Pour tout résumer, dans cette forme de l'imagination diffluente, le facteur émotionnel exerce la suprême maîtrise.

Le type d'imagination dont on vient d'énumérer les manifestations principales peut-il être identifié avec l'imagination idéaliste? Cette question est semblable à celle posée dans le précédent chapitre et elle comporte la même réponse. Sans doute, dans l'art idéaliste, l'élément matériel fourni par la perception (formes, couleurs, contact, effort) est aminci, subtilisé, raffiné, de manière à se rapprocher autant que possible d'un état purement intérieur. Par la nature de ses images favorites, par sa préférence pour les associations vagues et les rapports indécis, elle présente tous les caractères de l'imagination diffluente; mais celle-ci couvre un champ bien plus étendu : elle est un genre dont l'autre est une espèce. Ainsi l'imagination chimérique serait bien à tort comptée comme idéaliste; elle n'y a nulle prétention, tout au contraire, elle se croit adaptée à la pratique et agit dans cette direction.

D'ailleurs, il faut reconnaître que si l'on faisait une revue complète de toutes les formes de la création esthétique, on serait souvent embarrassé pour les classer; parce qu'il y a, comme pour les caractères, des formes mixtes ou composites. Voici, par exemple, deux genres apparentés à l'imagination diffluente, mais qui ne s'y laissent pas enfermer totalement.

Le genre merveilleux (contes de fées, les *Mille et une nuits*, les romans de chevalerie, le poème de l'Arioste, etc.) est une *survivance* de l'époque mythique où l'imagination est livrée à elle-même, sans contrôle et sans frein ; tandis que, au cours des siècles, l'art et spécialement la création littéraire deviennent, comme nous l'avons dit précédemment, une mythologie déchue et rationalisée. Cette forme de l'invention ne consiste ni à idéaliser le monde extérieur, ni à le reproduire avec la minutie du réalisme, mais à refaire l'univers à sa guise, sans tenir compte des lois naturelles et avec le mépris de l'impossible : c'est un réalisme affranchi. Souvent dans un milieu de pure fantaisie, où ne règne que le caprice, les personnages apparaissent nets, bien dessinés, vivants. Le genre merveilleux appartient donc à l'imagination vague et à l'imagination plastique : plus ou moins à l'une ou à l'autre, suivant le tempérament du créateur.

Le genre fantastique se développe dans les mêmes conditions. Ses coryphées (Hoffmann, E. Poë, etc.) sont classés par les critiques comme réalistes. Ils le sont par la vision intense jusqu'à l'hallucination, par la précision des détails, par la logique rigoureuse des personnages et des événements ; ils rationalisent l'invraisemblable. (Même remarque sur les « Tentations de saint Antoine » et autres sujets analogues qui ont si souvent tenté les peintres.) — D'autre part, le milieu est étrange, enveloppé de mystère : hommes et choses se meuvent dans une atmosphère irréelle où l'on sent plus qu'on ne perçoit. — Il convient aussi de remarquer que ce genre glisse facilement dans le lugubre, l'horrible, le terrifiant, le cauchemar : la littérature « satanique »; les peintures de Goya avec ses brigands et voleurs soumis à la peine du garrot; Wiertz, génie bizarre jusqu'à l'extravagance, qui ne peint que des suicidés ou des têtes de guillotinés. — Les conceptions religieuses fourniraient aussi un beau contingent d'exemples : l'enfer de Dante, les vingt-huit enfers du bouddhisme qui sont peut-être le chef-d'œuvre du genre, etc. Mais tout cela appartient à une partie de notre sujet que j'ai expressément éliminée de cet essai, — la pathologie de l'imagination créatrice.

III

Il nous reste à étudier deux *variétés* importantes que je rattache à l'imagination diffluente.

Imagination numérique. — Je désigne sous ce nom celle qui se joue dans l'illimité, dans l'infini du temps et de l'espace sous la forme du nombre. Il semble au premier abord que ces deux termes — imagination et nombre — doivent s'exclure. Tout nombre est précis, rigoureusement déterminé, puisqu'il peut toujours se ramener à l'unité; il ne prête en rien à la fantaisie. Mais la *série* des nombres est illimitée dans les deux sens; en partant d'un terme quelconque de la série on peut aller toujours en augmentant ou toujours en diminuant : l'opération de l'esprit engendre un infini possible qui est sans limites; elle trace ainsi une voie au mouvement de l'imagination. Le nombre ou plutôt la série des nombres est moins une matière qu'un véhicule.

Cette forme d'imagination s'est produite de deux manières principales : dans les conceptions religieuses et cosmogoniques, dans les sciences.

1° L'imagination numérique n'a été nulle part plus exubérante que chez les peuples de l'Orient; ils ont joué des nombres avec une audace et une prodigalité magnifiques. La cosmogonie des Chaldéens racontait que Oannès, le dieu poisson, avait consacré 259 200 ans à l'éducation de l'humanité, puis vint une période de 432 000 ans remplie par les règnes de personnages mythiques, et au bout de ces 691 000 ans, le déluge renouvela la face de la terre. — Les Égyptiens eux aussi prodiguaient les milliers d'années et, en face de la chronologie courte et limitée des Grecs (autre forme d'imagination) s'écriaient : Vous, Hellènes, vous n'êtes que des enfants. — Mais les Hindous ont fait mieux que tout cela. Ils ont inventé des unités prodigieuses qui servent de base et de matière à leurs fantaisies numériques : le *Koti* qui vaut dix millions; le *Kalpa* (ou âge du monde entre deux destructions) qui comprend 4 billions 328 millions d'années. Chaque *Kalpa* est un seul des 365 jours de la vie divine : je laisse au lecteur, s'il lui plaît, le soin de calculer ce nombre formidable. Les Djaïnas divisent le temps en deux périodes, l'une ascendante, l'autre descendante; chacune est d'une durée fabuleuse : 2 000 000 000 000 000 océans d'années; chaque océan d'années valant lui-même 1 000 000 000 000 000 ans. « S'il y avait un rocher haut, large et long de seize milles [un cube de seize milles de côté] et si une fois en cent ans, on le touchait avec un morceau de la plus fine toile de Bénarès, il serait réduit aux dimensions d'un noyau de mangue, avant que le quart d'un de ces *Kalpas* fût écoulé. » — Dans les livres sacrés du bouddhisme, ordinairement secs, pauvres, décolorés, l'imagination triomphe sous la forme numérique. Le *Lalitavistara* est plein de nomenclatures et d'énumérations d'une monotonie fatigante : Bouddha est assis sur un trône abrité par 100 000 parasols, entouré de dieux inférieurs formant une assemblée de 68 000 *Kotis* (c'est-à-dire 680 millions de personnes) et — ce qui dépasse tout le reste — « il avait éprouvé bien des vicissitudes pendant 10 milliards 100 millions de *Kalpas*. » Ceci donne le vertige.

2° L'imagination numérique, dans les sciences, ne revêt pas ces formes délirantes; elle a l'avantage de reposer sur une base objective; elle est le substitut d'une réalité non représentable. La culture scientifique que l'on accuse quelquefois d'éteindre l'imagination, lui ouvre au contraire un champ bien plus vaste que l'esthétique. L'astronomie se complaît dans l'infini du temps et de l'espace : elle voit les mondes naître, briller d'abord de la lueur faible d'une nébuleuse, resplendir comme des soleils, se refroidir, se couvrir de taches, se condenser. La géologie suit le développement de notre terre à travers les bouleversements et les cataclysmes; elle entrevoit un lointain avenir où notre globe, dépourvu de la vapeur d'eau atmosphérique qui la protège, périra par le froid. — Les hypothèses de la physique et de la chimie sur les atomes et les molécules ne sont pas inférieures en hardiesse aux spéculations de l'imagination hindoue. « Les physiciens ont déterminé le volume de la molécule et en s'en rapportant aux nombres qu'ils donnent, on trouve qu'un cube d'un millimètre de côté (à peu près le volume d'un œuf de ver à soie) contiendrait un nombre de molécules au moins égal au cube de dix millions, c'est-à-dire de l'unité suivie de 21 zéros. L'un d'eux a calculé que si l'on devait les compter et qu'on en détachât par la pensée un million à chaque seconde, on en aurait pour plus de 250 millions d'années : l'être qui aurait commencé cette tâche à l'époque où notre système solaire ne devait être qu'une informe nébuleuse, ne serait pas encore au bout [1]. » — La biologie avec ses éléments protoplasmatiques, ses plastides, ses gemmules, ses hypothèses sur la transmission

---

1. R. Dubois, *Leçons de physiologie générale et comparée*, p. 286.

héréditaire par subdivisions infinitésimales; la théorie de l'évolution qui parle couramment de périodes de 100 000 ans ; bien d'autres thèses scientifiques que j'omets, offrent une belle matière à l'imagination numérique.

Plus d'un savant s'est même servi de cette forme d'imagination pour se donner le plaisir d'une construction de pure fantaisie. Ainsi Von Baer supposant que nous puissions percevoir autrement les portions de la durée, imagine les changements qui en résulteraient pour nous dans l'aspect de la nature. « Si nous étions capables de noter distinctement 10 000 événements en une seconde, au lieu de 10, comme nous le faisons actuellement en moyenne, et si notre vie devait contenir le même nombre d'impressions, elle pourrait être 1 000 fois plus courte. Nous pourrions vivre moins d'un mois et personnellement ne rien connaître du changement des saisons. Si nous étions nés en hiver, nous croirions à l'été comme nous croyons maintenant aux chaleurs de l'époque carbonifère. Les mouvements des êtres organisés seraient si lents pour nos sens qu'ils seraient inférés, non perçus. Le soleil se tiendrait immobile dans le ciel, la lune presque sans changements et ainsi de suite. Mais renversons l'hypothèse et supposons un être qui ne puisse avoir que la 1000ᵉ partie des sensations que nous éprouvons dans un temps donné et par conséquent 1000 fois aussi longtemps. Les étés et les hivers seraient pour lui comme des quarts d'heure. Les champignons et plantes à croissance rapide viendraient si vite à l'existence qu'ils lui paraîtraient des créations instantanées; les mouvements des animaux seraient aussi invisibles que le sont pour nous ceux des boulets de canons. Le soleil traverserait le ciel comme un rapide météore, laissant derrière lui une brillante trace de feu, et ainsi de suite [1]. »

[1]. Baer, ap. James, *Psychology*, I, 639.

Les conditions psychologiques de cette variété de l'imagination créatrice sont donc : l'absence de limitation dans le temps et l'espace, d'où la possibilité d'un mouvement sans fin dans tous les sens, puis la possibilité de remplir l'un et l'autre d'une myriade d'événements vaguement entrevus. Ces événements n'étant pas susceptibles de représentations nettes quant à leur nature et à leur quantité, échappant même à une représentation schématique, l'imagination construit avec des substituts de substituts, qui sont ici des nombres.

IV

L'imagination musicale mériterait une monographie. Ce travail exigeant, outre l'aptitude psychologique, une connaissance approfondie de l'histoire et de la technique musicales, ne peut être tenté ici. Je ne me propose qu'une chose : montrer qu'elle a sa marque propre, particulière, qu'elle est *le type de l'imagination affective*.

J'ai essayé d'établir ailleurs [1] que contrairement à l'opinion commune des psychologues, il existe au moins chez beaucoup d'hommes une mémoire affective, c'est-à-dire un souvenir des émotions proprement dites, et non des seules conditions intellectuelles qui les ont causées et accompagnées. Je soutiens qu'il existe aussi une forme de l'imagination créatrice qui est purement *affective*, dont la matière est faite exclusivement d'états d'âme, dispositions, désirs, aspirations, sentiments et émotions de toute sorte et que c'est celle du compositeur génial, du musicien-né.

Le musicien vit dans un monde qui lui est propre. « Il

---

1. *Psychologie des Sentiments*, 1re partie, ch. ix.

porte dans sa tête un système cohérent d'images tonales où chaque élément a sa place et sa valeur; il perçoit les différences délicates des sons, des timbres; il arrive par l'exercice à en pénétrer les combinaisons les plus variées et la connaissance des relations harmoniques est pour lui ce que le dessin et la connaissance des couleurs sont pour le peintre : intervalles et accords, rythmes et tonalités sont comme des types auxquels il rapporte ses perceptions actuelles et qu'il fait entrer dans les constructions merveilleuses de sa fantaisie [1]. »

Ces éléments sonores et leurs combinaisons sont les mots d'une langue spéciale, très claire pour quelques-uns, impénétrable à d'autres. On a parlé à satiété du vague de l'expression musicale; on s'est complu à soutenir que chacun peut l'interpréter à sa guise. Assurément, il faut reconnaître que le langage émotionnel n'a pas la précision du langage intellectuel; mais il en est de la musique comme tout autre idiome : il y a ceux qui ne comprennent pas, ceux qui comprennent à moitié et par suite commettent des contre-sens perpétuels, ceux qui comprennent bien; et dans cette dernière catégorie, il y a des degrés, d'après l'aptitude à saisir les nuances, finesses et subtilités de la langue [2].

Les matériaux nécessaires à cette forme de la création imaginative se sont amassés lentement. Bien des siècles ont passé depuis les premiers âges où la voix humaine et

---

[1]. Arréat, *Mémoire et Imagination*, p. 118.
[2]. Mendelssohn écrivait à un auteur qui composa des vers pour la musique de ses *Lieder* : « La musique est plus définie que la parole et vouloir l'expliquer par des paroles, c'est l'obscurcir. Je ne pense pas que les mots suffisent pour cet objet et si j'étais persuadé du contraire, je ne composerais pas de musique. Il y a des gens qui accusent la musique d'être ambiguë et qui prétendent que les paroles se comprennent toujours; pour moi, c'est tout le contraire; les mots me paraissent vagues, ambigus, inintelligibles, si on les compare à la vraie musique qui remplit l'âme de mille choses meilleures que les mots. Ce que m'exprime la musique que j'aime me paraît plutôt trop *défini* que trop *indéfini* pour pouvoir y appliquer des paroles. »

quelques instruments simples qui l'imitaient, ont traduit des émotions simples, jusqu'à l'époque où les efforts de l'antiquité et du moyen âge ont enfin fourni à l'imagination musicale les moyens de s'exprimer tout entière, ont permis les architectures de sons, complexes et hardies. Peut-être le développement de la musique, lent et tardif comparé à celui des autres arts, est-il dû, au moins en partie, à ce que l'imagination affective qui en est le principal ressort (la musique imitative, descriptive, pittoresque, n'étant qu'un épisode et un accessoire), faite, à l'encontre de l'imagination sensorielle, d'états ténus, subtils, fugitifs, a cherché longtemps ses procédés d'analyse et d'expression. Quoi qu'il en soit, S. Bach et les contrapontistes, en traitant d'une façon indépendante les différentes voix qui constituent une harmonie, ont ouvert une nouvelle voie. Désormais, la mélodie pourra se développer et engendrer les plus riches combinaisons. On pourra associer diverses mélodies, les faire chanter ensemble, les faire alterner, les confier à des instruments divers, varier à l'infini le timbre des voix chantantes et des voix concertantes. Le monde illimité des combinaisons musicales s'ouvre; alors il a valu la peine d'inventer. La polyphonie moderne, avec son pouvoir d'exprimer à la fois des sentiments différents, même contraires, est un merveilleux instrument pour une forme d'imagination qui, étrangère aux formes nettement découpées dans l'espace, ne se meut que dans le temps.

Ce qui fait le mieux pénétrer dans la psychologie de cette forme d'imagination, c'est la transposition naturelle qui s'opère chez les musiciens. Elle consiste en ceci : une impression extérieure ou intérieure, un événement quelconque, même une idée métaphysique, subissent une métamorphose d'une nature déterminée que les exemples suivants feront mieux comprendre que tout commentaire.

Beethoven disait de la *Messiade* de Klopstock : « Toujours *maestoso*, écrit en *ré bémol majeur*. » Dans sa quatrième symphonie, il exprimait musicalement la destinée de Napoléon ; dans la neuvième symphonie, il prétend donner une preuve de l'existence de Dieu. Près du corps d'un ami défunt, dans une chambre tendue de noir, il improvise l'*adagio* de la sonate en *ut dièze mineur*. — Les biographes de Mendelssohn rapportent des cas analogues de transposition sous forme musicale. — Pendant une tempête qui faillit engloutir G. Sand, Chopin, resté seul à la maison, sous le coup de son angoisse et à demi inconscient, composa l'un de ses *Préludes*. — Le cas de Schumann est peut-être le plus curieux de tous : « Dès l'âge de huit ans, il s'amusait à esquisser des espèces de portraits musicaux, en retraçant au moyen de diverses tournures de chant, de rythmes variés, les nuances morales et jusqu'aux allures physiques de ses jeunes camarades. Il arrivait ainsi parfois à des ressemblances si frappantes que tous reconnaissaient, sans autre désignation, la physionomie indiquée par ces doigts novices que guidait déjà le génie. » Il disait plus tard : « Je me sens affecté par tout ce qui se passe dans le monde : hommes, politique, littérature ; je réfléchis sur tout cela à ma manière et cela trouve une issue au dehors sous forme de musique. Voilà pourquoi beaucoup de mes compositions sont si difficiles à comprendre : elles se rapportent à des événements d'intérêt lointain, quoique important ; mais tout ce que l'époque me fournit de remarquable, il faut que je l'exprime musicalement. » — Rappelons encore que Weber a transformé en l'une des meilleures scènes de son *Freyschütz* (celle de la Fonte des balles) « un paysage qu'il avait contemplé près de la cascade de

Geroldsau, à l'heure où la lune argente de ses rayons le bassin dans lequel l'eau s'engouffre et bouillonne » [1]. — En résumé, les événements traversent le cerveau du compositeur, l'ébranlent et sortent transformés en une construction musicale.

L'imagination plastique nous fournit une contre-épreuve; elle transpose en sens inverse. L'impression musicale traverse le cerveau, l'ébranle, mais en sort transformée en représentations visuelles. Nous en avons déjà relevé des exemples dans V. Hugo (chapitre précédent). Gœthe, on le sait, était peu doué pour la musique. Après s'être fait exécuter par le jeune Mendelssohn une ouverture de Bach, il s'écria : « Comme cela est pompeux et grandiose. Il me semble voir une procession de hauts personnages, en habits de gala, descendant les marches d'un escalier gigantesque ».

On peut généraliser la question et se demander si, entre l'imagination musicale vraie et l'imagination plastique, il existe un antagonisme naturel. La solution dans le sens affirmatif ne paraît guère récusable. J'avais entrepris une enquête qui, à l'origine, visait un autre but. Il s'est trouvé qu'elle répondait assez nettement à la question ci-dessus : la conclusion a surgi d'elle-même, sans la chercher; ce qui me mettait à l'abri de toute opinion préconçue.

La demande adressée *oralement* à un grand nombre de personnes était celle-ci : L'audition ou même le souvenir d'un morceau de musique *symphonique* suscite-t-elle en vous des images visuelles, et de quelle nature? Pour des raisons faciles à comprendre, la musique dramatique était expressément exclue : l'appareil du théâtre, des décors, de la

---

[1]. Olzelt-Newin, *Ouv. cité*, p. 22-23. Pour des faits analogues empruntés à des musiciens contemporains, voir Paulhan, *Rev. phil.*, mars 1898, pp. 234-235.

mise en scène imposant dans le présent des perceptions visuelles qui tendent à se répéter plus tard sous la forme de souvenirs.

Le résultat des observations et des réponses recueillies se résume comme il suit :

Ceux qui ont une grande culture musicale et — ce qui est bien plus important — le goût ou la passion de la musique, n'ont généralement aucune représentation visuelle. Si elles surgissent, c'est en passant et par accident. J'indique quelques réponses : « Je ne vois absolument rien ; je suis tout entier au plaisir musical; je vis exclusivement dans un monde acoustique. Suivant ma connaissance de l'harmonie, j'analyse les accords, mais sans insister. Je suis le développement des phrases ». — « Je ne vois rien, je suis tout entier à mes impressions; je crois que le principal effet de la musique est d'exagérer en chacun les sentiments prédominants ». — « Nulle représentation visuelle en général. Cependant sous la symphonie, je place quelquefois un *libretto* de mon invention. Parfois aussi, je me représente des lignes sinueuses qui semblent vaguement suivre le dessin de la phrase mélodique ».

Ceux qui ont peu de culture musicale et surtout peu de goût pour la musique, ont des représentations visuelles très nettes. Il faut pourtant avouer que ceux-ci sont fort difficiles à explorer. En raison de leur nature anti-musicale, ils fuient les concerts, se résignent tout au plus à subir un opéra; mais, comme la nature et la qualité de la musique ne nous importent pas, on peut encore s'en tirer : « En entendant dans la rue un orgue de Barbarie, je me représente l'instrument; je vois l'homme qui tourne sa manivelle. Si une musique militaire résonne dans le lointain, je *vois* un régiment qui marche ». Un excellent pianiste joue devant un ami la sonate en *ut dièze mineur* de Beethoven, mettant dans son exécution tout le pathétique dont il est capable. L'autre y voit « le tumulte et le tourbillonnement d'une foire ». Ici la transformation plastique se double d'un gros contre-sens. — J'ai plusieurs fois recueilli cette remarque : chez les gens qui ont l'habitude du dessin ou de la peinture, la musique évoque des tableaux et des scènes diverses; l'un d'eux se dit « assiégé d'images visuelles ». Ici l'audition musicale agit évidemment comme excitant[1].

En somme, autant qu'il est permis, en psychologie, d'employer des formules générales — et avec cette réserve qu'elles conviennent à la majorité non à la totalité des cas — on peut dire : Que, durant le travail de l'imagination musicale, l'apparition d'images visuelles est l'exception; que lorsque cette forme d'imagination est faible, elle est la règle.

---

1. Pour des raisons de brièveté et de clarté, je ne mets pas sous les yeux du lecteur les observations et documents. On les trouvera à la fin de ce volume : Appendice D.
Sous ce titre « Un concert expérimental », Gilman, dans *American Journal of Psychology* (tome IV, fasc. 4 et tome V, fasc. 1, 1892-1893), a étudié d'un autre point de vue l'effet de la musique sur divers auditeurs. Onze morceaux ont été exécutés; je note que 3 ou 4 au plus ont suscité des images visuelles; 10 (peut-être 11) des états émotionnels. — Plus récemment, la *Psychological Review* (septembre 1899, p. 463 et suiv.) a publié une observation personnelle de Macdougal où les images de la vue accompagnent l'audition musicale par exception et dans des conditions particulières. L'auteur se qualifie de « pauvre visuel »; il déclare que la musique n'éveille chez lui que très rarement des représentations visuelles; « encore sont-elles fragmentaires, consistant en formes simples, non reliées entre elles, apparaissant dans un fond sombre, restant visibles un moment ou deux et s'évanouissant aussitôt ». Or, étant entré au concert en état de fatigue et de surmenage, il ne voit rien pendant le premier morceau; les visions commencent pendant l'*andante* du second; elles accompagnent « avec profusion » l'audition du troisième morceau. [Je renvoie pour les détails à l'appendice précité]. Ne peut-on pas supposer que l'état d'épuisement, abaissant le ton vital qui est la base de la vie émotionnelle, diminue aussi la tendance des dispositions affectives à renaître sous forme de souvenirs? D'un autre côté, les images sensorielles restent sans antagonistes et passent au premier plan; à moins qu'elles ne soient renforcées elles-mêmes par un état d'excitation demi-morbide.

Au reste, ce résultat de l'observation est tout à fait d'accord avec la logique. Entre l'imagination affective dont le type pur est l'intériorité, et l'imagination visuelle, foncièrement objective, l'antithèse est irréductible. Le langage intellectuel, la parole, est un agencement des mots qui sont les signes d'objets, de qualités, de rapports, d'extraits des choses; pour être compris, ils doivent évoquer dans la conscience les représentations correspondantes. Le langage émotionnel, la musique, est un agencement de sons successifs ou simultanés, de mélodies et d'harmonies qui sont les signes d'états affectifs : pour être compris, ils doivent évoquer dans la conscience les dispositions affectives correspondantes. Or, chez les non-musiciens, ce pouvoir d'évocation est faible; les combinaisons sonores ne suscitent que des états intérieurs superficiels et instables. L'excitation extérieure, celle des sons, suit la ligne de moindre résistance et, agissant suivant la nature psychique de l'individu, tend à susciter des images objectives, des tableaux, des scènes visuelles bien ou mal adaptées.

En résumé, à l'encontre de l'imagination sensorielle qui a ses sources en dehors, l'imagination affective a sa source en dedans. La matière de sa création est dans ces états d'âme ci-dessus énumérés et dans leurs innombrables combinaisons qu'elle exprime et fixe dans la langue qui lui est propre et dont elle a su tirer un parti merveilleux. A tout prendre, la seule grande division possible entre les divers types d'imagination est peut-être réductible à celle-là : plus exactement, il y a les imaginations extérieures et les imaginations intérieures. Ces deux chapitres en ont donné une esquisse. Il nous reste maintenant à étudier des formes moins générales de la puissance créatrice.

CHAPITRE III

L'Imagination mystique.

L'imagination mystique a droit à une place d'honneur, étant la manifestation la plus complète et la plus hardie de l'invention purement théorique. Apparentée à l'imagination diffluente, surtout sous la forme affective, elle a pourtant ses caractères propres, spéciaux, que nous essaierons de dégager.

Le mysticisme repose essentiellement sur deux modes de la vie mentale : le sentiment, que nous n'avons pas à étudier ; l'imagination qui, dans le cas présent, représente l'élément intellectuel. Que la portion de connaissance que cet état d'esprit comporte et admet, soit de nature imaginative et non autre, il est aisé de l'établir. En effet, le mystique considère les données des sens comme des apparences vaines, tout au plus comme des signes qui révèlent et souvent dérobent la réalité ; il ne trouve donc aucun appui ferme dans les perceptions. D'autre part, il répudie la raison raisonnante, il la tient pour une infirme qui s'arrête à moitié chemin ; il ne déduit ni n'induit, il ne tire pas de conclusions à la manière des hypothèses scientifiques. Reste donc qu'il imagine, c'est-à-dire qu'il réalise une construction en images qui est pour lui la connaissance du monde ; et l'imagination ne procède, ne peut procéder ici que *ex analogia hominis*.

I

Le fond de l'imagination mystique consiste en une tendance à incarner l'idéal dans le sensible, à découvrir une idée cachée dans tout phénomène ou événement matériel, à supposer dans les choses un principe surnaturel qui se révèle à qui sait le pénétrer. Son caractère fondamental dont tous les autres dérivent est donc un mode de penser *symbolique* : mais l'algébriste, lui aussi, pense par symboles et n'est pas pour cela un mystique. La nature de ce symbolisme doit donc être déterminée.

Pour cela, remarquons d'abord que nos images — en prenant ce mot dans son sens le plus large — se répartissent en deux groupes distincts :

1° Les images *concrètes*, d'acquisition primaire, qui sont des représentations à la première puissance, des résidus de nos perceptions, avec lesquelles elles ont un rapport direct et immédiat ;

2° Les images *symboliques* (ou signes) d'acquisition secondaire, qui sont des représentations à la deuxième puissance, n'ayant avec les choses que des rapports indirects et médiats.

Fixons leurs différences par quelques exemples simples.

Les images concrètes sont : dans l'ordre visuel : le souvenir des figures, des monuments, des paysages, etc. ; — dans l'ordre auditif : le souvenir des bruits de la mer, du vent, d'une voix humaine, d'une mélodie, etc. ; — dans l'ordre moteur : les secousses qu'on ressent au repos après avoir été secoué en mer, les illusions des amputés, etc.

Les images symboliques sont : dans l'ordre visuel : les mots écrits, les signes idéographiques, etc. ; — dans l'ordre auditif : les mots parlés ou images verbales ; — dans l'ordre moteur : les gestes significatifs et mieux encore le langage digital des sourds-muets.

Psychologiquement, ces deux groupes ne sont pas de nature identique. Les images concrètes, résultent d'une persistance des perceptions et tirent d'elles toute leur valeur. Les images symboliques résultent d'une synthèse de l'esprit, d'une association de perception à perception, de perception à image ou d'image a image. Si elles n'ont pas la même origine, elles ne se perdent pas non plus de la même manière, comme cela est prouvé par de très nombreuses observations d'aphasie.

L'originalité de l'imagination mystique consiste en ceci : *elle transforme les images concrètes en images symboliques* et les emploie comme telles. Elle étend ce procédé même aux perceptions : en sorte que toutes les manifestations de la nature ou de l'art humain prennent une valeur de signes, de symboles. On en trouvera plus loin de nombreux exemples. Son mode d'expression est nécessairement synthétique. Par lui et par les matériaux dont elle use, elle diffère de l'imagination affective précédemment décrite ; de l'imagination sensorielle qui se sert des formes, mouvements, couleurs, comme ayant une valeur propre ; de l'imagination qui se développe en fonction des mots, par un procédé analytique. Elle a donc bien sa marque spéciale.

A ce caractère général — le symbolisme — d'autres se rattachent ou en dérivent :

1° Un caractère extérieur : la manière d'écrire et de

parler, la mode d'expression quel qu'il soit. « Le style qui domine chez les mystiques, dit Hartmann, est métaphorique à l'excès, tantôt plat et commun, plus souvent boursoufflé et emphatique. L'excès de l'imagination s'y accuse d'ordinaire dans la pensée et dans la forme qui la traduit... Un signe du mysticisme qu'on a cru pouvoir prendre souvent comme un signe essentiel, c'est l'obscurité, l'inintelligibilité du langage : on le trouve chez presque tous ceux qui ont écrit [1]. » On peut ajouter que, même dans les arts plastiques, les symbolistes et décadents ont essayé dans la mesure possible des procédés qui indiquent, suggèrent, laissent transparaître au lieu de réaliser et de fixer : ce qui les rend peu accessibles au grand nombre.

Ce caractère d'obscurité tient à deux causes. D'abord, l'imagination mystique est guidée par la logique du sentiment qui est purement subjective, pleine de soubresauts, de secousses et de lacunes. Ensuite elle emploie la langue des images, surtout visuelles : langue dont l'idéal est le vague comme l'idéal de la langue verbale est la précision. Tout cela peut se résumer d'un mot : le caractère de subjectivité inhérent au symbole. En paraissant parler comme tout le monde, le mystique se sert d'un idiome personnel : les choses devenant des symboles au gré de sa fantaisie, il n'use pas de signes à valeur fixe et universellement admise. Rien d'étonnant si nous ne le comprenons pas.

2° Un extraordinaire abus de l'*analogie* et de la comparaison sous ses diverses formes (allégorie, parabole, etc.) : conséquence naturelle d'un mode de pensée qui procède par symboles, non par concepts. On a dit avec raison « que la force unique qui féconde le vaste champ du mys-

---

[1]. *Philosophie de l'inconscient*, tome I, 2° partie, ch. ix.

ticisme, c'est l'analogie[1] ». Un grand ennemi des mystiques, Bossuet, l'avait déjà remarqué : « L'un des caractères de ces auteurs, c'est de pousser à bout les allégories. » Imaginations ardentes, ayant à leur service des sens surexcités, ils prodiguent les métamorphoses et les figures, avec l'espoir d'expliquer les mystères du monde. On sait à quel travail d'invention les Védas, la Bible, le Coran et autres livres sacrés ont donné lieu. La distinction entre le sens littéral et le sens *figuré* qui est l'arbitraire sans limites, a conféré aux commentateurs une liberté d'imaginer égale à celle des créateurs de mythes.

Tout cela est encore assez raisonnable; mais l'imagination livrée à elle-même n'a peur d'aucune extravagance. Après avoir torturé le sens des phrases, l'imaginatif travaille sur les mots, travaille sur les lettres. Ainsi les Kabbalistes prenaient la première ou la dernière lettre des mots dont se compose un verset et en formaient un mot nouveau qui révélait le sens mystique; ou bien ils substituaient aux lettres dont les mots sont composés les nombres que ces lettres représentent dans le système de numération des Hébreux, pour en former les plus étranges combinaisons. Dans le *Zohar*, toutes les lettres de l'alphabet se présentent devant Dieu, chacune sollicitant d'être choisie comme élément créateur du monde.

Rappelons aussi la mystique des nombres, différente de l'imagination numérique précédemment étudiée. Ici, le nombre n'est plus le moyen que la pensée emploie pour se mouvoir dans le temps et l'espace; il devient un symbole et une matière à constructions chimériques. De là ces « nombres sacrés » qui pullulent dans les anciennes religions de l'Orient : 3, symbole de la triade; 4, symbole

---

1. J. Darmesteter, dans Récéjac, *Essai sur les fondements de la connaissance mystique*, p. 124.

des éléments cosmiques ; 7, représentant la lune et les planètes, etc. Outre ces significations fantaisistes, il y a des inventions plus compliquées : calculer d'après les lettres d'un nom, transformées en nombre, les années de vie d'un malade, les auspices d'un mariage, etc. La philosophie pythagoricienne, comme l'a indiqué Zeller, est la forme systématique de ce mysticisme mathématique pour qui les nombres sont, non les symboles de rapports quantitatifs, mais l'essence même des choses.

Ce symbolisme à outrance qui rend si fragiles les créations du mysticisme et qui ne donne en pâture à l'esprit que de l'entrevu, a pourtant une source indéniable d'énergie dans sa prestigieuse aptitude à suggérer. Sans doute, la suggestion existe aussi dans l'art, mais bien moindre, pour des raisons que nous allons indiquer.

3° Un autre caractère de l'imagination mystique est la nature et le degré de la croyance qui l'accompagne. Nous savons[1] que lorsqu'une représentation entre dans la conscience, même sous la forme d'un souvenir, d'une reproduction purement passive, elle apparaît d'abord et momentanément comme aussi réelle qu'une perception. Bien plus encore les constructions imaginatives. Mais cette illusion a des degrés et chez les mystiques elle atteint le *maximum*.

Dans l'ordre scientifique et pratique, le travail de l'imagination créatrice n'est accompagné que d'une croyance *conditionnelle* et provisoire. Il faut que la construction en images justifie son droit à l'existence, pour le savant en expliquant, pour le praticien en prenant corps dans une invention qui sert, qui est adaptée à son but.

Dans l'ordre esthétique, la création s'accompagne d'une

---

1. Voir la deuxième partie, ch. II.

croyance *momentanée*. La fantaisie, remarque Gross, est nécessairement liée à l'apparence. Son caractère spécial ne consiste pas dans la seule liberté des images : ce qui la distingue de l'association et de la mémoire, c'est que ce qui est simplement représenté est tenu pour vrai. Il y a chez le créateur une illusion consciente (*bewusste Selbsttaüschung*); le plaisir esthétique est un état d'oscillation entre l'apparence et la réalité[1].

L'imagination mystique suppose une croyance *inconditionnelle* et *permanente*. Les mystiques sont des croyants au sens complet; ils ont la foi. Ce caractère leur est propre et il a son origine dans l'intensité de l'état affectif qui suscite et soutient cette forme de l'invention. L'intuition ne devient objet de connaissance qu'en se revêtant d'images. On a beaucoup discuté sur la valeur objective des ces formes symboliques qui sont les matériaux de l'imagination mystique. Ce débat n'importe pas ici : mais nous pouvons faire cette remarque positive, que l'imagination constructive n'a jamais atteint la forme hallucinatoire aussi souvent que chez les mystiques. Les visions, les contacts, les voix extérieures, les voix du dedans et « sans paroles » que l'on considère actuellement comme des hallucinations psycho-motrices : tout cela se rencontre à chaque instant dans leurs œuvres, jusqu'à en devenir banal. Or, sur la nature de ces états psychiques, il n'y a que deux solutions : l'une naturelle que nous venons d'indiquer; l'autre surnaturelle (celle de la plupart des théologiens) qui tient ces phénomènes pour réels et révélateurs. Dans l'un et l'autre cas, l'imagination mystique nous apparaît comme tendant naturellement vers l'objectivité; elle s'extériorise par un mouvement spontané qui la pose sur le même plan que la

---

1. Gross, *Die Spiele der Thiere*, 308-312.

réalité. Quelque conclusion qu'on adopte, nul type d'imagination n'a au même degré ce don d'énergie et de permanence dans la croyance.

II

L'imagination mystique, travaillant suivant le type qui lui est propre, produit des constructions cosmologiques, religieuses, métaphysiques, dont l'exposé sommaire achèvera de nous faire comprendre sa nature.

I. La forme totale — cosmologique — est la conception du monde par un pur imaginatif. Elle est rare, anormale, et ne se rencontre guère de nos jours que chez quelques artistes, rêveurs ou esthètes, à titre de survivance et en passant. Ainsi V. Hugo voit dans chaque lettre de l'alphabet l'imitation figurée d'un des objets essentiels du savoir humain : « A, c'est le toit, le pignon avec sa traverse, l'arche, *arx*; D, c'est le dos; E, c'est le soubassement, la console, etc., en sorte que la maison de l'homme et son architecture, le corps de l'homme et sa structure, puis la justice, la musique, l'église, la guerre, la moisson, la géométrie, la montagne, etc., tout cela est contenu dans l'alphabet par la mystique vertu de la forme[1]. » Plus radical encore est Gérard de Nerval (qui d'ailleurs était souvent halluciné) : « A certains moments, tout prenait pour moi des aspects nouveaux : des voix secrètes sortaient de la plante, de l'arbre, des animaux, des plus humbles insectes, pour m'avertir et m'encourager. Les objets sans forme et sans vie avaient des tours mystérieux dont je comprenais le sens ». Pour d'autres, contemporains, « le monde réel prend des airs de féerie ».

---

1. Mabilleau, *Ouv. cité*, p. 132.

Le moyen âge, époque d'imagination vive et de faible culture rationnelle, a abondé dans ce sens. « Beaucoup pensaient que, sur cette terre, tout est signe, tout est figure et que le visible ne vaut que par l'invisible qu'il recouvre. » Plantes, animaux, il n'est rien qui ne devienne matière à interprétation; tous les membres du corps sont des emblèmes : la tête est le Christ, les cheveux sont les Saints, les jambes sont les Apôtres, l'œil est la Contemplation, etc. Des livres spéciaux existent où tout cela est sérieusement expliqué. Qui ne connaît le symbolisme des cathédrales et les divagations qu'il a suscitées? les tours sont la prière, les colonnes les Apôtres, les pierres et le ciment l'assemblée des fidèles, les fenêtres sont les organes des sens, les contreforts et arcs-boutants sont l'assistance divine et ainsi de suite jusque dans les plus menus détails.

A notre époque d'intense développement intellectuel, il n'est pas donné à beaucoup de revenir sincèrement à un état mental qui rappelle celui des premiers âges. S'il s'en rapproche, il en diffère. Le primitif met partout la vie, la conscience et l'action : le symboliste fait comme lui; mais il ne croit pas à une psyché inhérente à chaque chose, autonome, distincte, spéciale. L'impossibilité d'abstraire et de généraliser, propre à l'humanité naissante, qui peuple le monde de myriades d'êtres animés, a disparu. Chaque source d'action, révélée par les symboles, apparaît comme une manifestation fragmentaire; elle découle d'une source première et unique, personnelle ou impersonnelle. Au fond de cette construction imaginative, il y a toujours théisme ou panthéisme.

II. Souvent et à tort on a identifié l'imagination mystique et l'imagination religieuse. Bien qu'on puisse soutenir que toute religion, si plate et si pauvre qu'elle soit, suppose un mysticisme latent, parce qu'elle suppose un inconnu qui dépasse les sens, il se rencontre des religions très peu mystiques en fait : celles des sauvages, strictement utilitaires; chez les Barbares, les cultes guerriers des Germains, des Aztèques; chez les civilisés, Rome et la Grèce[1]. Cependant, si l'imagination mystique n'est pas confinée dans les limites de la pensée religieuse, l'histoire nous montre qu'elle y a atteint son plus complet épanouissement.

Pour être bref et rester strictement dans notre sujet, remarquons que, dans toutes les grandes religions à évolution complète, il s'est produit un antagonisme entre les raisonneurs et les imaginatifs, entre les dogmatistes et les mystiques. Les premiers, architectes rationalistes, édifient à l'aide d'idées abstraites, de rapports et d'opérations logiques, déduisent et induisent; les seconds, architectes imaginatifs, sont assez peu soucieux de ce savant appareil. Ceux-ci — nous n'avons rien à dire des autres — excellent dans les créations vivantes, parce que le ressort qui les meut est dans leurs sentiments, « dans leur cœur », parce qu'ils parlent une langue faite d'images concrètes et que, par suite, leur langue tout en symboles est en même temps une construction. L'imagination mystique est une transformation de l'imagination mythique, qui consiste en ce que le mythe se change en symboles. Il lui est impossible d'échapper à cette nécessité. D'une part, les états affectifs ne peuvent rester vagues, diffus, purement intérieurs; il faut qu'ils se déterminent dans le temps et dans l'espace, se condensent en images constituant un personnage, une légende, un événement, un rite (ainsi Bouddha figurant les dispositions à la pitié, à la résignation, résumant les

---

[1]. En éliminant les influences orientales et les Mystères qui, selon Aristote, étaient non un enseignement dogmatique, mais un spectacle, un ensemble de symboles, agissant par évocation, suggestion, d'après le procédé propre à l'imagination mystique, qui nous est connu.

aspirations vers le repos final). D'autre part, les idées abstraites, les concepts purs répugnant à la nature du mystique, il faut aussi qu'ils se revêtent d'images qui les laissent entrevoir (ainsi les rapports entre la divinité et l'homme dans les diverses formes de la communion; l'idée de la protection divine dans les incarnations, les médiateurs, etc). Mais les images employées ne sont pas sèches et décolorées à la manière des mots qui, par un long usage, ont perdu toute valeur représentative directe et ne sont plus que des marques ou étiquettes. Symboliques, c'est-à-dire concrètes (nous l'avons vu), elles sont des substituts directs de la réalité et elles diffèrent autant des mots que le dessin et la peinture diffèrent de nos signes alphabétiques qui en sont, pourtant, des dérivés et des abrégés.

Toutefois, il faut remarquer que si « le fait mystique est un effort naïf pour appréhender l'absolu, un mode de penser symbolique et non dialectique, qui vit de symboles et trouve en eux la seule expression qui lui convienne[1] », il semble que cette phase imaginative n'a été qu'une forme inférieure pour certains esprits qui ont essayé de la dépasser par l'extase, aspirant à saisir le principe dernier comme unité pure, sans image et sans forme : ce que le rationalisme métaphysique espère atteindre par d'autres procédés et par une autre voie. Si intéressantes que soient, pour la psychologie, ces tentatives d'entraînement progressif, par leur élimination illusoire ou réelle de tout élément symbolique, elles deviennent étrangères à notre sujet et nous ne pouvons pas nous y arrêter.

III. « L'histoire montre que la philosophie n'a fait que transformer des idées de provenance mystique et substi-

---

1. Récéjac, *Ouvrage cité*, 139 sq.

tuer à la forme des images et aux affirmations non démontrées la forme et les affirmations d'un système rationnel[1]. » Cette déclaration d'un métaphysicien nous dispense d'insister.

Quand on cherche la différence entre le symbolisme religieux et le symbolisme métaphysique (ou philosophique), elle se trouve dans la nature des éléments constitutifs. Orienté dans le sens religieux, le symbolisme mystique suppose deux éléments principaux : l'imagination et le sentiment. Orienté dans le sens métaphysique, il suppose l'imagination et un élément rationnel assez faible. Cette substitution entraîne quelques déviations appréciables du type primitif. La construction est d'une plus grande régularité logique. En outre, — c'est le caractère important — les matériaux, quoiqu'ils ressemblent encore à des images symboliques, tendent à devenir des concepts : ce sont des abstractions vivifiées, des êtres allégoriques, des entités héritières des esprits et des dieux. En un mot, le mysticisme métaphysique est une forme de transition vers le rationalisme métaphysique, bien que ces deux tendances aient toujours été en lutte dans l'histoire de la philosophie comme dans celle des religions.

Dans cette reconstruction imaginaire du monde, on pourrait établir des étages d'après la fragilité croissante des systèmes, qui dépend elle-même de la quantité et de la qualité des hypothèses. De Plotin, par exemples, aux créations délirantes des Gnostiques et des Kabbalistes, la progression est manifeste. Avec ceux-ci, on entre dans le monde de la fantaisie débridée qui, au lieu de romans humains, invente des romans cosmiques. Ici apparaissent les êtres allégoriques mentionnés plus haut, moitié concepts, moitié sym-

---

1. Hartmann, *Ouvrage cité*, t. I, 2ᵉ part., ch. ɪx.

boles : les dix *sephiroth* de la Kabbale, formes immuables de l'être; les *syzygies* ou couples de la Gnose (l'esprit et la réflexion, l'abîme et le silence, la raison et la vie, le souffle et la vérité, etc); l'absolu se manifestant par le déploiement de 52 attributs, chaque déploiement comprenant 7 *éons* répondant aux 364 jours de l'année, etc. Il serait oiseux d'insister sur ces extravagances que les érudits peuvent traiter avec quelque respect, mais qui, pour le psychologue, n'ont que l'intérêt d'un document pathologique. Au reste, cette forme de l'imagination mystique ne présente pas assez de nouveauté pour qu'on en puisse parler sans redites.

Pour conclure, l'imagination mystique, par sa liberté d'allure, sa variété et sa richesse, n'est inférieure à aucune forme, pas même à l'invention esthétique qui, selon le préjugé commun, est le type par excellence. Elle a construit, d'après les plus hasardeux procédés de l'analogie, des conceptions du monde faites presque entièrement de sentiments et d'images, — des architectures de symboles.

CHAPITRE IV

L'Imagination scientifique.

I

On s'accorde généralement pour reconnaître que l'imagination est indispensable dans toutes les sciences; que, sans elle, on ne ferait que copier, répéter, imiter; qu'elle est un stimulant qui pousse en avant et lance dans l'inconnu. S'il existe un préjugé contraire, assez répandu; si beaucoup soutiennent que la culture scientifique éteint l'imagination, il faut en chercher la raison, d'abord dans cette équivoque plusieurs fois signalée qui place l'essentiel de l'imagination créatrice dans les images, lesquelles sont remplacées ici le plus souvent par des abstraits ou extraits des choses, d'où il résulte que l'œuvre créée n'a pas la forme vivante des religions, de l'art ni même de l'invention mécanique; — ensuite dans les nécessités rationnelles qui règlent le développement de la faculté créatrice : elle ne peut errer à l'aventure; dans chaque cas, sa fin est déterminée et, pour exister, c'est-à-dire pour être acceptée, l'invention doit s'assujettir à des conditions préfixées.

Cette variété de l'imagination étant, après la forme esthétique, celle que les psychologues ont le mieux décrite, on nous permettra d'être bref. Cependant une étude complète de ce sujet est encore à faire. Il convient, en effet, de remarquer qu'il n'existe pas une imagination scientifique en général, que sa forme doit varier selon la nature des sciences et que, par suite, elle se résout réellement en un certain nombre de genres et même d'espèces. D'où la nécessité de monographies, dont chacune serait l'œuvre d'un homme compétent.

Personne ne mettra en doute que les mathématiciens ont une manière d'imaginer qui leur est propre; mais cela est encore trop vague. L'arithméticien, l'algébriste et plus généralement les analystes, chez qui l'invention se produit sous la forme la plus abstraite de la quantité discontinue, des symboles et de leurs rapports, ne peuvent imaginer comme le géomètre. On a beau parler des figures idéales de la géométrie (dont l'origine empirique n'est d'ailleurs plus contestée), elles ne peuvent se passer d'une certaine représentation dans l'espace. Pense-t-on que le créateur de la géométrie descriptive, Monge, qui a soustrait par son œuvre les constructeurs, architectes, mécaniciens, tailleurs de pierre à leurs préceptes routiniers, pouvait avoir le même type d'imagination que tel mathématicien qui a consacré sa vie à la théorie des nombres? Voilà donc au moins deux variétés bien tranchées, sans rien dire des formes mixtes. — L'imagination du physicien est nécessairement plus concrète; puisqu'il est obligé d'en revenir sans cesse aux données des sens ou à cet ensemble de représentations visuelles, tactiles, motrices, sonores, thermiques, etc., qu'on appelle les propriétés de la matière. « Notre œil, dit Tyndall, ne peut voir les ondes sonores se contracter et se dilater, mais nous les construisons par la pensée », c'est-à-dire avec des représentations visuelles. — Mêmes remarques pour les chimistes. Les fondateurs de la théorie atomique ont certainement *vu* les atomes et se sont *figuré* leur architecture dans les corps composés. — La complexité de l'imagination augmente encore chez le géologue, le botaniste, le zoologiste; elle se rapproche de plus en plus de la perception avec ses multiples détails. — Pour le médecin en qui la science se double d'un art, il y a nécessité de représentations visuelles de l'extérieur et de l'intérieur, microscopiques et macroscopiques, du polymorphisme des états morbides; de représentations sonores (auscultation), de représentations tactiles (contact, percussion, etc.) : et remarquons que je ne parle pas de la simple reconnaissance des maladies, fait d'imagination reproductrice; mais de la découverte d'une nouvelle entité morbide, établie et fixée d'après ses symptômes. — Enfin, si l'on ne craint pas de donner une extension très grande au terme « scientifique » et de l'appliquer à l'invention dans l'ordre social, on verra que celle-ci est encore plus exigeante, puisqu'il faut se représenter non seulement les éléments du passé et du présent, mais, en plus, construire une représentation de l'avenir d'après des inductions ou déductions probables.

On pourrait objecter que l'énumération qui précède constate une grande variété dans les *matériaux* de l'imagination créatrice, mais non dans l'imagination elle-même et que rien ne prouve que, sous ces multiples aspects, il n'y a pas une forme d'imagination dite « scientifique qui reste identique à elle-même. Cette thèse est peu soutenable. En effet, nous avons vu précédemment (I*re* partie, ch. II), qu'il existe non un instinct créateur en général, non une puissance créatrice nue et indéterminée, mais des besoins qui, dans certains cas, suscitent des combinaisons nouvelles d'images. La nature des matériaux disponibles est donc un facteur de premier ordre; elle est déterminante; elle indique à l'esprit le sens de son orientation et toute infidélité à cet égard se paie d'un avortement ou d'un travail pénible pour quelque maigre résultat. L'invention séparée de ce qui lui donne une forme et un corps n'est plus qu'une pure abstraction.

Les monographies réclamées plus haut ne seraient donc pas un travail de luxe. C'est de leur ensemble seul que le rôle de l'imagination dans les sciences pourrait ressortir complètement et que l'on pourrait, par abstraction, dégager les caractères communs à tous les genres : marques essentielles de ce type imaginatif.

Les mathématiques étant mises à part, toutes les sciences de faits, de l'astronomie à la sociologie, supposent trois moments : observer, conjecturer, vérifier. Le premier dépend des sens externes et internes, le second de l'imagination créatrice, le troisième des opérations rationnelles, quoique l'imagination n'en soit pas exclue. Pour mesurer son influence sur le développement scientifique, nous l'étudierons : 1° Dans les sciences en voie de formation; 2° Dans les sciences constituées; 3° Dans les procédés de vérification.

II

On a souvent répété que la perfection d'une science se mesure à la quantité de mathématiques qu'elle comporte : on pourrait dire, inversement, que son imperfection se mesure à la quantité d'imagination qu'elle renferme. C'est une nécessité psychologique. Là où l'esprit humain ne peut constater ou expliquer, il invente; préférant un simulacre de connaissance à une absence totale. L'imagination remplit une fonction de suppléance; elle substitue une solution subjective, conjecturale, à une solution objective, rationnelle. Cette substitution a des degrés.

1° La part de l'imagination est presque toute dans les fausses sciences (alchimie, astrologie, magie, occultisme, etc.), qu'il serait plus juste de nommer embryonnaires; car elles ont été les essais de disciplines plus exactes et leurs fantaisies n'ont pas été inutiles. Dans l'histoire des sciences, c'est l'âge d'or de l'imagination créatrice, l'équivalent de la période mythique précédemment étudiée.

2° Les demi-sciences, mal constituées (certaines parties de la biologie, la psychologie, la sociologie, etc.), bien qu'elles dénotent une régression de l'explication imaginative refoulée par l'expérience d'abord absente ou insuffisante, fourmillent d'hypothèses qui se succèdent, se contredisent, se détruisent. C'est une vérité banale sur laquelle il est inutile d'insister : elles fournissent à discrétion des exemples de ce qui a été nommé à bon droit la *mythologie scientifique*.

Outre la *quantité* d'imagination dépensée, souvent sans grand profit, il y a un autre caractère à noter : la nature de la croyance qui accompagne la création imaginative. Déjà, à plusieurs reprises, nous avons vu que l'intensité de la conception imaginaire est en raison directe de la croyance concomitante, ou plutôt que les deux phénomènes ne font qu'un, sont deux aspects d'un seul et même état de conscience. Or, la foi, c'est-à-dire l'adhésion de l'esprit à une affirmation non démontrée, est ici à son maximum.

Il y a, dans les sciences, les hypothèses auxquelles on ne croit pas, que l'on conserve pour leur utilité didactique, parce qu'elles sont un procédé simple et commode d'exposition. Ainsi, les « propriétés de la matière » (chaleur, électricité, magnétisme, etc.), considérées comme des qualités distinctes par les physiciens jusque dans la première moitié de ce siècle; les deux fluides électriques; en chimie, l'affinité, la cohésion, etc., sont des expressions convenues et admises, mais auxquelles on n'attribue aucune valeur explicative.

Il y a l'hypothèse qu'on tient pour une approximation de la réalité : c'est la position vraiment scientifique. Elle est accompagnée d'une croyance provisoire et incessamment révocable. Ceci est admis, du moins en principe, par tous les savants et a été mis en pratique par beaucoup d'eux.

Enfin, il y a l'hypothèse qu'on tient pour la réalité elle-même et qui est accompagnée d'une croyance complète, absolue. Or, l'observation journalière et l'histoire nous montrent que, dans le monde des sciences embryonnaires et mal constituées, cette disposition d'esprit est plus florissante que partout ailleurs. Moins il y a de preuves, plus on croit. Cette attitude, si illégitime qu'elle soit pour le logicien, paraît naturelle au psychologue. L'esprit adhère énergiquement à l'hypothèse, parce qu'elle est sa création ou parce qu'en l'adoptant, il lui semble qu'il l'aurait trouvée lui-même, tant elle s'harmonise avec ses dispositions intimes. Prenons l'hypothèse de l'évolution : il n'est pas besoin de rappeler sa haute portée philosophique et l'immense influence qu'elle exerce sur presque toutes les formes de la connaissance humaine. Néanmoins, elle reste encore une hypothèse; mais pour beaucoup, elle est un dogme indiscutable et intangible, élevé bien au-dessus de toute controverse. Ils l'acceptent avec la ferveur intransigeante des croyants : nouvelle preuve de la connexion essentielle entre l'imagination et la croyance; elles croissent et décroissent *pari passu*.

III

Dans les sciences bien organisées, formant un corps de doctrines solides qui s'étend progressivement, tout ce qui est invention, découverte, — en un mot nouveauté — doit-il être inscrit au seul compte de l'imagination créatrice? La question est délicate. Ce qui élève la connaissance scientifique au-dessus de la connaissance vulgaire est l'emploi d'une expérimentation méthodique et des procédés rigoureux de raisonnement : or, induire et déduire, n'est-ce pas aller du connu à l'inconnu? Sans vouloir déprécier la méthode et sa valeur, il faut pourtant admettre qu'elle est préventive, non inventive. Elle ressemble, disait Condillac, aux parapets des ponts qui ne font pas marcher le voyageur, mais qui l'empêchent de tomber. Elle vaut surtout comme habitude d'esprit. On a savamment disserté sur les « méthodes d'invention ». Il n'y en a pas; sans quoi on pourrait fabriquer des inventeurs comme on fait des mécaniciens et des horlogers. C'est l'imagination qui invente, qui fournit aux facultés rationnelles leur matière, la position et même la solution de leurs problèmes. Le raisonnement n'est qu'un moyen de contrôle et de justification; il transforme l'œuvre de l'imagination en conséquences acceptables et logiques. Si l'on n'a préalablement imaginé, la méthode est sans but et sans emploi, car on ne peut raisonner sur le pur inconnu. Lors même qu'un problème semble marcher tout seul vers la solution par le seul effet du raisonnement, l'imagination intervient sans cesse sous la forme d'une succession de tâtonnements, d'essais, de conjectures, de possibilités qu'elle propose. La fonction de la méthode c'est d'en déterminer la valeur, d'accepter ou de rejeter [1].

1. Dans les rares *Notes* qu'il a laissées, J. Watt écrit : « Un lundi après midi, j'étais sorti pour me promener dans le *Green* de Glascow; mes pen-

Montrons par quelques exemples que la conjecture, œuvre de l'imagination combinatrice, est à la racine des inventions scientifiques les plus diverses[1].

Toute invention mathématique n'est d'abord qu'une hypothèse qu'il faut démontrer, c'est-à-dire ramener à des principes généraux précédemment établis : avant le moment décisif de la vérification rationnelle, elle n'est qu'imaginée. « Dans une conversation sur la part de l'imagination dans les travaux scientifiques, dit Liebig, un grand mathématicien français m'exprimait l'opinion que la plus grande partie des vérités mathématiques sont acquises non par la déduction, mais par l'imagination. Il aurait pu dire « toutes les vérités mathématiques » sans commettre d'erreurs. » On connaît l'histoire de Pascal découvrant tout seul la 32e proposition d'Euclide. Il est vrai qu'on en a conclu, peut-être à tort, qu'il avait trouvé toutes les précédentes, l'ordre suivi par le géomètre grec n'étant pas nécessaire et n'en excluant pas d'autres. Quoi qu'il en soit, le raisonnement ne pouvait suffire à cette découverte. « Nombre de gens, dit Naville (*ouv. cité*), parmi lesquels je me range, auraient pu réfléchir toute leur vie, sans trouver les trente-deux propositions d'Euclide. » Ce fait à lui seul montre clairement la différence entre inventer et démontrer, imaginer et raisonner.

Dans les sciences de faits, toutes les vérités expérimen-

---

sées s'étaient naturellement portées sur les expériences dans lesquelles j'étais engagé pour prévenir le refroidissement du cylindre... Alors, l'idée me vint que la vapeur étant un fluide élastique, elle doit se dilater et se précipiter dans un espace préalablement vidé; et que ayant fait le vide dans un vase séparé et ouvert la communication entre la vapeur du cylindre et l'espace vide, on voit ce qui doit arriver. » Ainsi ayant imaginé la maîtresse-pièce de sa découverte, il énumère les procédés qui, employés tour à tour, lui ont permis de la parfaire.

1. Pour de plus amples renseignements, nous renvoyons à la *Logique de l'hypothèse* d'E. Naville, à laquelle la plupart des faits qui suivent sont empruntés.

tales les mieux établies ont parcouru une phase conjecturale. L'histoire ne permet aucun doute sur ce point. Ce qui fait illusion, c'est que depuis des siècles, il s'est formé lentement un corps de doctrines solides, faisant bloc, consignées dans les traités classiques où nous les apprenons dès notre enfance et où elles semblent s'être organisées d'elles-mêmes. On ne nous dit rien de la série d'échecs et d'insuccès qu'elles ont traversée. Innombrables sont les inventions qui sont restées longtemps à l'état de conjectures (d'imagination pure), parce que des circonstances diverses ne leur ont pas permis de prendre un corps, d'être démontrées, vérifiées. Ainsi, au XIII° siècle, Roger Bacon a eu l'intuition assez nette d'une construction sur rails, analogue à nos chemins de fer; d'instruments d'optique qui permettraient, comme le télescope, de voir très loin et de découvrir l'invisible : on soutient même qu'il aurait entrevu le phénomène des interférences dont la démonstration devait se faire attendre pendant dix siècles.

Par contre, il y a les conjectures qui ont réussi sans trop de délai, mais où la phase imaginative — celle de l'invention antérieure à toute démonstration — est facile à constater. On sait que Tycho-Brahé, sans génie inventif mais riche d'observations exactes, rencontra Képler, esprit aventureux; à eux deux, ils faisaient un savant complet : nous avons vu comment Képler, guidé par une idée préconçue sur « l'harmonie des sphères », après beaucoup d'essais et de rectifications, finit par découvrir ses lois; — Kopernik reconnaît expressément que sa théorie lui a été suggérée par une hypothèse des pythagoriciens : celle d'une révolution de la terre autour d'un feu central, supposé fixe. — Newton imagina dès 1666 son hypothèse de la gravitation; puis l'abandonna, le résultat de ses calculs ne s'accordant pas avec les observations; enfin il la reprit après plusieurs années, ayant obtenu de Paris la nouvelle mesure du méridien terrestre qui lui permit de justifier sa conjecture. — En relatant ses découvertes, Lavoisier prodigue les expressions qui ne laissent pas de doute sur leur caractère primitivement conjectural : « Il *soupçonne* que l'air de l'atmosphère n'est pas un être simple, qu'il est composé de deux substances très différentes. » « Il *présume* que les alcalis fixes (potasse, soude) et les terres (chaux, magnésie) ne doivent pas être comptés au nombre des substances simples »; et il ajoute : « Ceci n'est au surplus qu'une simple *conjecture* que je présente ». — Nous avons rapporté plus haut le cas de Darwin. Au reste, l'histoire des découvertes scientifiques est tout entière remplie de faits de ce genre.

Le passage de la phase imaginative à la phase rationnelle est lent ou brusque. « Depuis huit mois, disait Képler, j'ai vu un premier rayon; depuis trois mois, j'ai vu le jour, depuis une semaine je vois le soleil de la plus admirable contemplation. » Tout au contraire, Haüy laisse tomber un morceau de spath calcaire cristallisé et en regardant l'un des prismes brisé, s'écrie : Tout est trouvé! et il vérifia immédiatement sa rapide intuition sur le vrai principe de la cristallisation. Nous avons indiqué (2ᵉ partie, ch. IV) les raisons psychologiques de ces différences.

Sous les raisonnements, inductions, déductions, calculs, démonstrations, méthodes et appareils logiques de toute sorte, il y a donc quelque chose qui les vivifie, qui ne s'apprend pas et qui est l'œuvre de cette opération complexe — l'imagination constructive.

Pour conclure, l'hypothèse est une création de l'esprit, investie d'une réalité provisoire qui peut devenir permanente, après vérification. Les fausses hypothèses sont qualifiées d'imaginaires, ce qui veut dire qu'elles n'ont pu franchir le premier stade; mais, pour la psychologie, elles ne diffèrent ni par leur genèse ni par leur nature des hypothèses scientifiques qui, soumises au contrôle de l'expérience ou du raisonnement, sont sorties victorieuses de cette épreuve. D'ailleurs outre les hypothèses avortées, il y a les hypothèses détrônées. Quelle théorie fut plus retentissante, plus séduisante dans ses applications que celle du phlogistique? Kant (Préface de *la Raison pure*) la célébrait comme une des plus grandes découvertes du siècle. Le développement des sciences est plein de ces chutes. Ce sont des régressions psychologiques : l'invention, considérée pendant un temps comme adéquate à la réalité, déchoit, revient à la phase imaginative d'où elle semblait sortie et reste imagination pure.

IV

L'imagination n'est pas étrangère au troisième moment de la recherche scientifique (démonstration, expérimentation), mais ici il convient d'être court : parce qu'elle passe au second rang et cède la place à d'autres procédés d'investigation; parce que cette étude ferait double emploi avec celle de l'imagination pratique et mécanique qui nous occupera plus tard. Elle n'est plus qu'un auxiliaire, un instrument utile qui sert :

Dans les sciences de raisonnement, à trouver des procédés ingénieux de démonstration, des stratagèmes pour tourner ou résoudre les difficultés;

Dans les sciences expérimentales à inventer des procédés de recherche ou de contrôle : d'où son analogie, signalée ci-dessus, avec l'imagination pratique. Au reste, l'influence réciproque de ces deux formes d'imagination est d'une observation banale : la découverte scientifique permet l'invention de nouveaux instruments; l'invention de nouveaux instruments permet des expériences de plus en plus difficiles et délicates.

L'unique remarque à ajouter est celle-ci : cette imagination constructive du troisième moment est la seule qui se rencontre chez beaucoup de savants. Il leur manque l'invention géniale, mais ils trouvent les détails, additions, corrections, perfectionnements. Un auteur récent distingue : ceux qui ont créé l'hypothèse, préparé l'expérience et imaginé les appareils appropriés; ceux qui ont imaginé l'hypothèse et l'expérience, mais se sont servis d'appareils déjà inventés; ceux qui ayant trouvé l'hypothèse faite et démontrée, ont conçu un nouveau procédé de vérification[1]. L'imagination scientifique s'appauvrit suivant cette marche décroissante qui, d'ailleurs, est sans rapport avec la rigueur du raisonnement et la solidité de la méthode.

En négligeant les espèces et variétés, on peut réduire les caractères fondamentaux de l'imagination scientifique à ce qui suit :

Elle a pour matériaux des concepts, dont le degré d'abstraction varie suivant la nature des sciences.

Elle n'emploie que les formes d'association à base objective et à rapports logiques rigoureux, quoique sa mission soit de former des combinaisons nouvelles, « les découvertes consistant dans le rapprochement d'idées susceptibles de se joindre et qui étaient isolées jusqu'alors »[2]

---

[1]. Colozza, L'immaginazione nella Scienza (Paravia, 1900) p. 89 et suiv. On trouvera dans cet auteur des détails abondants sur des découvertes ou expériences célèbres : celles de Galilée, Franklin, Grimaldi, etc.

[2]. Voici un exemple à l'appui, emprunté au livre de Duclaux sur Pasteur : Herschel établit un rapport entre la structure cristalline du quartz et le pouvoir rotatoire de cette substance. Plus tard, Biot l'établit pour le sucre, l'acide tartrique, etc., c'est-à-dire pour des substances dissoutes;

(Laplace). Toute association à base affective est absolument exclue.

Elle vise à l'objectivité : dans sa construction conjecturale, elle prétend reproduire l'ordre et la connexion des choses. De là son affinité naturelle avec l'art réaliste qui est à moitié chemin entre la fiction et la réalité.

Elle est unifiante, au contraire de l'imagination esthétique qui est plutôt développante. Elle pose l'idée-maîtresse (idée directrice de Claude Bernard), centre d'attraction et d'impulsion qui vivifie tout le travail. Le principe d'unité, sans lequel aucune création n'aboutit, n'est nulle part plus visible que dans l'imagination scientifique. Même illusoire, il est utile. Un savant aussi scrupuleux que Pasteur n'a pas craint de dire : « Les *illusions* de l'expérimentateur sont une partie de sa force : ce sont les idées préconçues qui lui servent de guide. »

V

Il ne me semble pas abusif de considérer l'imagination du métaphysicien comme une *variété* de l'imagination scientifique. Elles sont issues l'une et l'autre du même besoin. Plusieurs fois déjà, nous avons insisté sur ce point : que les diverses formes de l'invention ne sont pas l'œuvre d'un prétendu instinct créateur; mais que chacun en particulier est issue d'un besoin particulier. L'imagination scientifique a pour premier moteur le besoin de connaissance ou d'explication partielle; l'imagination métaphy-

---

d'où il conclut que le pouvoir rotatoire est dû à la forme de la molécule elle-même, non à la disposition des molécules l'une par rapport à l'autre. Pasteur découvre un rapport entre la dyssymétrie moléculaire et l'hémiédrie et l'étude de l'hémiédrie dans les cristaux le conduit logiquement à celle des fermentations et des générations spontanées.

sique a pour premier moteur le besoin d'explication *totale*. Ce n'est plus une tentative sur un groupe restreint de phénomènes, mais une conjecture sur l'ensemble des choses, une aspiration vers le savoir complètement unifié, un besoin d'explication dernière qui, pour certains esprits, est aussi impérieux qu'aucun autre.

Ce besoin se traduit par la création d'une hypothèse cosmique ou humaine, construite ordinairement selon le type et les procédés de l'hypothèse scientifique; mais qui, radicalement subjective dans son origine, n'est objective qu'en apparence : *C'est un mythe rationalisé.*

Les trois moments nécessaires à la constitution d'une science se retrouvent ici, mais modifiés : la réflexion remplace l'observation, le choix de l'hypothèse devient capital, son application à tout correspond à la vérification.

1° Le premier moment, stade préparatoire, n'est pas de notre sujet; il nécessite pourtant une remarque. Dans toutes les sciences bien ou mal constituées, solides ou fragiles, on part des faits donnés par l'observation ou l'expérience. Ici, les faits sont remplacés par des idées générales. Le point terminal de chaque science est donc le point initial de la spéculation philosophique; la métaphysique commence où chaque science particulière finit; or celles-ci ont pour limites des théories, des hypothèses. Ces hypothèses deviennent la matière de la métaphysique, qui par suite est une hypothèse bâtie sur des hypothèses, une conjecture greffée sur des conjectures, une œuvre d'imagination superposée à des œuvres d'imagination. Sa source principale est donc l'imagination à laquelle la réflexion s'applique.

A la vérité les métaphysiciens soutiennent que l'objet de leurs recherches, loin d'être symbolique et abstrait comme dans les sciences, fictif et imaginaire comme dans l'art, est l'être même des choses, la réalité absolue. Malheureusement, ils n'ont jamais établi qu'il suffit de chercher pour trouver et de désirer pour obtenir.

2° Le deuxième moment est critique ; il s'agit de trouver le principe qui régit et explique tout. Dans l'invention de sa théorie, le métaphysicien donne sa mesure et permet d'apprécier sa puissance d'imagination ; mais l'hypothèse qui, pour les sciences, est toujours provisoire et révocable, est ici la réalité suprême, la position fixe, l'*inconcussum quid*.

Le choix du principe dépend de plusieurs causes :

La principale est l'individualité du Créateur. Toute métaphysique est un point de vue, une manière personnelle de contempler et d'interpréter l'ensemble des choses, une croyance qui tend à recruter des adhérents.

Les causes secondaires sont l'influence des systèmes antérieurs, la somme des connaissances acquises, le milieu social, la prédominance variable des religions, des sciences, de la morale, de la culture esthétique.

Sans nous inquiéter des catégories, d'ailleurs peu nombreuses, dans lesquelles on peut classer les systèmes (idéalisme, matérialisme, monisme, etc.), nous diviserons, pour notre usage, les métaphysiciens en imaginatifs et en rationalistes, suivant que l'imagination prime le raisonnement ou que le raisonnement domine l'imagination. Les différences entre ces deux formes d'esprit, déjà nettes dans le choix de l'hypothèse, s'affirment dans son développement.

3° Il faut, en effet, que le principe fondamental sorte de l'état d'involution et justifie sa validité universelle en expliquant tout. C'est le troisième moment où le procédé scientifique de la vérification est remplacé par un procédé de construction.

Les métaphysiques imaginatives ont toutes un fond dynamique : les idées platoniciennes, la monadologie, la philosophie de la nature de Schelling, la volonté de Schopenhauer et l'inconscient de Hartmann, les mystiques, les systèmes qui supposent une âme du monde, etc. Constructions demi abstraites, demi poétiques, elles sont pénétrées d'imagination non seulement dans la conception générale, mais dans les innombrables détails de son application : ainsi les « fulgurations » de Leibniz, les variations si riches de Schopenhauer sur son thème principal, etc. Elles ont l'allure d'une œuvre d'art autant que de science (ceci n'est plus contesté par les métaphysiciens eux-mêmes[1]); elles sont vivantes.

Les métaphysiques rationalistes, au contraire, ont un aspect froid, qui les assimile aux sciences abstraites : telles sont la plupart des conceptions mécanistes, la dialectique hégélienne, la construction *more geometrico* de Spinoza, les « Sommes » du moyen âge. Elles sont un édifice de concepts, solidement cimenté par des rapports logiques. Mais l'art n'est pas absent : il se révèle dans l'enchaînement systématique, dans la belle ordonnance, dans la symétrie des divisions, dans l'habileté à ramener sans cesse le principe générateur, à le montrer présent partout, expliquant tout. On a pu comparer ces systèmes à l'architecture des cathédrales gothiques où l'élément essentiel se répète incessamment dans les détails sans nombre de la construction et dans la multiplicité touffue de l'ornementation.

Au reste, quelque opinion que l'on adopte sur sa valeur finale, il faut reconnaître que l'imagination des grands métaphysiciens, par l'originalité et la hardiesse de ses conceptions, par son adresse à parfaire toutes les parties de son œuvre, n'est inférieure à aucune autre forme : elle égale les plus hautes, si même elle ne les dépasse.

1. Sur ce point, voir Fouillée, *L'Avenir de la Métaphysique*, p. 79 sq.

CHAPITRE V

L'Imagination pratique et mécanique.

L'étude de l'imagination pratique n'est pas sans difficultés. D'abord, elle n'a pas jusqu'ici tenté les psychologues, en sorte que nous entrons à l'aventure et errons sans guide dans un sujet non débrouillé. Mais le principal obstacle est dans l'indétermination de cette forme imaginative et dans son absence de limites. Où commence-t-elle? Où finit-elle? Pénétrant la vie entière dans ses plus minces détails, elle court risque de nous égarer dans la diversité, souvent très insignifiante, de ses manifestations. Pour s'en convaincre, qu'on prenne l'homme réputé le moins imaginatif : déduction faite des moments où sa conscience est occupée par les perceptions, les souvenirs, les émotions, la pensée logique et l'action; tout le reste de sa vie mentale est à inscrire au compte de l'imagination. Même ainsi réduite cette fonction n'est pas négligeable : elle contient tous les projets et constructions d'avenir, tout le futur et tous les rêves pour échapper au présent; et il n'est aucun homme qui n'en fasse. Ceci devait être rappelé pour sa banalité même, parce qu'on l'oublie et que par suite on rétrécit indûment le champ de l'imagination créatrice, en le réduisant peu à peu aux cas exceptionnels.

Cependant, il faut reconnaître que ces menus faits instruisent peu. Aussi conformément à la méthode adoptée, d'insister sur les cas nets et francs où le travail de la création apparaît pleinement, nous passerons rapidement sur les formes inférieures de l'imagination pratique pour insister sur la forme supérieure : l'invention technique ou mécanique.

I

Si nous prenons un imaginatif ordinaire, en désignant sous ce nom celui que sa nature ne désigne à aucune invention qui marque, on voit pourtant qu'il excelle dans les petites inventions, adaptées à un moment, à un détail, aux minces besoins sans cesse renaissants de la vie humaine. C'est un esprit fécond, ingénieux, industrieux, qui sait « se tirer d'affaire ». L'Américain actif, entreprenant, capable de passer d'un métier à un autre suivant les circonstances, l'opportunité, les profits qu'il imagine, nous fournit un bon exemple.

Si, de cette forme d'imagination saine, on descend vers les formes morbides, on rencontre d'abord les instables : chevaliers d'industrie, coureurs d'aventures, inventeurs souvent originaux d'expédients suspects, gens affamés de changements, imaginant toujours ce qu'ils n'ont pas, essayant tour à tour toutes les professions — employés, soldats, marins, commerçants, etc., non par opportunité, mais par instabilité naturelle.

Encore plus bas, les excentriques déclarés, à la limite de la folie, qui ne sont que la forme outrée des instables et qui après avoir dépensé au hasard beaucoup d'imagination vaine, finissent dans un asile d'aliénés ou plus mal encore.

Joignons ces trois groupes — les industriels, les instables, les excentriques. Éliminons les qualités intellectuelles et morales qui sont propres à chaque groupe et établissent entre eux des différences notables, pour ne considérer que leur faculté d'invention appliquée à la vie pratique. Un caractère commun à tous, c'est la mobilité, la tendance au changement. Il est d'observation courante que les hommes à imagination vive sont changeants. L'opinion commune qui est aussi celle des moralistes et de la plupart des psychologues, attribue cette mobilité, cette instabilité à l'imagination; ce qui, à mon avis, est un contre sens. Ce n'est pas parce qu'ils ont une imagination vive qu'ils sont changeants, mais c'est parce qu'ils sont changeants que leur imagination est vive. Nous revenons ainsi aux bases *motrices* de toute création. S'il n'y avait pas en eux des besoins, appétits, tendances, désirs de nature vive, il n'y aurait pas une imagination vive. Chaque disposition nouvelle ou simplement modifiée devient un centre d'attraction et d'entraînement. Sans doute cette poussée intérieure est une condition nécessaire, mais non suffisante. S'il n'y avait pas en eux un nombre suffisant de représentations concrètes, abstraites ou demi abstraites, susceptibles de combinaisons variées, rien ne se ferait; mais l'origine de l'invention et de ses fréquents ou perpétuels changements de direction est dans la constitution affective et motrice, non dans la quantité ou la qualité des représentations. Je n'insiste pas sur un sujet déjà traité (partie I, ch. II), mais il convenait de montrer en passant que l'opinion commune découle d'une conception erronée des conditions premières de l'invention, grande ou petite, spéculative ou pratique.

Dans l'immense empire de l'imagination pratique, les *croyances superstitieuses* forment une belle province.

Qu'est-ce que la superstition? A quels signes positifs la reconnaît-on? Une définition exacte et un critérium sûr sont impossibles à trouver. C'est une notion flottante qui dépend du temps, des lieux, de la nature des esprits. N'a-t-on pas souvent répété que la religion de l'un est une superstition pour l'autre et inversement? Encore ceci n'est qu'un cas entre beaucoup d'autres; car l'opinion ordinaire qui renferme la superstition dans les limites de la foi religieuse, est une vue incomplète. Il y a des croyances chimériques étrangères à tout dogme, à tout sentiment religieux, dont le libre-penseur le plus affranchi n'est pas exempt (ainsi les superstitions des joueurs). A la vérité, au fond de toutes ces croyances, on trouve toujours la notion vague, demi-consciente d'une puissance mystérieuse : destinée, hasard, fatalité.

Sans nous inquiéter de poser des limites arbitraires, prenons les faits pour ce qu'ils sont, sans contestation possible, c'est-à-dire des créations imaginaires, des fantaisies subjectives, n'ayant de réalité que pour ceux qui les admettent. Un recueil même sommaire des superstitions passées et présentes remplirait une bibliothèque. Outre celles qui ont une marque franchement religieuse, d'autres presque aussi nombreuses enveloppent la vie civile, naissance, mariage, mort, apparition et guérison des maladies, jours fastes et néfastes, mots propices ou fatidiques, augures tirés de la rencontre ou des actes de certains animaux. Cette liste serait sans fin [1].

Tout ce qu'on peut essayer ici, c'est de déterminer les conditions principales de cet état d'esprit, dont la psychologie est finalement assez simpliste. Nous répondrons

---

[1]. Pour une étude complète et récente de la question, v. A. Lehmann, *Aberglaube und Zauberei von den ältästen Zeiten an bis in die Gegenwart*, 1898.

ainsi d'une manière indirecte et incomplète à la question du critérium.

D'abord, puisque nous soutenons que l'origine de toute création imaginative est dans un besoin, une tendance, un désir, où est la source première de cet intarissable fourmillement de chimères? Dans l'instinct de la conservation individuelle, orienté vers l'avenir. L'homme cherche à deviner les événements futurs et, par diverses pratiques, à agir sur l'ordre des choses, à le modifier à son profit ou à conjurer le mauvais sort.

Quant au mécanisme mental qui, mu par ce désir, produit les vaines imaginations des superstitieux, il suppose :

1° Une notion infime de la causalité, réduite au *post hoc, ergo propter hoc*. Hérodote disait des prêtres égyptiens : « Ils ont découvert plus de prodiges et présages qu'aucun autre peuple; parce que lorsque quelque prodige apparaît, ils le notent ainsi que tous les événements qui ont suivi; en sorte que si un prodige semblable paraît de nouveau, ils s'attendent à voir les mêmes événements se reproduire ». C'est l'hypothèse d'une association indissoluble, admise sans vérification, sans critique, entre deux ou plusieurs événements. Cette manière de penser dépend de la faiblesse des facultés logiques ou de l'influence excessive des sentiments.

2° L'abus du raisonnement par analogie. Ce grand artisan de la création imaginative se contente de similitudes si vagues et de rapprochements si bizarres qu'il peut tout oser. La ressemblance n'est plus une qualité des choses qui s'impose à l'esprit, mais une hypothèse de l'esprit qui l'impose aux choses. L'astrologue groupe en « constellations » des étoiles distantes de milliards de lieues, croit y découvrir une forme animale, humaine ou tout autre et en déduit de prétendues influences. Cet astre est rougeâtre (Mars), signe de sang. Cet autre d'un éclat pur, argenté (Vénus) ou plombé (Saturne) agit d'une manière très différente. On sait quels savants édifices de conjectures et de pronostics ont été construits sur ces bases. Faut-il rappeler la pratique de l'envoûtement au moyen âge qui, même de nos jours, a encore des croyants parmi les esprits cultivés! Les médecins du temps de Charles II, dit Lang, donnaient à leurs malades de la « poudre de momie » (momie pulvérisée), parce que « les momies ayant duré très longtemps, devaient prolonger la vie ». L'or potable a été un médicament très estimé; l'or étant une substance parfaite devait produire une santé parfaite. Pour se débarrasser d'une maladie, rien de plus fréquent chez les primitifs que de figurer le malade par une image en bois ou en terre et d'agir sur la partie lésée à coups de flèche ou de couteau, pour anéantir le principe morbide [1].

3° Enfin, il y a l'influence magique attribuée à certains mots. C'est le triomphe de la théorie des *nomina numina*; nous n'avons pas à y revenir. Mais le travail de l'esprit sur les mots, qui les érige en entités, qui leur confère la vie et la puissance, — bref, l'activité qui crée les mythes et est le fond dernier de toute imagination constructive, nous apparaît encore ici [2].

1. *Ouvrage cité*, p. 89-94 de la trad. franç., et p. 321. On y trouvera beaucoup d'autres faits de ce genre.
2. Si ce livre n'était pas un Essai, il y aurait à étudier le langage, comme instrument de la vie pratique, dans ses rapports avec l'imagination créatrice, en particulier le rôle de l'analogie dans l'extension et la transformation du sens des mots. Les ouvrages de linguistique sont pleins de documents sur ce point. On pourrait faire mieux encore en s'attachant d'une manière exclusive au langage populaire, à *l'argot*, qui nous montre la force créatrice en action. « L'argot, dit un philologue, a la propriété de figurer l'expression et d'imager le langage... Avec lui, quelque ignoble qu'il soit dans sa source, on pourrait refaire un peuple et une société. » Ses principaux moyens, non les seuls, sont la métaphore et l'allégorie. Il se complaît aussi aux procédés qui avilissent ou ennoblissent les mots existants, mais avec une préférence bien marquée pour les significations péjoratives ou dégradantes.

II

Jusqu'ici nous n'avons considéré l'imagination pratique que sous l'aspect un peu mesquin des petites inventions, ou demi-morbide des chimères superstitieuses; nous arrivons à sa forme supérieure, l'invention mécanique.

Ce sujet n'a pas été étudié par les psychologues. Non qu'ils aient méconnu le rôle — d'ailleurs évident — de l'imagination constructive; mais ils se bornent à l'affirmer en passant, sans insister.

Pour en apprécier l'importance, je ne vois pas d'autre procédé que de se mettre en face des œuvres qu'elle a produites, d'interroger l'histoire des découvertes et arts utiles, de profiter des confidences des inventeurs et de leurs biographes. D'un travail de ce genre qui serait très long, parce que les matériaux sont épars, on ne peut donner ici qu'une ébauche grossière, simplement pour en extraire ce qui intéresse la psychologie et ce qui nous instruit sur les caractères propres à ce type d'imagination.

Le préjugé qui oppose l'imagination à l'utilité et prétend qu'ils s'excluent réciproquement est si répandu et si tenace, qu'on semblera à beaucoup de gens émettre un paradoxe en disant : que si l'on pouvait établir le bilan de ce que l'homme a dépensé et fixé d'imagination dans la vie esthétique d'une part et dans l'invention technique et mécanique d'autre part, la balance serait en faveur de la seconde. Pourtant, cette assertion ne paraîtra paradoxale qu'à ceux qui n'ont pas étudié la question. Pourquoi donc cette opinion? pourquoi est-on enclin à croire que notre sujet actuel, s'il n'est pas étranger à l'imagination, n'en est du moins qu'une forme appauvrie? Je l'attribue aux raisons suivantes :

L'imagination esthétique, parvenue à son terme, est simplement *fixée*, c'est-à-dire reste une fiction reconnue comme telle. Elle a un caractère franchement subjectif, personnel, arbitraire dans son choix et ses moyens. Une œuvre d'art — un poème, un roman, un drame, un opéra, un tableau, une statue — pourrait être autre. On peut modifier le plan général, ajouter ou retrancher un épisode, changer un dénouement. Le romancier qui, au cours de son œuvre, transforme ses personnages; l'auteur dramatique qui, par déférence pour le public, substitue à une catastrophe un événement heureux, fournissent des témoignages naïfs de cette liberté d'imagination. — De plus, la création artistique s'exprimant par des mots, des sons, des lignes, des formes, des couleurs, est coulée dans un moule qui ne lui donne qu'une faible matérialité.

L'imagination mécanique est *objectivée*; elle doit prendre un corps, une forme matérielle qui lui assigne une place à côté des productions de la nature, sur le même plan. Elle n'est arbitraire ni dans son choix ni dans ses moyens, elle n'est pas une création libre ayant sa fin en elle-même. Pour réussir, elle est soumise à de rigoureuses conditions physiques, à un déterminisme. C'est à ce prix qu'elle devient une *réalité* et comme nous établissons instinctivement une antithèse entre l'imaginaire et le réel, il semble que l'invention mécanique est hors du domaine de l'imagination. — De plus, elle exige l'intervention incessante du calcul, du raisonnement et enfin une opération manuelle dont l'importance est capitale. On peut dire sans exagération que le succès de beaucoup de créations mécaniques dépend de l'adresse dans la manipulation. Mais ce dernier moment, parce qu'il est définitif, ne doit pas faire oublier ses antécédents, surtout le moment initial, semblable pour la psychologie à tous les autres cas d'invention, où l'idée surgit, tendant à s'objectiver.

Au reste, les différences signalées entre les deux formes d'imagination — esthétique, mécanique — ne sont que relatives. La première ne se passe pas d'un apprentissage technique souvent long (musique, sculpture, peinture). Pour la seconde, il ne faut pas s'exagérer son déterminisme. Parfois le même but peut être atteint par des inventions différentes, c'est-à-dire par des moyens différemment imaginés, par des constructions différentes de l'esprit; et il arrive que tout compensé, ces diverses imaginations réalisées se valent pour l'usage.

La différence entre les deux types est, avant tout, dans la nature des besoins ou désirs qui suscitent l'invention; puis, dans la nature des matériaux employés. Par ailleurs, on a confondu deux choses distinctes : la *liberté* de l'imagination qui est à l'avantage de la création esthétique, la *quantité* et la *puissance* d'imagination qui peuvent être identiques dans les deux cas.

J'ai interrogé certains inventeurs très habiles dans la mécanique, en m'adressant de préférence à ceux que je savais étrangers à toute psychologie préconçue. Leurs réponses concordent, et elles prouvent que la naissance et le développement de l'invention mécanique sont rigoureusement semblables à ce qu'on découvre dans les autres formes de l'imagination constructive. J'en donne comme exemple la déclaration suivante (d'un ingénieur) que je transcris textuellement.

L'imagination dite créatrice procède sûrement de façons bien diverses suivant le tempérament, les aptitudes et, chez le même individu, suivant la disposition d'esprit, le milieu.

Pourtant on pourrait peut-être, pour les inventions mécaniques, distinguer quatre phases assez nettes : Le germe, l'incubation, l'éclosion et la mise au point.

J'entends par germe la première idée, qui vient à l'esprit de donner une solution à un problème, que l'ensemble des observations, études et recherches vous a fait poser à vous-même ou qui, posé par d'autres, vous a frappé.

L'incubation souvent très longue et laborieuse se fait alors, même à votre insu. Instinctivement aussi bien que volontairement, on rapporte à la solution de ce problème tous les éléments que peuvent accumuler les yeux et les oreilles.

Quand ce travail latent est suffisamment complet, l'idée jaillit brusquement, soit à la suite d'une tension d'esprit voulue, soit à l'occasion d'une remarque fortuite, qui déchire le voile cachant l'image soupçonnée.

Mais cette image apparaît toujours simple et nue. Pour faire passer la solution idéale dans la pratique, il faut lutter contre la matière et la mise au point est la partie la plus ingrate du travail de l'inventeur.

Il faut pour donner corps et consistance à l'idée, entrevue avec enthousiasme dans une auréole, une patience, une persévérance à toute épreuve. Il faut retourner sous toutes leurs faces les moyens mécaniques qui doivent servir à articuler l'image, jusqu'à ce qu'on ait atteint la simplicité qui seule rendra l'invention viable. Dans ce travail de mise au point, le même esprit d'invention et d'imagination doit être constamment mis à contribution pour la solution de tous les détails et c'est à cette besogne ardue que se butent et se rebutent la grande majorité des inventeurs.

Voilà, je crois, comment on peut d'une façon générale comprendre la genèse d'une invention. Il en ressort que là, comme presque toujours, l'imagination agit par association d'idées.

C'est grâce à une connaissance approfondie des procédés mécaniques connus que l'inventeur arrive, par association d'idées, à des combinaisons nouvelles produisant des effets nouveaux, vers la réalisation desquels par avance son esprit était tendu.

Mais, pour un sujet peu étudié, les considérations précédentes ne suffisent pas : il est nécessaire de déterminer avec plus de précision les caractères généraux et spéciaux de cette forme d'imagination.

I. Caractères généraux. — J'appelle caractères généraux ceux que l'imagination mécanique possède en commun avec les formes les mieux connues, les moins discutées de l'imagination constructive. Pour nous convaincre que, en ce qui concerne ces caractères, elle ne diffère pas des autres, prenons comme terme de comparaison l'imagination esthétique, puisqu'il est convenu, à tort ou à raison, qu'elle est le modèle par excellence. Nous verrons que les conditions psychologiques essentielles coïncident dans les deux cas.

L'imagination mécanique a ainsi que l'autre son *idéal*, c'est-à-dire une perfection qui est conçue et posée comme pouvant être peu à peu réalisée. L'idée est d'abord à l'état d'enveloppement; c'est le « germe » (pour employer l'expression de notre correspondant), le principe d'unité, centre d'attraction qui suggère, suscite et groupe les associations d'images appropriées, par qui elle se développe et s'organise en une construction, un ensemble de moyens convergents vers le but commun. — Elle suppose aussi une dissociation de l'expérience. L'inventeur défait, décompose, brise par la pensée ou en fait un outil, un instrument, une machine, un agencement quelconque pour faire du nouveau avec ces débris.

Elle n'est pas plus étrangère à l'inspiration que la création esthétique. L'histoire des inventions utiles est pleine d'hommes qui ont affronté les privations, les persécutions, la ruine, qui ont lutté à outrance contre parents et amis, entraînés par le besoin de créer, fascinés non par l'espoir d'un profit futur, mais par l'idée d'une mission imposée, d'une destinée à remplir. Qu'ont fait de plus les poètes et les artistes? Cette idée fixe et irrésistible a conduit plus d'un à une mort prévue (découverte des explosifs, premiers essais de paratonnerre, les aéronautes et bien d'autres). Aussi, par une intuition juste, les civilisations primitives ont mis de pair les grands poètes et les grands inventeurs, érigés en dieux ou demi-dieux, personnages historiques ou légendaires en qui s'incarne le génie de la découverte : chez les Hindous, Viçvakarma; chez les Grecs, Héphaïstos, Prométhée, Triptolème, Dédale et Icare. Les Chinois, malgré leur imagination sèche, ont fait de même et ainsi en Égypte, en Assyrie et partout. Bien plus, les arts pratiques et mécaniques ont traversé une première période d'immutabilité, durant laquelle l'artisan, soumis à des règles fixes et à une tradition indiscutée, se considère comme l'instrument d'une révélation divine[1]. Peu à peu, il est sorti de cet âge théologique pour entrer dans l'âge humain, où ayant pleine conscience d'être l'auteur de son œuvre, il travaille librement, change et modifie suivant son inspiration propre.

L'invention mécanique et industrielle a, comme l'invention esthétique, sa période de préparation, d'apogée, de stagnation ; celles des précurseurs, des grands inventeurs, des simples perfectionnements. D'abord on essaie, on se dépense en efforts peu fructueux, on est venu trop tôt ou l'on manque de vision nette; puis un grand imaginatif apparaît, éclate; après lui le travail passe aux mains des *dii minores*, élèves ou imitateurs qui ajoutent, retranchent, modifient : telle est la marche. L'histoire plusieurs fois écrite des applications de la vapeur depuis l'éolipyle de Héron d'Alexandrie jusqu'à l'époque héroïque de Newcomen et de Watt, puis des perfectionnements faits après eux, en est un long témoignage. Autre exemple : la machine à mesurer le temps est d'abord une simple clepsydre; puis on ajoute des marques indiquant les subdivisions de la durée, puis un flotteur faisant mouvoir une aiguille autour d'un cadran, puis deux aiguilles (pour l'heure et les minutes) : alors survient un grand moment; par l'usage des poids, la clepsydre devient une horloge d'abord massive et encombrante, plus tard allégée, devenant apte à marquer les secondes avec Tycho-Brahé : autre grand moment; Huyghens invente le ressort à spirale qui remplace le poids, et l'horloge, simplifiée et rapetissée, peut devenir une montre.

1. On trouvera d'amples renseignements sur ce point dans le livre d'Espinas, *Les Origines de la Technologie*.

II. Les CARACTÈRES SPÉCIAUX de l'imagination mécanique étant les marques propres à ce type, nous les étudierons plus longuement.

1° Il y a d'abord, au moins chez les grands inventeurs, une qualité innée, c'est-à-dire une disposition naturelle qui n'a pas son origine dans l'expérience et ne lui doit que son développement. C'est une orientation dans le sens pratique, utile; une tendance à agir non dans le monde des rêves ou des sentiments humains, non sur les individus ou les masses sociales, non pour atteindre une connaissance théorique de la nature; mais pour se rendre maître des forces naturelles, les transformer et les adapter à un but.

Toute l'invention mécanique est issue du besoin : — de la stricte conservation individuelle, chez le primitif qui livre un duel acharné contre les puissances de la nature; — du désir d'être mieux et du besoin de luxe, avec la civilisation croissante; — du besoin de créer de petits engins, imitant les instruments et les machines, chez l'enfant. En un mot, chaque invention particulière, grande ou petite, est issue d'un besoin particulier; car, nous le répétons encore une fois, il n'existe pas d'instinct créateur en général. Un homme connu par diverses inventions d'ordre pratique, m'écrit : « Autant que ma mémoire me le permet, je puis affirmer que chez moi la conception résulte toujours d'un besoin matériel ou moral[1]. Elle jaillit brusque-

---

[1]. Le même correspondant, sans que je l'aie interrogé sur ce point, me donne les détails suivants : « Vers l'âge de sept ans, j'ai vu une locomotive, son feu, sa fumée. Le poêle de mon père faisait aussi du feu et de la fumée, mais manquait de roues; donc, affirmais-je à mon père, si l'on mettait des roues au poêle, il marcherait comme la locomotive. Plus tard, vers treize ans, la vue d'une machine à vapeur pour battre le blé, me suggéra l'idée de faire une voiture sans cheval; j'en commençai une exécution enfantine que mon père me fit abandonner », etc. La tendance à l'invention mécanique se révèle très tôt chez certains enfants. Nous en avons donné des exemples précédemment. Notre inventeur ajoute : « Mon imagination a été la plus intense vers l'âge de vingt-cinq à trente-cinq

ment. Ainsi en 1887, un discours de Bismarck me causa une telle colère que je songeai immédiatement à armer ma patrie d'un fusil à répétition. J'avais déjà fait diverses démarches au ministère de la Guerre, quand j'appris que le système Lebel venait d'être adopté. Mon patriotisme fut entièrement satisfait, mais je possède encore le dessin du fusil que j'ai inventé. » Ce document mentionne deux ou trois autres inventions, nées dans des circonstances analogues, mais qui ont eu la chance d'être adoptées.

Parmi les qualités requises, je rappelle la précellence naturelle et nécessaire de certains groupes de sensations ou d'images (visuelles, tactiles, motrices) qui peut être décisive pour imposer une direction à l'inventeur.

2° L'invention mécanique se fait par stratifications et additions successives, comme dans les sciences, mais plus complètement. Elle est une belle vérification de la « loi subsidiaire de complexité croissante » exposée précédemment (2° partie, ch. v). Si, des âges lointains où l'homme était nu et sans armes en face de la nature, on mesure le chemin parcouru jusqu'à l'âge actuel, règne des machines, on reste confondu devant la quantité d'imagination produite, dépensée, souvent gaspillée en pure perte et l'on se demande comment un tel travail a pu être méconnu ou si légèrement apprécié. Il n'appartient pas à notre sujet de présenter un tableau, même sommaire, de ce long développement. Le lecteur pourra consulter les livres spéciaux qui, malheureusement, sont le plus souvent fragmentaires et sans vues d'ensemble. Aussi doit-on savoir gré à un historien des arts utiles d'avoir essayé d'en dégager la

ans environ (j'ai actuellement quarante-trois ans). Après cette période, il semble que le reste de l'existence ne sert qu'à produire les conceptions moins importantes, formant la suite naturelle des conceptions principales, nées pendant la période de jeunesse. »

philosophie et de l'avoir fixée dans les formules suivantes :

1° L'exploitation des forces de la nature s'est faite suivant leur degré comparatif de puissance.

2° L'extension des instruments de travail a suivi une évolution logique dans le sens d'une complexité et d'une perfection croissantes [1].

L'homme, suivant l'observation de L. Bourdeau, a appliqué son activité créatrice aux puissances naturelles et les a mises en œuvre d'après un ordre régulier :

a) Les forces humaines, seules disponibles durant l'état de nature et l'état sauvage. Avant tout, l'homme a créé les armes : les primitifs les plus bornés ont inventé des engins d'attaque et de défense, en bois, en os, en pierre, comme ils ont pu. Puis l'arme est devenue un outil par adaptation spéciale : le bâton de combat sert de levier, le casse-tête sert de marteau, la hache en silex se fait cognée, etc. Ainsi s'est formé peu à peu un arsenal d'instruments. « Inférieurs à la plupart des animaux pour un travail déterminé qu'il faudrait accomplir avec nos seules ressources organiques, nous sommes supérieurs à tous, dès que nous mettons nos outils en œuvre. Si les rongeurs, avec leurs incisives tranchantes, coupent le bois mieux que nous, nous reprenons l'avantage avec la hache, le ciseau, la scie. Quelques oiseaux à l'aide d'un bec robuste percent à coups répétés le tronc d'un arbre; mais la tarière, la vrille, le villebrequin exécutent le même travail mieux et plus vite. Le couteau est préférable aux dents des carnassiers pour lacérer les chairs; la houe à la patte de la taupe pour fouir la terre, la truelle à la queue du castor

---

[1]. L. Bourdeau, *Les Forces de l'industrie*, in-8, Paris, 1884. Cet ouvrage très substantiel et riche en documents, conçu d'après un plan systématique, nous a beaucoup servi pour cette étude.

pour battre et appliquer le mortier. La rame nous fait rivaliser avec la nageoire des poissons, la voile avec l'aile de l'oiseau ; la quenouille et le fuseau nous permettent d'imiter l'industrie des insectes fileurs, etc. L'homme reproduit donc et résume dans ses artifices techniques les perfections éparses du monde animal. Il arrive même à les dépasser, parce qu'il applique, sous forme d'outils, des substances et des combinaisons d'effets qui ne peuvent figurer dans les organismes. » (*Ouv. cité*, p. 45-46.) Il n'est guère probable que la plupart de ces inventions soient issues d'une imitation volontaire des animaux ; mais, même dans cette hypothèse, il resterait encore une belle place pour le travail personnel et créateur. L'homme a produit par des procédés conscients ce que la vie réalise par des moyens qui nous échappent : aussi quelques métaphysiciens ont-ils pu soutenir que l'imagination créatrice est, en l'homme, un succédané des puissances génératrices de la nature.

b) Pendant la phase pastorale, l'homme a soumis et discipliné les forces animales. L'animal est une machine toute faite qu'il n'y a qu'à dresser à l'obéissance ; mais ce dressage a exigé et suscité toutes sortes d'invention, depuis les harnais qui les équipent jusqu'aux chariots, voitures et routes où ils se meuvent.

c) Puis les moteurs naturels, l'air et le vent, ont fourni une nouvelle matière à l'ingéniosité humaine : la navigation, les moulins hydrauliques et aériens, employés d'abord à broyer le grain, ensuite à une foule d'usage (scier, fouler, soulever des marteaux, etc.)

d) Enfin, bien plus tard, produits d'une civilisation déjà mûre, les moteurs artificiels : les explosifs (poudre à canon et tous ses dérivés ou remplaçants), la vapeur qui a fait un si beau chemin.

Si le lecteur veut bien se représenter l'immense quantité de faits qu'on vient d'indiquer en quelques lignes; remarquer que chaque invention, grande ou petite, avant d'être fixée et réalisée, a été d'abord une *imagination*, une simple construction dans le cerveau, un assemblage de combinaisons nouvelles ou de rapports nouveaux, il sera bien forcé d'admettre que nulle part — sans excepter la production esthétique — l'homme n'a tant imaginé.

Une des raisons, non la seule, qui entretient l'opinion contraire, c'est que par la loi même de leur complication croissante, les inventions se sont greffées l'une sur l'autre. Pour tous les arts utiles, les progrès ont été si lents et si graduellement amenés que chacun d'eux a passé inaperçu, sans laisser à son auteur le mérite de sa découverte. L'immense majorité des inventions est anonyme; seuls, quelques grands noms ont surnagé. Mais individuelle ou collective, l'imagination reste de l'imagination. Pour que la charrue, à l'origine simple morceau de bois durci au feu et poussée par la main humaine, soit devenue ce qu'elle est de nos jours, à travers une longue série de modifications décrites dans les livres spéciaux, qui sait combien d'imaginations ont travaillé? De même, la flamme trouble d'une branche résineuse, guidant vaguement dans la nuit, nous conduit, par une longue suite d'inventions, au gaz et à l'éclairage électrique. Tous les objets, même les plus communs et les plus vulgaires, qui servent actuellement à notre vie quotidienne, sont de l'*imagination condensée*.

3° Plus qu'aucune autre forme, l'imagination mécanique dépend rigoureusement des conditions physiques. Elle ne peut pas se contenter de combiner des images, elle postule des éléments matériels qui s'imposent impérieusement. Comparée à elle, l'imagination scientifique a bien plus d'élasticité dans la confection de ses hypothèses. En général, toute grande invention a été précédée d'une période d'avortements. L'histoire montre que le moment dit initial d'une découverte mécanique, suivie de ses perfectionnements, est le moment terminal d'une série d'essais malheureux : on a traversé une phase d'imagination pure, de construction imaginative qui n'a pu entrer dans le moule d'un déterminisme approprié. Il a dû exister des inventions innombrables qu'on pourrait appeler des romans mécaniques, mais qu'on ne peut citer, parce qu'elles n'ont laissé aucune trace, n'étant pas nées viables. D'autres sont connues à titre de curiosités ou parce qu'elles ont frayé la voie. On sait que Otto de Guericke fit quatre essais infructueux, avant de trouver sa machine pneumatique. — Les frères Montgolfier étaient obsédés du désir de créer des « nuages factices », analogues à ceux qu'ils voyaient se mouvoir sur les Alpes. « Pour imiter la nature », ils renfermèrent d'abord de la vapeur d'eau dans une enveloppe résistante et légère dont le refroidissement causa la chute. Puis ils essayèrent l'hydrogène; puis la production d'un gaz à propriétés électriques, etc. C'est par une succession d'hypothèses et d'échecs qu'ils arrivèrent au succès. — Dès la fin du XVIe siècle, on pressentit la possibilité de correspondre à distance au moyen du magnétisme et de l'électricité. » Dans un ouvrage publié en 1624, le père Leurechon, jésuite, a décrit un appareil imaginaire au moyen duquel on pourrait, dit-il, s'entre-parler de loin à l'aide d'aimants qui, par la correspondance de leurs mouvements, feraient marcher des aiguilles sur un cadran où seraient inscrits les vingt-quatre lettres de l'alphabet, et le dessin, qui accompagne le texte, figure à peu près le télégraphe Bréguet. » Mais l'auteur jugeait cela impossible « faute d'aimants qui aient une telle vertu »[1].

1. Cité par L. Bourdeau, p. 354, (*ouvrage cité*) qui mentionne beaucoup d'autres essais : un Écossais anonyme en 1753, Lesage (de Genève)

Les inventions mécaniques qui échouent sont l'équivalent des hypothèses scientifiques erronées ou non vérifiées. Elles ne dépassent pas le stade de l'imagination pure ; mais elles sont instructives pour le psychologue, parce qu'elles mettent à nu le travail initiateur de la construction imaginaire dans l'ordre technique.

Restent les nécessités du raisonnement, du calcul, de l'adaptation aux propriétés de la matière ; mais, nous le répétons, ce déterminisme a plusieurs formes possibles ; on arrive au même but par diverses voies. D'ailleurs ces conditions déterminantes ne font défaut à aucun type d'imagination quel qu'il soit ; il n'y a de différence que du moins au plus. *Toute* construction imaginative, dès qu'elle est un peu plus que l'assemblage fantomatique, la vision larvaire qui hante le cerveau d'un rêveur, doit prendre un corps, subir des conditions d'extériorité qui la matérialisent à un degré quelconque et dont elle dépend. A cet égard, l'architecture est un excellent exemple. On la classe parmi les beaux-arts ; mais elle est soumise à tant de servitudes que son procédé d'invention ressemble fort à celui des créations techniques et mécaniques. Aussi, a-t-on pu dire que « l'architecture est le moins personnel de tous les arts ». « Avant d'être un art, elle est une industrie, en ce sens qu'elle a presque toujours un but d'utilité qui s'impose à elle et domine ses manifestations. Qu'elle ait à construire un temple, un palais, un théâtre, il lui faut avant tout subordonner son œuvre à la destination qui lui est assignée d'avance. Ce n'est pas tout ; elle doit tenir compte des matériaux, du climat, du sol, du site, des habitudes, toutes choses qui peuvent exiger beaucoup d'habileté, de tact, de

---

en 1780, Lhomond, en France (1787), Battencourt (Espagne) en 1787, un Allemand Reïser, (1794), Salva à Madrid en 1796. L'étude insuffisante de l'électricité dynamique ne permettait pas d'aboutir.

calculs, mais qui n'intéressent pas l'art proprement dit et ne donnent pas à l'architecte l'occasion de manifester ses facultés purement esthétiques »[1].

Ainsi donc, au fond, identité de nature entre l'imagination constructive du mécanicien et celle de l'artiste; la différence n'est que dans le but, les moyens, les conditions. La formule : *Ars homo additus naturae*, a été trop souvent restreinte au sens esthétique; elle doit comprendre tout ce qui est artifice. Sans doute, les esthètes soutiendront que leur imagination, à eux, est d'une qualité plus noble, plus relevée. Question litigieuse que la psychologie n'a pas à discuter; car, pour elle, le mécanisme essentiel est le même dans les deux cas : un grand mécanicien est un poète à sa manière, parce qu'il crée des instruments qui simulent la vie. « Ces appareils qui, autrefois, faisaient s'émerveiller l'ignorance de la foule, méritent l'admiration réfléchie.... Quelque chose de la puissance qui a organisé la matière semble avoir passé dans ces combinaisons où la nature est imitée et dépassée. Nos machines, si variées de forme et d'emploi, représentent l'équivalent d'un *règne nouveau*, intermédiaire entre les corps bruts et les corps vivants, qui a la passivité des uns, l'activité des autres et les exploite tous à notre profit. Ce sont des contrefaçons d'êtres animés, capables d'imposer à des substances inertes un fonctionnement régulier. Leur ossature de fer, leurs organes d'acier, leurs muscles de cuir, leur âme de feu, leur souffle haletant ou de fumée, le rythme de leurs mouvements, parfois même leurs cris stridents ou plaintifs qui expriment l'effort et simulent la douleur : tout contribue à leur donner une animation fantastique, fantôme et rêve d'une vie inorganique[2]. »

1. E. Véron, *L'Esthétique*, p. 315.
2. L. Bourdeau, *Ouv. cité*, p. 233.

CHAPITRE VI

L'Imagination commerciale.

Prenant le mot « commercial » dans son acception la plus large, je comprends sous ce titre toutes les formes d'imagination constructive qui ont pour but principal la production ou la distribution des richesses, toutes les inventions qui tendent à l'enrichissement individuel ou collectif. Encore moins étudiée que la précédente, cette manifestation imaginative révèle autant d'ingéniosité, de souplesse, de ressources, qu'aucune autre. L'esprit humain s'y est largement dépensé. Il y a eu des inventeurs de toutes tailles : les grands peuvent marcher de pair avec ceux que l'opinion commune place le plus haut. Ici, comme ailleurs, la grande masse n'invente rien, vit de tradition, de routine, d'imitation.

L'invention dans l'ordre commercial (ou financier) est soumise à des conditions diverses dont nous n'avons pas à nous occuper.

1° Des conditions extérieures : géographiques, politiques, économiques, sociales, etc., variant suivant le temps, les lieux et les peuples. Tel est son déterminisme externe; ici humain, social, au lieu d'être cosmique, physique, comme pour l'invention du mécanicien.

2° Des conditions intérieures psychologiques dont plusieurs sont étrangères à l'acte primitif et essentiel de l'invention : d'une part, la prévision, le calcul, la solidité du raisonnement; en un mot, la puissance de la réflexion; d'autre part, la hardiesse, l'audace, l'élan vers l'inconnu, en un mot, la puissance des facultés actives. De là (en négligeant les formes mixtes) deux catégories principales : les circonspects, les audacieux.

Chez les premiers, l'élément rationnel l'emporte. Ils sont prudents, calculateurs, exploiteurs égoïstes, sans grandes préoccupations morales ou sociales.

Chez les seconds, l'élément actif et émotionnel prédomine. Ils sont de plus haute envergure. Tels les marchands-navigateurs de Tyr, de Carthage, de la Grèce; les négociants voyageurs du moyen âge; les explorateurs mercantiles et avides de gain des xv°, xvi°, xvii° siècles; plus tard, par transformation, les créateurs des grandes Compagnies, les inventeurs de monopoles, les *trusts* américains, etc. Ceux-ci sont les grands imaginatifs.

Donc, éliminant de notre sujet tout ce qui n'est pas l'élément imaginatif pur, pour n'étudier que lui seul, je ne vois, si l'on veut éviter les redites, que deux points nouveaux à traiter :

Au moment initial de l'invention, l'acte intuitif qui en est le germe.

Pendant la période de développement et d'organisation, le rôle nécessaire et exclusif des images schématiques.

I

Généralement, on entend par intuition un jugement pratique, immédiat, qui va droit au but. Tact, sagacité, flair, divination sont des expressions synonymes ou équivalentes. Remarquons d'abord que l'intuition n'appartient pas en propre à cette partie de notre sujet, car elle se rencontre un peu partout : mais dans l'invention commerciale, elle est prépondérante, à cause de la nécessité de voir vite et juste et de saisir les occasions. « Le génie des affaires, a-t-on dit, consiste à faire des hypothèses exactes sur la fluctuation des valeurs. » Caractériser cet état mental est très facile s'il ne s'agit que d'en donner des exemples; très difficile si l'on essaie d'en pénétrer le mécanisme.

Le médecin qui d'emblée diagnostique une maladie, qui, à un degré plus haut, groupe des syndromes pour en dégager une nouvelle entité morbide (comme Duchenne de Boulogne); le politique qui a la connaissance des hommes, le négociant qui flaire une bonne entreprise, etc., sont des exemples d'intuition. Elle ne dépend pas du degré de culture : sans parler des femmes dont la pénétration, dans l'ordre pratique, est connue, il y a des ignorants, des paysans, des sauvages même qui, dans leur sphère bornée, valent de fins diplomates.

Mais tous ces faits ne nous apprennent rien sur sa nature psychologique. L'intuition suppose des expériences acquises, d'une nature spéciale, qui confèrent au jugement sa validité, et l'orientent dans un sens spécial. Toutefois, cette connaissance accumulée ne donne par elle-même aucune indication sur le futur. Or, toute intuition est une anticipation de l'avenir qui ne peut résulter que de deux procédés : le raisonnement inductif ou déductif (par exemple le chimiste qui prévoit une réaction); l'imagination, c'est-à-dire une construction représentative. Quel est ici le procédé prépondérant? Évidemment le premier, puisqu'il s'agit non d'une hypothèse de fantaisie, mais de l'adaptation d'expériences anciennes à un cas nouveau. L'intuition ressemble bien plus aux opérations logiques qu'aux combinaisons imaginatives. On peut l'assimiler à un raisonnement inconscient, si l'on ne craint pas l'espèce de contradiction inhérente à ce terme qui suppose une opération logique sans conscience des moyens termes. Bien que répréhensible, il est peut-être préférable à d'autres explications proposées, telles que automatisme, habitude, instinct, connexions nerveuses. Carpenter qui, comme promoteur de la cérébration inconsciente, mérite d'être consulté, assimile cet état à une action réflexe. Il transcrit[1] en terminant une lettre que Stuart Mill lui écrivit à ce sujet et où il dit en substance que cette aptitude se rencontre chez les personnes qui ont de l'expérience, mais qui tendent vers la pratique et n'attachent pas beaucoup d'importance à la théorie.

Toute intuition se concrète donc en un jugement équivalant à une conclusion. Mais ce qui, en elle, paraît obscur et presque mystérieux, c'est que, entre beaucoup de solutions possibles, elle trouve du premier coup celle qui convient. A mon avis, cette difficulté provient en grande partie d'une conception partielle du problème. On entend par intuition les seuls cas où l'on devine juste; on oublie les autres cas, bien plus nombreux qui sont des échecs. L'acte par lequel on obtient une conclusion, sans prémisse explicite, sans savoir comment on l'atteint, est un fait général de notre vie mentale. L'acte par lequel on obtient une conclusion juste, en est un cas particulier. Ce qui fait l'originalité de cette opération, c'est sa *rapidité*, non sa justesse : le premier caractère est essentiel, le second accessoire.

Dès lors, il faut admettre que le don de voir juste est une qualité innée, dévolue aux uns, refusée aux

---

1. *Mental physiology*, ch. xi (fin).

autres; on naît avec elle, comme on naît adroit ou maladroit : l'expérience ne la donne pas, elle ne permet que de l'appliquer. Quant à savoir pourquoi l'acte intuitif tantôt réussit, tantôt échoue, c'est une question qui se réduit à la distinction naturelle entre les esprits justes et les esprits faux que nous n'avons pas à examiner ici.

Sans insister sur cette condition initiale, revenons à l'imagination commerciale pour la suivre dans son développement.

II

L'humanité a traversé une phase pré-commerciale. Les Australiens, Fuégiens et leurs similaires paraissent n'avoir eu aucune idée d'un échange quelconque. Cette période primitive, qui fut longue, correspond à l'âge de la horde ou du clan grossier. L'invention commerciale, ainsi que toute autre, naissant de besoins — simples et indispensables au début, factices et superflus plus tard — n'a pu se produire dans cet état social fruste où les groupes n'ont guère entre eux que des rapports d'hostilité. Rien ne la sollicitait à naître. Mais, à un degré plus haut, la forme rudimentaire du commerce, l'échange en nature (ou troc) apparaît très tôt et presque partout. Puis, ce procédé long, encombrant, incommode, fait place à une invention plus ingénieuse : l'emploi des « valeurs étalons », êtres ou objets matériels, servant de commune mesure à tous les autres; leur choix a beaucoup varié suivant les temps, les lieux, les hommes (certains coquillages, le sel, des grains de cacao, des étoffes, des nattes, une vache, un esclave, etc.); mais cette innovation contenait tout le reste en germe, car elle a été le premier essai de substitution :

or, pendant la période primitive de l'évolution commerciale, le principal effort de l'invention a consisté à trouver dans le mécanisme de l'échange des procédés de simplification croissante. Ainsi, à ces valeurs disparates succèdent les métaux précieux (en poudre, en lingots, soumis aux lenteurs et aux inconvénients de la pesée). Puis la monnaie à titre fixe, frappée sous le contrôle d'un chef ou d'un groupe social. Enfin l'or et l'argent sont remplacés par la lettre de change, le billet de banque et les nombreuses formes de la monnaie fiduciaire [1].

Chacun de ces progrès est dû à des inventeurs. Je dis *des* inventeurs, parce qu'il est prouvé que chaque modification dans les moyens d'échange a été imaginée plusieurs fois, à plusieurs époques, quoique de la même manière, sur la surface de notre globe.

En résumé, le travail inventif de cette période s'est réduit à créer des procédés de plus en plus simples et rapides de *substitution* dans le mécanisme commercial.

L'apparition du grand commerce a dépendu de l'état de l'agriculture, de l'industrie, des voies de communications, des conditions économiques, sociales, de l'extension politique. Elle s'est produite vers la fin de la République romaine. Après l'interruption du moyen âge, l'essor reprend avec les cités italiennes, la ligne hanséatique; au XVe siècle avec les grandes découvertes maritimes; au XVIe siècle avec les *Conquistadores*, avides à la fois d'aventures et d'enrichissement; plus tard, avec des expéditions

---

[1]. Historiquement, l'évolution ne s'est pas toujours faite rigoureusement dans cet ordre qui paraît pourtant le plus logique. Les mandats négociables étaient connus des Assyriens et des Carthaginois. Pendant des milliers d'années, l'Egypte a usé de lingots, non de monnaie réelle; mais elle connaissait la monnaie fiduciaire. Dans le Nouveau Monde, les Péruviens faisaient usage de la balance, les Aztèques l'ignoraient, etc. Pour les détails, v. Letourneau, *L'Évolution du commerce dans les diverses races humaines*, Paris, 1897, part., pp. 264, 330, 354, 384, etc.

mixtes où des négociants équipent à frais communs et quelquefois accompagnent des bandes armées qui combattent pour leur compte ; enfin, vient la constitution des grandes Compagnies commerciales qu'on a ingénieusement appelées « des *Conquistadores* en chambre ».

Nous arrivons ainsi au moment où l'invention commerciale atteint sa forme complexe et doit faire mouvoir de grandes masses. Pris d'ensemble, son mécanisme psychologique est celui de toute création quelle qu'elle soit. A la première phase, l'idée surgit, née de l'inspiration, de la réflexion ou du hasard. Une période de fermentation succède, durant laquelle l'inventeur esquisse sa construction en images, se représente la matière à exploiter, le groupement des actionnaires, l'appel des fonds, la constitution d'un capital, le mécanisme des achats et des ventes, etc. Tout cela ne diffère de la genèse d'une œuvre esthétique ou mécanique que par le but ou la nature des représentations. A la deuxième phase, il faut passer à l'exécution ; c'est un château en l'air qui doit se solidifier. Alors mille difficultés de détail apparaissent, qu'il faut résoudre : comme ailleurs, les inventions épisodiques se greffent sur l'invention principale ; l'auteur laisse voir la pénurie ou la richesse de son esprit en ressources. Finalement, l'œuvre triomphe, croule ou réussit à moitié.

A s'en tenir à ces traits généraux, l'imagination commerciale ne serait que la répétition, avec quelques changements, des formes déjà étudiées, mais elle a ses caractères propres qu'il faut dégager :

1° Elle est une imagination *combinatrice ou de tacticien*. Antérieurement, nous n'avons rencontré rien de pareil. Cette marque spéciale dérive de la nature même de son déterminisme, très différent de celui qui s'impose à l'imagination scientifique ou mécanique.

Tout projet commercial pour sortir de la phase intérieure, purement imaginative et devenir une réalité, exige la mise au point, le calcul très exact d'éléments souvent nombreux, divergents et même contraires. Le négociant américain qui spécule sur les grains est dans la nécessité absolue d'être renseigné rapidement et sûrement sur la situation agricole de tous les pays du monde riches en blé et qui exportent ou importent, sur les probabilités admises de pluie ou de sécheresse, sur les tarifs douaniers des diverses nations, etc. : sans cela, il achète et vend au hasard. De plus, comme il agit sur des quantités énormes, la moindre erreur se traduit par de grosses pertes ; le moindre profit sur chaque unité se mesure, se multiplie et s'accroît en un gain notable.

Outre cette intuition initiale qui révèle l'affaire et le moment opportuns, l'imagination commerciale suppose un plan de campagne bien étudié dans les détails, pour l'attaque et la défense : un coup d'œil rapide et sûr à tous les moments de l'exécution pour modifier ce plan incessamment ; c'est *une forme de la guerre*. Tout cet ensemble de conditions particulières résulte d'une condition générale : la concurrence, la lutte. Nous reviendrons sur ce point à la fin du chapitre.

Suivons jusqu'au bout le travail de l'imagination créatrice. Ainsi que les autres, ce mode d'invention est issu d'un besoin, d'un désir : celui de la dilatation du *self-feeling*, de l'expansion de l'individu sous la forme de l'enrichissement. Mais cette tendance et avec elle la création imaginative qui en résulte, peut subir une transformation.

C'est une loi bien connue de la vie affective que ce qui est recherché d'abord comme moyen peut devenir une fin, être désiré pour soi-même. Un amour tout sensuel peut à la longue subir une sorte d'idéalisation ; on étudie d'abord une science parce qu'elle est utile, puis à cause de la séduction qu'elle inspire; on aspire à l'argent pour le dépenser, puis pour l'entasser. Ici de même : l'inventeur financier est pris quelquefois d'une sorte d'ivresse, il ne travaille plus pour le lucre mais pour l'art; il devient un romancier à sa manière. Son imagination orientée d'abord dans le sens du gain seul, ne cherche plus que son plein épanouissement, l'affirmation et le débordement de sa puissance créatrice [1], le plaisir d'inventer pour inventer, de tenter l'extraordinaire, l'inouï : c'est la victoire de la construction pure. L'équilibre naturel est rompu entre les trois éléments nécessaires de la création — le mobile, la combinaison des images, le calcul. — L'élément rationnel fléchit, s'efface et le spéculateur est lancé dans l'aventure avec la possibilité d'un succès vertigineux ou d'une catastrophe retentissante. Mais remarquons bien que la cause première et unique de cette métamorphose est dans l'élément *affectif et moteur*, dans une hypertrophie du désir de la puissance, dans un besoin démesuré et morbide de l'expansion du moi. Ici, comme partout, la source de l'invention est dans la nature émotionnelle de l'inventeur.

2° Un second caractère propre à l'imagination commerciale, c'est l'emploi exclusif *de représentations schématiques*. Bien que ce procédé se rencontre aussi dans les sciences et surtout dans les inventions sociales, le type imaginatif que nous étudions a le privilège d'en user sans exceptions. C'est donc le moment convenable pour les caractériser.

J'entends par images schématiques celles qui, de leur nature, sont intermédiaires entre l'image concrète et le concept pur; mais plus rapprochées du concept. Nous avons déjà signalé des modes assez divers de représenta-

---

1. Cet état a été bien décrit par divers romanciers, entre autres Zola, dans *l'Argent*.

tions : les images concrètes, matériaux propres à la création plastique et mécanique; les abstraits émotionnels de l'imagination diffluente; les images affectives dont le type se trouve chez les musiciens; les images symboliques familières aux mystiques. Il peut sembler abusif d'ajouter une autre catégorie à cette liste. Ce n'est pourtant pas une vaine subtilité. En fait, il n'existe pas d'images en général qui, suivant la conception vulgaire, resteraient des « copies » de la réalité. Même leur répartition en visuelles, auditives, motrices, etc., ne suffit pas, parce qu'elle ne les distingue que d'après leur *origine*. Il y a d'autres différences. Nous avons vu que l'image, comme tout ce qui participe à la vie, subit des corrosions, pertes, déformations et transformations : d'où il résulte que ce résidu des impressions antérieures varie quant à sa *composition*, (c'est-à-dire en simplicité, complexité, groupement de ses éléments constitutifs, etc.), et revêt des aspects multiples. D'un autre côté, comme la différence entre les principaux types d'imagination créatrice dépend en partie des matériaux employés — de la nature des représentations qui servent à la construction mentale — une détermination précise de la nature des images propres à chaque type n'est pas une opération oiseuse.

Pour expliquer clairement ce que nous entendons par images schématiques, figurons par une ligne PC l'échelonnement des images, selon leur degré de complexité, depuis la perception P jusqu'au concept C.

A ma connaissance, cette détermination de tous les degrés n'a jamais été faite. Le travail serait délicat, je ne le juge pas impossible. Mon intention n'est pas de l'essayer; de même que je ne prétends pas avoir donné plus haut la liste *complète* des diverses formes d'images.

Si donc, on considère la figure ci-dessus uniquement comme un moyen de parler aux yeux, l'image, en s'éloignant par hypothèse du moment de la perception P, de moins en moins en contact avec la réalité, se simplifie, s'appauvrit, perd quelques-uns de ses éléments constitutifs. En x, elle franchit le seuil médian, pour se rapprocher de plus en plus du concept. Plaçons en G les images génériques, formes primitives de la généralisation dont la nature et le procédé de genèse sont bien connus[1], nous devons placer plus loin en S les images schématiques qui exigent une opération supérieure de l'esprit. En effet, l'image générique résulte d'une fusion *spontanée* d'images semblables ou très analogues : telle la représentation vague du chêne, du cheval, du nègre, etc.; elle convient à une seule catégorie d'objets. L'image schématique résulte d'un acte volontaire; elle n'est pas renfermée dans les limites de ressemblances étroites; elle monte dans l'abstraction : aussi elle s'accompagne à peine d'une représentation fuyante des concrets; elle est presque réduite au mot. A un degré supérieur, elle se passe de tout élément sensoriel ou figure et se réduit — dans le cas actuel — à la notion unique de « valeur » : elle ne diffère plus du pur concept.

La construction commerciale et financière ne peut se faire autrement. Tandis que l'artiste, le mécanicien bâtissent avec des images concrètes, représentations directes des choses, l'imagination commerciale ne peut agir directement ni sur les choses, ni sur leurs représentations immédiates, parce que, dès qu'elle a dépassé l'âge primitif, elle exige une substitution à généralisation croissante : les

---

[1]. Pour plus de détails sur ce point, nous renvoyons à notre *Évolution des idées générales*, ch. I, p. 14 et p. 27-29.

matières deviennent des valeurs qui sont elles-mêmes réductibles à des signes. Par suite, elle procède comme dans la position et solution des problèmes abstraits où, après avoir substitué aux choses et à leurs rapports des chiffres ou des lettres, le calcul agit sur les signes et par contre-coup sur les choses.

A part le moment primitif de l'invention, la trouvaille de l'idée (état psychologique qui ne varie pas), il faut reconnaître que, dans son développement et sa construction de détail, l'imagination commerciale est faite surtout de calculs et de combinaisons qui ne comportent guère des images concrètes. Si donc on admet, — ce qui est contestable — que celles-ci sont les matériaux par excellence de l'imagination créatrice, on sera disposé à soutenir que le type imaginatif que nous étudions est une forme d'involution, un cas d'appauvrissement : thèse inacceptable quant à l'invention elle-même, acceptable à la rigueur quant aux conditions que la nécessité lui impose.

Remarquons en terminant que l'invention financière n'a pas toujours pour but l'enrichissement d'un particulier ou d'un groupe restreint d'associés; elle peut viser plus haut, agir sur de plus grandes masses, s'attaquer hardiment à un problème aussi complexe que la réforme des finances d'un État puissant. Toutes les nations civilisées comptent, dans leur histoire, des hommes qui ont imaginé un système financier et ont réussi à le faire prévaloir avec des fortunes diverses. Le mot « système » consacré par l'usage dispense de tout commentaire et rapproche cette forme d'imagination de celle des savants et des philosophes. Tout système repose sur une idée maîtresse, sur un idéal, centre autour duquel s'agrège la construction mentale faite d'imagination et de calcul qui, si les circonstances le permettent, doit prendre un corps, montrer qu'elle peut vivre.

Rappelons que l'auteur du premier ou du moins du plus retentissant de ces systèmes, Law, prétendait appliquer « la méthode de la philosophie, les principes de Descartes, à l'économie sociale livrée jusqu'ici au hasard et à l'empirisme ». Son idéal était l'institution du *Crédit* par l'État. Le commerce, disait-il, pendant une première phase, a été l'échange des marchandises en nature; pendant une seconde phase, l'échange par le moyen d'une autre marchandise plus maniable, étalon universel, gage équivalent à l'objet qu'il représente; il doit entrer dans une troisième phase où l'échange se fera par un signe purement conventionnel et sans valeur propre; le papier représentant la monnaie, comme celle-ci représente les marchandises, « avec cette différence que le papier n'est pas un *gage*, mais une simple *promesse*, ce qui constitue le crédit ». Il faut que l'État fasse systématiquement ce que les particuliers ont fait d'instinct; mais qu'il fasse ce que les particuliers n'ont pu faire : créer du numéraire, en imprimant au papier d'échange le cachet de l'autorité publique. — On connaît l'histoire et la chute de ce système, les éloges et les critiques qu'il a encourus; mais par l'originalité et la hardiesse de ses vues, l'inépuisable fécondité de ses inventions subsidiaires, Law a sa place incontestable parmi les grands imaginatifs.

III

Nous avons dit plus haut que le commerce, dans ses manifestations supérieures, est une forme de la guerre [1].

---

1. Un général, ancien professeur à l'École de guerre, me racontait qu'en entendant un grand négociant exposer le service rapide et sûr de ses

Ici donc serait le lieu d'étudier l'imagination militaire. Ce sujet ne peut être traité que par un homme du métier; aussi je me bornerai à quelques brèves remarques, appuyées sur des renseignements personnels ou puisées aux sources.

Entre les divers types d'imagination étudiés jusqu'ici, nous avons relevé de grandes différences quant à leurs conditions *extérieures*. Tandis que les formes dites d'imagination pure d'où naissent les créations esthétiques, mythiques, religieuses, mystiques, peuvent se réaliser en subissant des conditions matérielles, simples et peu exigeantes; les autres ne prennent corps que si elles satisfont à un ensemble de conditions nombreuses, inévitables, rigoureusement déterminées : but fixe, matériaux rigides, peu de choix dans les moyens appropriés. Si, aux lois inflexibles de la matière, s'ajoute l'imprévu des passions et déterminations humaines (comme dans l'invention politique et sociale), ou les combinaisons offensives des concurrents (comme dans le commerce et la guerre); alors la construction imaginative est aux prises avec des problèmes d'une complexité toujours croissante. Le plus génial inventeur ne peut créer d'un bloc et laisser son œuvre se développer d'elle-même par une logique immanente; le plan primitif doit être constamment modifié et réadapté et la difficulté provient non seulement des multiples éléments du problème à résoudre, mais d'un changement incessant dans leur position. Aussi, on ne peut avancer que pas à pas et progresser à force de calculs et d'examen attentif des possibilités. Il en résulte que sous cette enveloppe épaisse de conditions matérielles et de conditions intellectuelles (calculs, raisonnements) la spontanéité, c'est-à-dire l'aptitude

informations commerciales, la conception d'ensemble et le souci de tous les détails dans ses opérations, il ne put s'empêcher de s'écrier : « Mais, c'est la guerre! »

à trouver des combinaisons nouvelles, « cet art d'inventer sans lequel on n'avance guère » (Leibniz), se dérobe aux peu clairvoyants; mais malgré tout cette puissance créatrice est partout, coulant à la façon des rivières souterraines, en vivifiant.

Ces remarques générales, bien qu'elles ne s'appliquent pas exclusivement à l'imagination militaire, trouvent en elles leur justification, en raison de son extrême complexité. Énumérons sommairement, en procédant de l'extérieur à l'intérieur, la masse énorme de représentations qu'elle doit mouvoir et combiner pour que sa construction, adéquate à la réalité, puisse à un moment précis cesser d'être un rêve : 1° Les armes, engins, instruments de destruction et d'approvisionnement, variables suivant les temps, les lieux, la puissance du pays, etc.; 2° L'élément humain également variable : mercenaires, armée nationale, troupes solides, éprouvées ou fragiles et novices; 3° Les principes généraux de la guerre, acquis par l'étude des maîtres; 4° Plus personnelle est la puissance de réflexion, l'habitude de résoudre les problèmes de tactique et de stratégie. « Les affaires, dit Napoléon, se méditent de longue main et, pour arriver à des succès, il faut penser plusieurs mois à ce qui peut arriver ». — Tout ce qui précède doit être inscrit sous la rubrique *science*. En avançant de plus en plus vers l'intérieur et dans la psychologie intime de l'individu, nous arrivons à l'*art*, à l'œuvre propre de l'imagination pure. 5° Notons l'intuition juste et rapide, au début et à tous les moments opportuns. 6° Enfin, l'élément créateur, la conception, don naturel portant la marque de chaque inventeur. Ainsi, « l'esthétique napoléonienne a toujours dérivé d'un concept unique, basé sur un principe qui peut se résumer ainsi : Économie stricte partout où elle peut se faire, dépense sans compter sur le point décisif. Ce principe inspire la stratégie du maître, il dirige tout autant et plus encore sa tactique de combat, en qui il se synthétise et se résume¹ ».

Ainsi, au terme de l'analyse, apparaît le ressort caché qui fait tout mouvoir et qui n'est assignable ni à l'expérience, ni au raisonnement, ni aux combinaisons savantes; mais qui surgit du fond intime de l'inventeur. « Le principe existe chez lui à l'état latent, c'est-à-dire dans les profondeurs de l'inconscient et c'est inconsciemment qu'il l'applique, lorsque le choc des circonstances de but et de moyens fait jaillir de son cerveau l'étincelle qui provoque la solution artistique par excellence, celle qui atteint les limites de la perfection humaine ². »

1. Général Bonnal, *Les Maîtres de la guerre*, 1899, p. 137. « En lui [Napoléon], dit le même auteur, il y avait du poète et l'on pourrait expliquer tous ses actes par cette complexion unique, mélange d'*imagination*, de passion et de calcul. Les rêves d'Ossian avec l'esprit positif du mathématicien et les emportements du Corse : tels étaient les éléments hétérogènes qui se heurtaient dans cette organisation puissante » (p. 151).
2. *Ouvrage cité*, p. 6.

CHAPITRE VII

L'Imagination utopique[1].

L'esprit humain, lorsqu'il crée, ne peut employer que deux catégories de matériaux pour incarner son idée :

1° Les phénomènes naturels, les forces du monde inorganique et vivant. Sous la forme scientifique qui cherche à expliquer, à connaître, il aboutit à l'hypothèse, création désintéressée. Sous la forme industrielle qui vise à appliquer, à utiliser, il aboutit aux inventions pratiques, intéressées.

2° Les éléments humains, c'est-à-dire psychiques (instincts, passions, sentiments, idées et actes). La création esthétique est la forme désintéressée ; l'invention sociale est la forme utilitaire.

Par suite, on peut dire que l'invention dans les sciences ressemble à celle des beaux-arts, étant l'une et l'autre spéculatives et que l'invention mécanique et industrielle se rapproche de l'invention sociale par une commune tendance vers la pratique. Je n'insisterai pas sur cette répartition qui,

---

1. Ce titre, comme on le verra, ne répond que partiellement au contenu de ce chapitre.

en définitive, ne repose que sur des caractères partiels ; j'ai seulement voulu rappeler que l'invention dont le rôle est grand dans l'évolution sociale, politique et morale, *doit* pour réussir adopter certains procédés, en répudier d'autres : ce que les utopistes ne font pas.

Le développement des sociétés humaines dépend de multiples facteurs : — la race, les conditions géographiques et économiques, la guerre, etc., que nous n'avons ni à énumérer ni à étudier. Un seul est de notre sujet ; c'est l'apparition successive de conceptions idéales qui tendent à se réaliser comme toute autre création de l'esprit : l'idéal moral consistant en combinaisons nouvelles, nées de la prédominance d'un sentiment, ou d'une élaboration inconsciente (inspiration), ou de l'analogie.

A l'origine des civilisations, on rencontre des personnages demi historiques, demi légendaires (Manou, Zoroastre, Moïse, Confucius, etc.), qui ont été des inventeurs ou des réformateurs dans l'ordre social et moral. Qu'une part de l'invention qu'on leur attribue soit due à des prédécesseurs et à des successeurs, c'est vraisemblable ; mais l'invention, quelle qu'en soit l'auteur, n'en reste pas moins une invention. Nous l'avons dit ailleurs et on nous permettra de le répéter, cette expression *inventeurs* en morale peut sembler étrange à quelques-uns, parce qu'ils sont imbus de l'hypothèse d'une connaissance du bien et du mal, innée, universelle, départie à tous les hommes et dans tous les temps. Si l'on admet au contraire, — comme l'observation l'impose — non une morale toute faite, mais une morale qui se fait, il faut bien qu'elle soit la création d'un individu ou d'un groupe. Tout le monde admet des inventeurs en géométrie, en musique, dans les arts plastiques ou mécaniques ; mais il y a eu aussi des hommes qui, par leurs dispositions morales, étaient très supérieurs à leurs contemporains et ont été des promoteurs, des initiateurs[1]. Par des causes que nous ignorons, analogues à celles qui produisent un grand poète ou un grand peintre, il surgit des génies moraux qui *ressentent* ce que d'autres ne sentent pas, tout comme fait un grand poète par rapport à la foule. Mais il ne suffit pas qu'ils sentent, il faut qu'ils créent, qu'ils réalisent leur idéal en une croyance et des règles de conduite acceptées par d'autres hommes. Tous les fondateurs des grandes religions ont été des inventeurs de ce genre. Que l'invention vienne d'eux seuls ou d'une collectivité dont ils sont le résumé et l'incarnation, peu importe. En eux, l'invention morale a trouvé sa forme complète; comme toute création véritable, elle est organique. La légende raconte que Bouddha obsédé du désir de trouver la voie parfaite du salut pour lui et le reste des hommes, se livre d'abord à un ascétisme extravagant; il en voit l'inutilité et y renonce; pendant sept années, il médite, l'illumination se fait; il possède la science des moyens qui délivre du *Karma* (enchaînement des causes et des effets) et de la nécessité des renaissances : aussitôt il renonce à la vie contemplative et pendant cinquante ans de pérégrinations incessantes, prêche, convertit, organise ses fidèles. Vrai ou faux historiquement, ce récit est d'une psychologie exacte : idée fixe et obsédante, essais suivis d'échecs, moment décisif de l'εὕρηκα, puis la révélation intérieure qui se manifeste au dehors et, par l'œuvre du Maître et de ses disciples, se développe, s'achève, s'impose à des millions d'hommes. En quoi ce mode de création diffère-t-il des autres, du moins dans l'ordre pratique?

Aussi, du point de vue de notre étude actuelle, peut-on diviser les morales en vivantes et en mortes. Les morales

---

[1]. Pour les faits à l'appui, voir la *Psychologie des Sentiments*, 2ᵉ partie, ch. vIII, p. 300.

vivantes sont nées des besoins et des désirs, suscitant une construction imaginative qui se fixe dans des actes, des habitudes et des lois; elles proposent aux hommes un idéal concret, positif, qui, sous des apparences diverses et quelquefois contraires, est toujours le bonheur. Les morales mortes — d'où l'invention s'est retirée — naissent de la réflexion et de la codification rationnelle des morales vivantes : consignées dans les écrits des philosophes, elles restent théoriques, spéculatives, sans efficacité appréciable sur la masse des hommes, simple matière à dissertations et à commentaires.

A mesure que l'on s'éloigne des origines lointaines, le jour se fait et l'invention dans l'ordre social et moral se manifeste comme l'œuvre de deux catégories principales d'esprit : les chimériques, les positifs.

Les premiers, imaginatifs purs, rêveurs, utopistes, sont proches parents des poètes et des artistes.

Les seconds, créateurs ou réformateurs pratiques, capables d'organiser, sont de la famille des inventeurs dans l'ordre industriel, commercial, mécanique.

I

La forme chimérique de l'imagination appliquée aux sciences sociales, est celle qui ne tenant compte ni du déterminisme extérieur ni des exigences pratiques, s'épanouit dans sa pleine liberté. Tels sont les créateurs de républiques idéales, en quête d'un âge d'or perdu ou à trouver, construisant, au gré de leur fantaisie, les sociétés humaines dans leurs grandes lignes et leurs détails : romanciers sociaux qui sont aux sociologistes ce que les poètes sont aux critiques. Leurs rêves, soumis aux seules conditions d'une logique intérieure, n'ont vécu qu'en eux, d'une vie idéale, sans jamais passer par l'épreuve de l'application. C'est l'imagination créatrice sous sa forme incomplète, restreinte à sa première phase.

Rien de plus connu que leurs noms et leurs œuvres : la *République* de Platon, l'*Utopie* de Thomas Morus, la *Cité du Soleil* de Campanella, l'*Oceana* d'Harrington, la *Salente* de Fénelon, etc. Si idéalistes qu'ils soient, on pourrait facilement montrer que tous les matériaux de leur idéal sont pris dans la réalité ambiante, portent la marque du milieu grec, anglais, chrétien, etc., où ils ont vécu; et il ne faut pas oublier que, chez les utopistes, tout n'est pas chimérique : les uns ont été des révélateurs, d'autres ont agi comme stimulants ou ferments. Fidèle à sa mission, qui est d'innover, l'imagination constructive est un aiguillon qui réveille; elle entrave la routine sociale et empêche la stagnation.

Parmi ces créateurs de sociétés idéales, il en est un, presque contemporain, qui mériterait une étude de psychologie individuelle : c'est Ch. Fourier. S'il ne s'agit que de la fécondité dans la construction pure, je doute que l'on puisse en trouver un autre supérieur à lui; il est l'égal des plus grands, avec ce caractère particulier d'être à la fois exubérant jusqu'au délire et exact dans les détails jusqu'à la minutie extrême. C'est un si beau type d'imaginatif qu'il mérite de nous arrêter un instant.

Sa cosmogonie semble l'œuvre d'un Démiurge omnipotent qui façonne l'univers à son gré. Sa conception du monde futur avec ses « créations contre-moulées », où les laideurs et nuisances actuelles du règne animal se changeront en leurs contraires, où il y aura des « antilions », des « anti-crocodiles », des « anti-baleines », etc., est un exemple, entre cent autres, de son inépuisable richesse en visions fantastiques : œuvre d'une imagination qui déborde, fougueuse, sans aucune préoccupation rationnelle.

Par contre, sa psychogonie, sur le thème fondamental de la métempsychose emprunté à l'Orient, s'abandonne à des variations numériques. Admettant pour chaque âme une renaissance par siècle, il lui attribue d'abord une période de « subversion ascendante », dont la première phase dure cinq mille ans, la seconde trente-six mille ans; puis vient une période d'apogée, neuf mille ans; enfin une période de « subversion descendante », dont la première phase est de vingt-sept mille ans, et la dernière de quatre mille ans : au total quatre-vingt-un mille années. Cette forme d'imagination nous est connue.

La partie principale de sa psychologie, la théorie des passions, discutable sur beaucoup de points, est relativement raisonnable; mais dans la reconstruction de la Société humaine, la dualité de son imagination, puissante et minutieuse, réapparaît. On connaît sa méthodique organisation : le groupe formé de 7 à 9 personnes, la série qui comprend 24 à 32 groupes, la phalange qui enveloppe 18 groupes composant le phalanstère; la petite ville, centre général des phalanges, la ville provinciale, la capitale d'empire, la métropole universelle. Il a la passion du classement et du règlement; « son phalanstère est libre comme une horloge » (Faguet).

Ce type rare d'imaginatif méritait bien quelques remarques, par son mélange d'exactitude apparente dans l'utopie et d'extravagance naturelle, inconsciente; car, sous ces pullulantes inventions de petits détails précis, le fond n'en reste pas moins une pure construction spéculative de l'esprit. Ajoutons un incroyable abus de l'*analogie*, ce principal instrument intellectuel de l'invention, — dont la lecture de ses œuvres peut seule donner une idée[1]. Henri Heine disait de Michelet : « Il a une imagination hindoue » : le mot s'appliquerait bien mieux à Ch. Fourier en qui coexistent la profusion sans frein des images et le goût des accumulations numériques. On a essayé d'expliquer ce luxe de chiffres et de calculs par une habitude professionnelle : il fut longtemps teneur de livres ou caissier, toujours excellent comptable; mais c'est prendre l'effet pour la cause. Ce dualisme était dans la nature même de son esprit et il en profita pour son métier. L'étude sur l'imagination numérique (ch. ii,) a montré combien elle se rencontre fréquemment chez les Orientaux dont le développement imaginatif est incontesté et nous avons vu pourquoi l'imagination idéaliste s'accommode si bien de la série indéfinie des nombres et s'en sert comme d'un véhicule.

II

Avec les inventeurs et réformateurs pratiques, c'est la chute de l'idéal; non qu'ils le sacrifient à leur intérêt personnel, mais parce qu'ils ont la compréhension du possible. La construction imaginative doit être rectifiée, rétrécie, mutilée, pour entrer dans le cadre étroit des conditions d'existence jusqu'à ce qu'elle s'adapte et se détermine. Ce procédé a été plusieurs fois décrit et il est inutile de le reprendre en d'autres termes. Toutefois ici l'idéal, — en donnant ce nom au principe d'unité qui suscite la création et la soutient dans son développement, — subit une méta-

---

[1]. Nous recommandons au lecteur l' « Épilogue sur l'Analogie » dans *Le Monde industriel*, p. 244 et suiv., où il apprendra que « le chardonneret dépeint l'enfant issu de parents pauvres », que « le faisan dépeint le mari jaloux », que « le coq est l'emblème de l'homme du monde », que « le chou est l'emblème de l'amour mystérieux », etc. Il y a plusieurs pages sur ce ton, avec de prétendues raisons à l'appui.

morphose et doit être non plus seulement individuel, mais *collectif*; la création ne se réalise que par une « communion des esprits », par une coopération des sentiments et des volontés; l'œuvre d'une conscience individuelle doit devenir l'œuvre d'une conscience sociale.

Cette forme d'imagination qui crée et organise des groupes sociaux, se manifeste à des degrés divers suivant la tendance et la puissance des créateurs.

Il y a les fondateurs de petites sociétés à forme religieuse : les Esséniens, les premières communautés chrétiennes, les ordres monastiques d'Orient et d'Occident, les grandes congrégations catholiques ou musulmanes, les sectes demi laïques, demi religieuses, telles que les Moraves, Shakers, Mormons, etc. — Moins complète, parce qu'elle n'enveloppe pas l'individu tout entier dans tous les actes de sa vie, est la création des associations secrètes, syndicats professionnels, sociétés savantes, etc. Le fondateur conçoit un idéal de vie complète ou restreinte à un but déterminé qu'il applique, ayant pour matériaux des hommes groupés par libre choix ou cooptation.

Il y a l'invention qui opère sur de grandes masses, — l'invention sociale et politique proprement dite, — ordinairement imposée non proposée; mais qui, malgré sa puissance coërcitive, est soumise à des exigences plus nombreuses encore que l'invention mécanique, industrielle ou commerciale; ayant à lutter contre les forces de la nature, mais surtout contre les forces humaines : habitudes héréditaires, mœurs, traditions. Il faut qu'elle transige avec les passions et idées dominantes, n'étant, comme toute autre création, justifiée que par le succès.

Sans entrer dans les détails de ce déterminisme inévitable (ce qui nous imposerait d'inutiles redites), on peut résumer le rôle de l'imagination constructive dans les choses sociales en disant qu'elle a subi une *régression*, c'est-à-dire que son aire de développement s'est peu à peu rétrécie : non que l'invention géniale, réduite à la pure construction en images ait subi une éclipse; mais elle a dû, à côté d'elle, faire une part de plus en plus large à l'expérience, aux éléments rationnels, au calculs, aux inductions et déductions qui permettent de prévoir, aux nécessités pratiques.

Si on omet l'invention spontanée, instinctive, demi-inconsciente des premiers âges qui a suffi aux sociétés primitives, pour s'en tenir aux créations réfléchies et à grandes prétentions, on peut en gros distinguer trois périodes successives :

1° Une phase idéaliste très longue (Antiquité, Renaissance) où triomphent l'imagination pure et le jeu de la libre fantaisie qui se dépense en romans sociaux. Entre la création de l'esprit et la vie des sociétés contemporaines, nul rapport : deux mondes à part, étrangers l'un à l'autre. Les vrais utopistes ne se soucient guère d'appliquer. Platon et Thomas Morus auraient-ils voulu réaliser leurs rêves?

2° Une phase intermédiaire où l'on essaie de passer de l'idéal à la pratique, de la spéculation pure au contact avec les faits sociaux. Déjà, au siècle dernier, quelques philosophes rédigeaient des constitutions sur la demande des intéressés (Locke, J. J. Rousseau). Durant cette période où l'œuvre de l'imagination au lieu de se fixer simplement dans des livres, tend à s'objectiver dans les actes, on compte beaucoup d'échecs et quelques succès partiels. Rappelons les essais infructueux de « phalanstères » en France, en Algérie, au Brésil, aux États-Unis. Robert Owen fut plus heureux : en quatre ans, il réforme New-Larnak suivant son idéal et, avec des fortunes diverses, fonda des colonies peu durables. Le Saint-Simonisme n'a pas péri tout entier; l'organisation primitive conforme à son idéal a disparu rapidement; mais quelques-unes de ses théories se sont infiltrées ou incorporées en d'autres doctrines.

3° Une phase où la création imaginative se subordonne à la pratique. La conception sociale cesse d'être purement idéaliste ou construite *à priori* par déduction d'un principe unique; elle transige avec les conditions de son milieu, s'adapte aux nécessités de son développement. C'est le passage de l'état d'autonomie absolue de l'imagination à une période où elle subit les lois d'un impératif rationnel; en d'autres termes, le passage de la forme esthétique à la forme scientifique et surtout pratique. Le socialisme en est un excellent exemple et bien connu. Que l'on compare ses utopies anciennes (environ jusqu'au milieu de notre siècle) à ses formes contemporaines et on appréciera sans peine la quantité d'éléments imaginatifs perdus, au profit d'une quantité au moins équivalente d'éléments rationnels et de calculs positifs.

CONCLUSION

I

Les bases de l'imagination créatrice.

Pourquoi l'esprit humain est-il capable de créer? En un certain sens, cette question peut paraître oiseuse, puérile et même pis. On pourrait tout aussi bien se demander : Pourquoi l'homme a-t-il des yeux et non un appareil électrique comme la torpille? Pourquoi perçoit-il immédiatement les sons, mais non les rayons ultra-rouges et ultra-violets; les changements d'odeurs, mais non les changements magnétiques? et ainsi sans fin. Nous posons cette question en un sens très différent : Étant donnée la constitution physique et mentale de l'homme telle qu'elle existe en fait, comment l'imagination créatrice est-elle un produit naturel de cette constitution?

L'homme est capable de créer pour deux raisons principales. La première, d'ordre moteur, consiste dans l'action de ses besoins, appétits, tendances et désirs. La seconde est la possibilité d'une réviviscence spontanée des images qui se groupent en combinaisons nouvelles.

I. Précédemment, on a montré en détail (partie I, ch. II) que l'hypothèse d'un « instinct créateur », si ce terme est employé non comme une formule abréviative ou une métaphore mais au sens strict, est une pure chimère, une entité vide. En étudiant les divers types d'imagination, on a toujours eu soin de faire remarquer que chaque mode de création peut se ramener, comme à sa source, à une tendance, un besoin, un désir spécial, déterminé. Rappelons une dernière fois ces conditions initiales de toute invention, ces appétitions, conscientes ou non, qui la suscitent.

Les besoins, tendances, désirs (quelque terme qu'on préfère, il n'importe) dont le faisceau constitue l'instinct de la conservation individuelle, ont été les générateurs de toutes les inventions relatives à l'alimentation, l'habitation, la fabrication des armes, instruments, machines.

Le besoin d'expansion ou d'extension individuelle et sociale a suscité les inventions guerrières et commerciales, industrielles et, sous sa forme désintéressée, la création esthétique.

Pour l'instinct sexuel, sa fécondité psychique ne le cède en rien à sa fécondité physique : il est une source inépuisable d'imagination, dans la vie courante autant que dans l'art.

Les besoins de l'homme en contact avec ses semblables ont engendré, par une action instinctive ou réfléchie, les nombreuses créations sociales et pratiques qui ont régi les groupes humains : grossières ou complexes, stables ou instables, justes ou injustes, clémentes ou féroces.

Le besoin de connaître et d'expliquer bien ou mal à créé les mythes, les religions, les systèmes philosophiques, les hypothèses scientifiques.

Chaque besoin, tendance, désir, peut donc devenir créateur, soit isolément soit associé à d'autres et c'est en ces éléments derniers que l'analyse doit résoudre la « spontanéité créatrice ». Ce terme vague correspond à une somme,

CONCLUSION

non à une propriété spéciale[1]. Toute invention a donc une origine *motrice*; le fond dernier de l'imagination constructive est donc *moteur*.

II. Mais les besoins et les désirs seuls ne peuvent créer; ils ne sont qu'un stimulant et un ressort; d'où la nécessité d'une seconde condition : la réviviscence spontanée des images.

Chez beaucoup d'animaux qui ne sont doués que de mémoire, le retour des images est toujours *provoqué*. Les sensations externes ou internes les ramènent dans la conscience sous la forme pure et simple des expériences antérieures : d'où reproduction, répétition sans association nouvelle. Les gens peu imaginatifs et routiniers se rapprochent de cet état mental. Mais en fait, l'homme (dès sa seconde année) et quelques animaux supérieurs dépassent ce stade; ils sont capables de réviviscence *spontanée*. Je désigne sous ce nom celle qui se produit brusquement, sans antécédents *apparents*; on sait qu'ils agissent sous une forme latente et consistent en pensée par analogie, dispositions affectives, élaboration inconsciente. Cette apparition brusque suscite d'autres états qui, groupés en associations nouvelles, contiennent les premiers éléments de la création.

[1]. C'est un postulat de la physiologie contemporaine que l'ensemble des neurones ne peut spontanément, c'est-à-dire par lui-même, engendrer aucun mouvement : il reçoit du dehors, il restitue au dehors. Toutefois, entre ces deux moments qui, dans les actions réflexes et instinctives, semblent en continuité, s'intercale un troisième, qui, pour les actes psychiques supérieurs, peut être d'une longue durée. Ainsi, le raisonnement sous sa forme logique, la réflexion sur une décision à prendre ont une faible tendance à se traduire en actes; leurs effets moteurs sont indirects et à longue échéance. Or, ce moment intermédiaire est par excellence celui de la psychologie. C'est aussi celui de l'équation personnelle : chaque homme reçoit, transforme et restitue selon son organisation propre, son tempérament, son idiosyncrasie, son caractère — d'un seul mot sa personnalité, dont ses besoins, tendances et désirs sont l'expression directe et immédiate : en sorte que nous revenons à la même définition de la spontanéité par une autre voie.

Prise dans son ensemble et quelque innombrables que soient ses manifestations, l'imagination constructive me paraît réductible à trois formes que j'appelle ébauchée, fixée, objectivée; suivant qu'elle reste un fantôme intérieur, ou qu'elle revêt une forme matérielle mais contingente et sans rigidité, ou qu'elle est soumise aux conditions d'un rigoureux déterminisme intérieur ou extérieur.

1° La forme *ébauchée* est primordiale, originelle, la plus simple de toutes : c'est un moment de naissance ou d'essai. Elle apparaît tout d'abord dans le rêve, manifestation embryonnaire, instable et incoordonnée de l'imagination créatrice; état de transition, entre la reproduction passive et la construction organisée. — A un degré plus élevé, c'est la rêverie dont les images flottantes, associées au hasard, sans intervention personnelle, sont pourtant assez vives pour exclure de la conscience toute impression du monde extérieur; si bien que le rêveur n'y entre qu'avec le choc de la surprise. — Plus cohérents sont les édifices imaginaires connus sous le nom de « châteaux en Espagne », œuvres d'un désir jugé irréalisable, romans d'amour, d'ambition, de puissance, de richesse dont le but paraît pour toujours hors de notre atteinte. — Enfin, encore plus haut, toute construction de l'avenir, conçu vaguement et comme simplement *possible* : prévoir l'issue d'une maladie, d'une affaire, d'une entreprise, d'un événement politique, etc.

Cette imagination vague et ébauchée qui pénètre dans notre vie entière, a ses caractères propres : le principe d'unité est nul ou éphémère, ce qui la ramène toujours au rêve comme à son type; elle ne s'extériorise pas, ne se traduit jamais en actes, par suite de sa nature foncièrement chimérique ou d'une impuissance de la volonté, ce qui la réduit à une existence strictement intérieure et individuelle. Inutile d'ajouter que ce mode d'imagination est une forme permanente et définitive chez les rêveurs qui vivent dans un monde d'images sans cesse renaissantes, sans pouvoir les organiser, les traduire en une œuvre d'art, une théorie, une invention utile.

L'imagination ébauchée est ou reste une forme élémentaire, primitive, automatique. Conformément à la loi générale qui régit le développement de l'esprit, — passage de l'indéfini au défini, de l'incohérent au cohérent, de la spontanéité à la réflexion, de la période réflexe à la période volontaire — l'imagination sort de ses langes, se métamorphose : par l'intervention d'un acte téléologique qui lui assigne un but, par l'adjonction d'éléments rationnels qui la soumettent à une adaption. Alors apparaissent les deux autres formes.

2° La forme *fixée* comprend les créations mythiques, esthétiques, les hypothèses philosophiques et scientifiques. Tandis que l'imagination ébauchée reste à l'état de phénomène intérieur, n'existe que dans un individu et pour un seul individu; celle-ci est projetée au dehors, aliénée. La première n'a d'autre réalité que la croyance momentanée qui l'accompagne; celle-ci existe par elle-même, pour son créateur et pour les autres; son œuvre est acceptée, rejetée, examinée, critiquée. La fiction se pose sur le même plan que la réalité. Ne discute-t-on pas sérieusement la valeur objective de certains mythes, de certaines théories métaphysiques? l'action d'un roman ou d'un drame, comme s'il s'agissait d'événements réels? le caractère des personnages, comme s'ils vivaient en chair et en os?

L'imagination fixée se meut dans un cadre élastique. Les éléments matériels qui la circonscrivent et l'incarnent ont une certaine fluidité : le langage, l'écriture, les sons musicaux, les couleurs, les formes, les lignes. De plus, on sait que ses créations, malgré l'adhésion spontanée de l'esprit qui les accepte, sont l'œuvre du bon plaisir; elles pourraient être autres; elles conservent une empreinte indélébile de contingence et de subjectivité.

3° Cette marque s'efface, sans disparaître (car l'imaginé reste toujours personnel) dans la forme *objectivée* qui comprend les inventions pratiques, mécaniques, industrielles, commerciales, militaires, sociales, politiques qui ont réussi. Celles-ci n'ont plus une réalité arbitraire et d'emprunt; elles tiennent leur place dans l'ensemble des phénomènes physiques et sociaux; ressemblant aux créations de la nature, comme elles soumises à des conditions d'existence fixes et à un déterminisme limité : nous n'insistons pas sur ce dernier caractère tant de fois signalé.

Pour mieux faire comprendre la distinction entre ces trois formes d'imagination, qu'on me permette d'emprunter pour un moment la terminologie spiritualiste ou du dualisme vulgaire, — uniquement comme procédé d'exposition et d'éclaircissement : l'imagination ébauchée est une âme sans corps, un pur esprit, sans détermination dans l'espace. — L'imagination fixée est une âme ou esprit entouré d'une enveloppe presque immatérielle : comme les anges ou les démons, les génies, les ombres, le « double » des sauvages, le périsprit des spirites, etc. — L'imagination objectivée est âme et corps, organisation complète à la manière des vivants : l'idéal s'est incarné, mais il a dû subir des transformations, réductions et adaptations pour devenir pratique; de même que l'âme, d'après le spiritualisme, doit se plier aux nécessités du corps, être à la fois servie et asservie par les organes.

D'après l'opinion commune, les grands imaginatifs ne se rencontrent que dans les deux premières catégories : ce qui est vrai au sens restreint, faux au sens complet du mot imagination. Tant qu'elle reste ébauchée et même fixée, l'imagination constructive peut régner en maîtresse absolue. Objectivée, elle règne encore, mais en partageant le pouvoir avec des compétiteurs : elle ne peut rien sans eux ; ils ne peuvent rien sans elle. Ce qui trompe, c'est qu'on ne la voit plus à découvert. Ici, la poussée imaginative ressemble à ces puissants jets d'eau qui doivent s'emprisonner dans un réseau compliqué de canaux et de ramifications, variant en figure et en calibre, avant de jaillir en fusées multiples et en architectures liquides [1].

II

Le type imaginatif.

Essayons maintenant, pour terminer, de présenter au lecteur un tableau d'ensemble de la vie imaginative à tous ses degrés.

Si l'on considère l'esprit humain surtout sous son aspect intellectuel, c'est-à-dire en tant qu'il connaît et qu'il pense, abstraction faite de ses émotions et de son activité volontaire, l'observation des individus dégage quelques variétés bien tranchées.

D'abord les esprits positifs ou réalistes qui vivent principalement du monde extérieur, de ce qu'ils perçoivent et de ce qui s'en déduit immédiatement, étrangers ou hostiles aux chimères : les uns, plats, bornés, terre à terre ; d'autres,

---

1. Outre ces trois formes principales, il y a des formes intermédiaires — transitions d'une catégorie à l'autre — difficiles à classer : certaines créations mythiques sont à demi ébauchées, à demi fixées ; et l'on trouve des conceptions religieuses, sociales, politiques, en partie théoriques ou fixées, en partie pratiques ou objectivées.

hommes d'action, énergiques, mais enfermés dans la réalité.

Les esprits abstraits, les « abstracteurs de quintessence », chez qui prédomine la vie intérieure sous la forme de combinaisons de concepts. Ils ont une représentation schématique du monde, réduit à une hiérarchie d'idées générales, notées par des signes. Tels sont les mathématiciens purs, les métaphysiciens purs. Si ces deux tendances coexistent ou, comme il arrive, se greffent l'une sur l'autre, sans que rien leur fasse contre-poids, l'esprit abstrait atteint sa forme parfaite.

Entre ces deux groupes, à mi-chemin, sont les imaginatifs, chez qui prédomine la vie intérieure sous la forme de *combinaisons d'images* : ce qui les distingue nettement des abstracteurs. Seuls ils nous intéressent et nous allons essayer de suivre ce type imaginatif dans son développement, depuis l'état normal ou moyen jusqu'au moment où son exubérance toujours grandissante l'introduit dans la pathologie.

L'explication des diverses phases de ce développement est réductible à une loi psychologique bien connue : l'antagonisme naturel entre la sensation et l'image, entre les phénomènes d'origine périphériques et les phénomènes d'origine centrale; ou, sous une forme plus générale, entre la vie extérieure et la vie intérieure. Je n'insisterai pas sur ce point que Taine a supérieurement traité [1]. Il a montré en détail comment l'image est une sensation spontanément renaissante, mais qui avorte par le choc antagoniste de la sensation réelle qui est son « réducteur », qui produit sur elle une action d'arrêt et la maintient à l'état de fait intérieur et subjectif. Ainsi, pendant la veille, la fréquence et

---

[1]. *L'Intelligence*, partie I, livre II, ch. 1er.

l'intensité des impressions du dehors refoulent les images au second plan; mais, pendant le sommeil où le monde extérieur est comme supprimé, leur tendance hallucinatoire n'est plus tenue en échec et le monde des rêves est momentanément la réalité.

La psychologie de l'imaginatif se ramène à une interversion des rôles, progressivement croissante; les images deviennent de plus en plus des états forts, les perceptions de plus en plus des états faibles. Dans cette marche contre nature, je note quatre étapes dont chacune correspond à des conditions particulières : 1° la quantité des images; 2° la quantité et l'intensité; 3° la quantité, l'intensité et la durée; 4° la systématisation complète.

1. Au premier degré, la prédominance de l'imagination n'est marquée que par la *quantité* des représentations qui envahissent la conscience : elles pullulent, prolifèrent, s'associent, se combinent avec facilité et de diverses manières. Tous les imaginatifs qui m'ont fait leur confession, oralement ou par écrit, s'accordent sur l'extrême aisance des associations à se former, non pour répéter les expériences passées, mais pour ébaucher de petits romans[1]. Entre beaucoup d'exemples, j'en donne un seul. L'un de mes correspondants m'écrit que si, à l'église, au théâtre, sur une place, dans une gare, son attention s'arrête sur une personne, homme ou femme, aussitôt d'après son aspect, sa mise, son allure, il construit son présent et son passé, son genre de vie, ses occupations, il se représente le quartier de la ville qu'elle doit habiter, son logement, son mobilier, etc. : construction le plus souvent erronée; j'en ai maintes preuves. Assurément, cette disposition est normale; elle ne s'écarte de la moyenne que par un exès

---

1. Voir l'appendice E.

d'imagination qui est remplacé chez d'autres par une tendance excessive à observer, analyser, ou à critiquer, raisonner, ergoter. Pour franchir le pas décisif et entrer dans l'anormal, il faut une condition de plus : l'*intensité* des représentations.

II. Alors l'interversion des rôles, indiquée plus haut, se produit; les états faibles (images) deviennent les états forts; les états forts (perceptions) deviennent les états faibles. Les impressions du dehors sont impuissantes à remplir leur office régulier d'inhibition. Nous en trouvons l'exemple le plus simple dans la persistance exceptionnelle de certains rêves. A l'ordinaire, nos imaginations nocturnes s'évanouissent comme une fantasmagorie vaine devant l'afflux des perceptions et les habitudes de la vie diurne, elles apparaissent comme des fantômes lointains, sans objectivité. Mais, dans la lutte qui se produit au réveil entre les images et les perceptions, celles-ci ne sont pas toujours victorieuses. Il y a des rêves, c'est-à-dire des créations imaginaires, qui tiennent ferme devant la réalité et, pendant quelque temps, marchent de pair avec elle. Taine, le premier peut-être, a vu l'importance de ce fait : il rapporte que son parent, le Dr Baillarger, ayant rêvé qu'un de ses amis était nommé directeur d'un grand journal, annonça sérieusement la nouvelle à plusieurs personnes et que le doute ne s'éveilla en lui que vers la fin de l'après-midi. Depuis, les psychologues contemporains ont recueilli diverses observations de ce genre[1]. La persistance émotionnelle de certains songes est connue : tel de nos proches joue dans un rêve un rôle odieux; on peut

---

1. Sante de Santis, *I Sogni*, ch. x; Dr Tissié, *Les Rêves*, en particulier p. 165, le cas d'une marchande qui rêve avoir été payée d'une certaine dette et, plusieurs semaines après, renvoie son débiteur, en soutenant qu'il s'est acquitté et ne se rend qu'à l'évidence.

ressentir contre lui un sentiment de répulsion ou d'aigreur qui persiste toute la journée. Mais ce triomphe de l'image, accidentel et éphémère chez l'homme normal, est fréquent et stable chez les imaginatifs du second degré. Beaucoup d'entre eux ont soutenu que ce monde intérieur est la seule réalité. Gérard de Nerval « avait eu de très bonne heure la conviction que la foule se trompe, que l'univers matériel auquel elle a foi parce que ses yeux le voient et que ses mains le touchent, n'est que fantômes et apparences. Pour lui, le monde invisible était, au contraire, le seul qui ne fût pas chimérique ». De même Edgar Poë : « Les réalités du monde m'affectaient comme des visions et seulement ainsi ; tandis que les idées folles du pays des songes devenaient en revanche non seulement la pâture de mon existence quotidienne, mais positivement cette unique et entière existence elle-même ». D'autres décrivent leur vie comme « un rêve permanent ». On pourrait multiplier les exemples ; outre les poètes et les artistes, les mystiques en fourniraient copieusement. Faisons la part de l'exagération : ce « rêve permanent » n'est en somme qu'une portion de leur existence ; il agit surtout par son intensité ; mais tant qu'il dure, il les absorbe si complètement qu'ils ne rentrent dans le monde extérieur, objectif, qu'avec un choc brusque, violent et douloureux.

III. Si la transformation des images en états forts, prépondérants dans la conscience n'est plus un épisode, mais une disposition qui *dure* ; alors la vie imaginative subit une systématisation partielle qui touche aux limites de la folie. Chacun peut être « absorbé » en passant ; les auteurs ci-dessus nommés et leurs semblables le sont fréquemment ; à un degré plus haut cette suprématie envahissante de la vie intérieure devient une habitude : ce troisième degré n'est que l'excès du second.

On connaît quelques cas de double personnalité (ceux d'Azam, de Reynolds) où l'état second est d'abord embryonnaire et de courte durée ; puis ses apparitions se répètent, sa sphère s'étend ; peu à peu il accapare la plus large portion de la vie ; il peut même supplanter totalement le moi primitif. Semblable est le travail croissant de la vie imaginative. Grâce à deux causes agissant de concert — le tempérament et l'habitude — la vie imaginaire et intérieure tend à se systématiser et à empiéter de plus en plus sur la vie réelle et extérieure. Dans une observation de Féré[1] on peut suivre pas à pas ce travail de systématisation que nous réduisons à ses traits principaux.

Le sujet, M..., homme de trente-sept ans, eut dès l'enfance un goût décidé pour la solitude. Assis dans un coin reculé de la maison ou dehors, « il commença dès lors à construire des châteaux en Espagne qui prirent peu à peu une importance considérable dans sa vie. Ses constructions étaient d'abord éphémères, remplacées quotidiennement par de nouvelles ; progressivement elles devinrent plus consistantes... Quand il était bien pénétré de son rôle imaginaire, il lui arrivait souvent de continuer son rêve en présence d'autres personnes. Au collège, des heures entières se passaient ainsi ; souvent il n'avait rien vu ni entendu ». Marié, chef d'une maison de commerce qui prospérait, il eut quelque répit, puis il revint à ses anciennes constructions. « Elles commencèrent par être, comme autrefois, peu durables et peu absorbantes ; mais graduellement elles acquirent plus d'intensité et de durée, enfin elles se fixèrent dans une forme définitive.

« En résumé, voici en quoi consistait cette vie idéale qui durait depuis bientôt quatre ans : M... avait fait construire à Chaville, à la lisière du bois, un pavillon (imaginaire) entouré d'un jardin. Par des agrandissements successifs, le pavillon était devenu château : le jardin, parc ; les écuries, les chevaux, les pièces d'eau étaient venues orner le domaine. L'ameublement intérieur s'était modifié parallèlement... Une femme était venue animer ce tableau : deux enfants étaient nés, il ne manquait à ce ménage idéal que d'être légitime... Un jour, il était dans son salon imaginaire (de Chaville) occupé à

---

1. Pour l'observation complète, voir sa *Pathologie des émotions*, p. 345-349 (Paris, F. Alcan).

surveiller un tapissier qui modifiait l'arrangement d'une tenture; il était tellement absorbé par cette surveillance qu'il ne vit pas un homme se diriger vers lui : et à cette demande : « M. M..., s'il vous plait », il réplique, sans s'en rendre compte : Il est à Chaville. Cette réponse faite en public provoqua chez lui une véritable terreur. « J'ai compris, dit-il, que j'étais fou. » Revenu à lui, il se déclara prêt à tout supporter pour se débarrasser de ses idées.

Ici, le type imaginatif est à son *maximum*, à la limite de la folie sans la franchir. Les associations et combinaisons d'images forment tout le contenu de la conscience qui reste impénétrable aux impressions du dehors : son monde devient le monde. La vie parasite mine et corrode l'autre pour s'installer à sa place : elle grandit, ses fragments s'agglutinent peu à peu, elle forme une masse compacte; la systématisation imaginaire est accomplie.

IV. Au quatrième degré, aggravation du précédent, la vie imaginaire *complètement systématisée et permanente* exclut l'autre : c'est la forme extrême, l'entrée dans la folie. Ceci est hors de notre sujet d'où la pathologie a été exclue.

L'imagination chez les fous mériterait une étude spéciale[1] : elle serait longue, car il n'y a pas un mode d'invention qui n'ait revêtu la forme vésanique. En aucun temps, les créations folles n'ont fait défaut dans la vie pratique, religieuse, mystique; dans la poésie, dans les beaux arts et les sciences; dans les projets industriels, commerciaux, mécaniques, militaires, dans les plans de réforme sociale ou politique. On serait donc abondamment pourvu de faits[1].

---

1. Le Dr Max Simon, dans un article sur « l'Imagination dans la folie » (*Annales médico-psychologiques*, décembre 1876), soutient que chaque espèce de maladie mentale a sa forme d'imagination propre qui s'exprime par des récits, compositions, dessins, décorations, accoutrements et attributs symboliques. Le maniaque invente des dessins compliqués et invraisemblables; le persécuté, des dessins symboliques, des écrits étrangers

Elle serait difficile ; car si, dans la vie ordinaire, on est souvent perplexe pour décider si un homme est sain ou aliéné, combien plus encore quand il s'agit d'un inventeur, d'un acte de la faculté créatrice, c'est-à-dire d'une tentative sur l'inconnu ! Que de novateurs ont été considérés comme aliénés, tout au moins déséquilibrés, visionnaires ! On ne peut pas même invoquer comme critérium la réussite. Nombre d'inventions non viables ou avortées ont eu pour pères des esprits très sains et des gens qualifiés d'insensés ont justifié leurs constructions imaginatives par le succès.

Écartons ces difficultés d'un sujet qui n'est pas le nôtre, pour déterminer simplement le critérium psychologique propre à ce quatrième degré.

Comment peut-on affirmer en droit qu'une forme de la vie imaginative est nettement pathologique ? A mon avis, la réponse doit être cherchée dans la nature et le degré de croyance qui accompagne le travail de la création. C'est un axiome incontesté pour tous, idéalistes et réalistes de toutes nuances, que rien n'existe pour nous que par la conscience que nous en avons ; mais pour le réalisme (et la psychologie expérimentale est nécessairement réaliste) il y a deux formes distinctes d'existence :

L'une subjective qui n'a de réalité que dans la conscience,

---

et touchant à l'horrible ; les mégalomanes visent à l'effet dans tout ce qu'ils disent et font ; le paralytique général vit dans le grandiose et attribue une importance capitale à toutes choses ; les déments aiment le merveilleux naïf et enfantin.

Il s'est rencontré aussi de grands imaginatifs qui, ayant traversé une période de folie, l'ont vivement regrettée « comme un état où l'âme, plus exaltée et plus subtile, perçoit des rapports invisibles et jouit de spectacles échappant aux yeux matériels ». Tel fut Gérard de Nerval. Quant à Charles Lamb, il déclarait qu'on devait lui envier les jours passés dans une maison de fous. « Parfois, dit-il dans une lettre à Coleridge, je jette en arrière sur l'état où je me suis trouvé un regard d'envie ; car tant qu'il a duré j'ai eu beaucoup d'heures de bonheur pur. Ne croyez pas, Coleridge, avoir goûté la grandeur et tout l'emportement de la fantaisie, si vous n'avez pas été fou. Tout maintenant me semble insipide en comparaison. » Cité par A. Barine, *Névrosés*, p. 326.

pour celui qui l'éprouve et qui ne doit sa réalité qu'à la croyance, à cette affirmation primitive de l'esprit tant de fois décrite.

L'autre objective qui existe dans la conscience et hors d'elle, qui est réelle non seulement pour moi, mais pour ceux dont la constitution est semblable ou analogue à la mienne.

Ceci rappelé comparons les deux derniers degrés du développement de la vie imaginative.

Pour l'imaginatif du troisième degré, les deux formes d'existence ne se confondent pas. Il distingue deux mondes, l'un qu'il préfère, l'autre qu'il subit, mais il croit à l'un et l'autre; il a conscience de passer de l'un à l'autre. *Il y a alternance.* L'observation de Féré, quoique à l'extrême limite, en est une preuve.

Au quatrième degré chez l'aliéné, le travail imaginatif (le seul qui nous concerne) est tellement systématisé que la distinction entre les deux modes d'existence a disparu. Toutes les rêveries de son cerveau sont investies d'une réalité objective. Les événements extérieurs, même les plus extraordinaires, ne l'atteignent pas ou sont interprétés dans le sens de son délire[1]. *Il n'y a plus d'alternance.*

En résumé, l'imagination créatrice consiste dans la propriété qu'ont les images de s'assembler en combinaisons nouvelles, par l'effet d'une spontanéité dont on a essayé de déterminer la nature. Elle tend toujours à se réaliser à des degrés qui varient de la simple croyance momentanée à l'objectivité pleine et entière. A travers ses

---

[1]. On a souvent cité le cas de certains aliénés de Charenton qui, pendant la guerre franco-prussienne, malgré les récits qu'on leur faisait, les journaux qu'ils lisaient, les obus qui éclataient sous les murs de l'asile, soutenaient que cette guerre était chimérique et que tout cela n'était qu'une machination de leurs persécuteurs.

multiples manifestations, elle reste identique à elle-même, dans sa nature foncière, dans ses éléments constitutifs. La diversité de ses œuvres dépend du but posé, des conditions requises pour l'atteindre, des matériaux employés qui (nous l'avons vu) sous le nom collectif de représentations, sont, en fait, très dissemblables non-seulement quant à leur origine sensorielle (images visuelles, auditives, tactiles, etc.) mais quant à leur nature psychologique ; — images concrètes, symboliques, affectives, abstraits émotionnels ; images génériques et schématiques, concepts : chaque groupe comportant lui-même des nuances individuelles.

Cette activité constructive qui s'applique à tout et rayonne en tout sens, est, sous sa forme primitive, typique, une création mythique. C'est un besoin invincible pour l'homme de refléter et reproduire sa propre nature dans le monde qui l'entoure : la première démarche de son esprit est la *pensée par analogie*, qui anime tout d'après le modèle humain et essaie de connaître tout d'après des ressemblances arbitraires. L'activité mythologisante que nous avons étudiée chez l'enfant et le primitif est la forme embryonnaire d'où sortent, par une évolution lente, les créations religieuses, grossières ou raffinées; le développement esthétique qui est une mythologie déchue, appauvrie; les conceptions chimériques du monde qui peu à peu deviennent des conceptions scientifiques, mais avec un irréductible résidu d'hypothèses. A côté de ces créations aboutissant toutes à la forme que nous avons nommée fixée, il y a les créations pratiques, objectivées. Celles-ci, on ne pourrait les dériver de la même source mythique que par des subtilités dialectiques, auxquelles nous renonçons. Les premières sont nées d'une effervescence intérieure; les secondes des besoins urgents de la vie;

elles apparaissent plus tard et sont une bifurcation du tronc primitif; mais la même sève coule dans les deux branches.

L'imagination constructive pénètre la vie tout entière, individuelle et collective, spéculative et pratique, sous toutes ses formes : elle est partout.

APPENDICE

OBSERVATIONS ET DOCUMENTS

Appendice A.

LES DIVERSES FORMES D'INSPIRATION
(Voir Ire partie, chap. III).

Entre les descriptions de l'état d'inspiration qu'on trouve dans divers auteurs, j'en choisis seulement trois, qui sont courtes et ont chacune un caractère particulier.

I. L'inspiration mystique, à forme passive, dans Jacob Bœhme (*Aurora*). « Je déclare devant Dieu que j'ignore moi-même comment la chose se fait en moi, sans la participation de ma volonté. Je ne sais même pas ce que je dois écrire. Si j'écris, c'est que l'Esprit m'inspire et me communique une grande, une merveilleuse connaissance. Je ne sais souvent même si j'habite en esprit dans ce monde actuel et si c'est bien moi qui ai le bonheur de posséder une science certaine et solide ».

II. L'inspiration fiévreuse et douloureuse dans A. de Musset : « L'invention me trouble et me fait trembler, l'exécution, toujours trop lente à mon gré, me donne d'effroyables battements de cœur, et c'est en pleurant et en me retenant de crier que j'accouche d'une idée qui m'enivre, mais dont je suis mortellement honteux et dégoûté le lendemain matin. Si je la transforme, c'est pire, elle me quitte : mieux vaut l'oublier et en attendre une autre : mais cette autre m'arrive si confuse et si énorme, que mon pauvre être ne peut pas la contenir. Elle me presse et me torture, jusqu'à ce qu'elle ait pris des proportions réalisables et que revienne l'autre souffrance, celle de l'enfantement, une vraie souffrance physique que je ne peux définir. Et voilà comment ma vie se passe quand je me laisse dominer par ce géant d'artiste qui est en moi. Donc, il vaut bien mieux que je vive comme j'ai imaginé de vivre, que je fasse des excès de toute sorte et que je tue ce ver rongeur que mes pareils appellent modestement leur inspiration et que j'appelle tout bonnement mon infirmité [1] ».

III. Le poète Grillparzer (dans Œlzelt-Newin : *ouv. cité*; p. 49) analyse ainsi cet état :

« L'inspiration proprement dite est la concentration de toutes les facultés et aptitudes sur un seul point qui, pendant ce moment, doit moins envelopper le reste du monde que le représenter. Le renforcement de l'état de l'âme vient de ce que ses diverses facultés, au lieu de se disséminer sur le monde entier, se trouvent contenues dans les limites d'un seul objet, se touchent, se soutiennent, se renforcent, se complètent réciproquement. Grâce à cet isolement, l'objet sort du niveau moyen de son milieu, il est illuminé de toutes parts, mis en relief; il prend corps, se meut, vit. Mais pour cela, il faut la concentration de toutes les facultés. Ce n'est que quand l'œuvre d'art a été un monde pour l'artiste, qu'elle est aussi un monde pour les autres ».

---

1. G. Sand. *Elle et Lui*, I.

Appendice B.

SUR LA NATURE DU FACTEUR INCONSCIENT
(Voir Ire partie, chap. III).

Nous avons vu que, dans la question de l'inconscient, il faut distinguer une partie positive — les faits; et une partie hypothétique — les théories.

En ce qui concerne les faits, il y aurait avantage, selon nous, à établir deux catégories : 1° l'inconscient *statique* comprenant les habitudes, la mémoire et en général tout ce qui est savoir organisé; c'est un état de conservation, de repos, tout relatif puisque les représentations subissent d'incessantes corrosions et métamorphoses : 2° l'inconscient *dynamique* qui est un état latent d'activité, d'élaboration, d'incubation. On pourrait donner à profusion des preuves de cette rumination inconsciente. Le fait bien connu qu'un travail intellectuel gagne à être interrompu; qu'en le reprenant, on le trouve souvent éclairci, transformé, même achevé, était expliqué par quelques psychologues antérieurs à Carpenter par « le repos de l'esprit » : autant vaudrait dire qu'un voyageur fait des kilomètres en restant au lit. L'auteur précité [1] a rapporté beaucoup d'observations où la solution d'un problème mathématique, mécanique, commercial, etc., apparaît brusquement après des heures et des jours de malaise vague, indéfinissable, dont la cause est inconnue; mais qui n'est que le résultat d'un travail cérébral sous-jacent : car ce trouble, qui s'élève quelquefois jusqu'à l'angoisse, cesse dès que le résultat inattendu est entré dans la la conscience. Les hommes qui pensent le plus ne sont pas

1. *Mental Physiology*, B. II, ch. 13.

ceux qui ont le plus d'idées claires et conscientes, mais ceux qui disposent d'un riche fond d'élaboration inconsciente. Au contraire, les esprits superficiels ont un fond inconscient naturellement pauvre et peu susceptible de développement; ils donnent immédiatement et rapidement tout ce qu'ils peuvent donner; ils n'ont pas de réserves. Inutile de leur concéder du temps pour réfléchir ou inventer; ils ne feront pas mieux; ils feront peut être pis.

Sur la nature du travail inconscient, on ne trouve que désaccord et obscurité. Sans doute, on peut soutenir *théoriquement* que chez l'inventeur, tout se passe dans le subconscient et l'inconscient comme dans la conscience elle-même, sauf un message qui n'arrive pas jusqu'au moi; que le travail qui peut être suivi dans la conscience claire avec ses progrès et ses reculs, reste identique, lorsqu'il se fait à notre insu. Cela est possible. Cependant il faut au moins reconnaître que la conscience est rigoureusement soumise à la condition du temps; l'inconscient, non : cette différence, sans parler des autres, n'est pas négligeable et pourrait bien susciter d'autres problèmes.

Les théories contemporaines sur la nature de l'inconscient me paraissent réductibles à deux principales : l'une physiologique, l'autre psychologique.

I. La théorie physiologique est simple et ne comporte guère de variantes. D'après elle, l'activité inconsciente est purement cérébrale; c'est une « cérébration inconsciente »; le facteur psychique qui, à l'ordinaire, accompagne le travail des centres nerveux, est absent. Quoique j'incline vers cette hypothèse, j'avoue qu'elle est pleine de difficultés.

Il est établi par de nombreuses expériences (Féré, Binet, Mosso, Janet, Newbold, etc.), que des sensations inconscientes (non perçues) agissent, puisqu'elles produisent les mêmes réactions que les sensations conscientes, et Mosso a pu soutenir « que le témoignage de la conscience est moins sûr que celui du sphygmographe ». Mais le cas particulier de l'invention est tout différent; car il ne suppose pas seulement l'adaptation à une fin que le facteur physiologique suffirait à expliquer; il implique une série d'adaptations, de corrections, d'opérations rationnelles, dont l'action nerveuse, toute seule, ne nous fournit aucun exemple [1].

II. La théorie psychologique est fondée sur un emploi équivoque du mot conscience. La conscience a une marque rigoureuse : c'est un événement intérieur qui existe non en soi, mais pour moi et en tant qu'il est connu par moi : Or, la théorie psychologique de l'inconscient admet que si, de la conscience claire, on descend progressivement à la conscience obscure, au subconscient, à l'inconscient qui ne se manifeste que par ses réactions motrices, l'état primitif ainsi appauvri de plus en plus, à son dernier terme, reste encore identique dans son fond avec la conscience. C'est une hypothèse que rien ne justifie.

Aucune difficulté ne surgit lorsqu'on s'en tient à la distinction légitime entre la conscience de soi et la conscience en général, l'une toute subjective, l'autre en quelque sorte objective (celle d'un homme captivé par un spectacle attrayant; mieux encore la forme fluide de la rêverie ou du retour d'une syncope). On peut admet que cette conscience évanescente, de nature affective, plutôt sentie que connue, est due à une absence de synthèse, de rapports entre les états intérieurs qui restent isolés, incapables de s'agréger en un tout.

La difficulté commence quand on descend dans la région du subconscient qui admet des degrés dont l'obscurité augmente à mesure qu'on s'éloigne de la conscience claire, « comme un lac où l'action de la lumière va toujours en s'éteignant » (dans les doubles personnalités coexistentes, dans l'écriture automatique, chez les médiums, etc.). Ici les uns admettent deux courants de conscience existant à la fois dans la même personne, sans connexion réciproque. D'autres admettent un champ de conscience avec un centre brillant et s'étendant indéfiniment vers le crépuscule. D'autres assimilent le phénomène au mouvement des vagues dont le sommet seul est illuminé. À la vérité,

---

[1]. Pour la critique détaillée de la cérébration inconsciente, voir B. Sidis, *The Psychology of suggestion : a research into the subconcious nature of Man and Society* : New-York, Appleton, 1898, p. 121-127. L'auteur qui admet la coexistence de deux moi, l'un *waking*, l'autre *subwaking*, et qui attribue à ce dernier toutes les infériorités et tous les vices (l'inconscient, d'après lui, est incapable de s'élever au-dessus de la simple association par contiguïté; il est « stupide, sans critique, crédule, brutal », etc.), serait fort embarrassé pour expliquer son rôle dans l'activité créatrice.

les auteurs déclarent qu'avec ces comparaisons et métaphores ils n'ont pas la prétention d'expliquer; mais, en définitive, tous réduisent l'inconscient à la conscience, comme un cas particulier à un cas général; or qu'est cela sinon expliquer?

Je ne me propose pas d'énumérer toutes les variétés de la théorie psychologique. La plus systématique due à Myers, acceptée par Delbœuf et d'autres, est empreinte d'un mysticisme biologique tout particulier. La voici en substance : il y a en chacun de nous un moi conscient adapté aux besoins de la vie et des moi potentiels qui constituent la conscience subliminale. Celle-ci, bien plus étendue que la conscience personnelle, tient sous sa dépendance toute la vie végétative, circulation, actions trophiques, etc. A l'ordinaire, le moi conscient est au premier plan, la conscience subliminale au second; mais, dans certains états extraordinaires (hypnose, hystérie, dédoublement, etc.) c'est l'inverse. Ici est le côté hardi de l'hypothèse : ces auteurs supposent que la suprématie de la conscience subliminale est une réversion, un retour à l'état ancestral. Chez les animaux supérieurs et chez l'homme primitif, toutes les actions trophiques entraient, d'après eux, dans la conscience et étaient réglées par elle. Au cours de l'évolution, cela s'est organisé; la conscience supérieure a laissé à la conscience subliminale le soin de gouverner silencieusement la vie végétative : mais, dans les cas de désagrégation mentale, le retour à l'état primitif se produit. Ainsi s'expliquent les brûlures par suggestion, les stigmates, les modifications trophiques d'apparence miraculeuse, etc. — Inutile d'insister sur cette conception de l'inconscient. Elle a été vivement critiquée, notamment par Bramwell qui remarque que si certaines facultés ont pu tomber peu à peu dans le domaine de la conscience subliminale, parce qu'elles n'étaient plus nécessaires à la lutte pour la vie, il y a pourtant des facultés si essentielles au bien-être de l'individu qu'on se demande comment elles ont pu échapper au contrôle de la volonté. Si par exemple, quelque type inférieur a possédé le pouvoir d'arrêter la douleur, comment a-t-il pu la perdre?

Au fond de la théorie psychologique, sous toutes ses formes, il y a l'hypothèse inavouée, que la conscience est assimilable à une quantité qui peut toujours décroître sans atteindre zéro.

C'est un postulat qui rien ne justifie. Les expériences des psychophysiciens, sans trancher la question, justifieraient plutôt l'opinion contraire. On sait que le « seuil de la conscience », ou *minimum* perceptible, apparaît et disparaît brusquement; l'excitation n'est pas sentie au dessous d'une limite déterminée. De même pour la « hauteur de la sensation » ou *maximum* perceptible, tout accroissement dans l'excitation n'est plus senti au-dessus d'une limite déterminée. Il y a plus : entre ces deux limites extrêmes, pour qu'une augmentation ou une diminution soient senties, il faut que l'une et l'autre se fassent suivant un rapport constant (seuil différentiel), comme cela est exprimé dans la loi de Weber. Tous ces faits et d'autres que j'omets ne sont pas favorables à la thèse de la continuité croissante ou décroissante de la conscience; on a même pu soutenir que la conscience « répugne à la continuité ».

En somme, les deux théories rivales sont également impuissantes à pénétrer dans la nature intime du facteur inconscient; aussi avons-nous dû nous borner à le prendre comme un fait d'expérience et à lui assigner sa place dans la fonction complexe qui produit l'invention.

Les observations de Flournoy (dans son livre précédemment mentionné, p. 48) présentent pour notre sujet un intérêt particulier. Son médium, Hélène S., fort différent des autres qui se contentent de prédictions d'avenir, découvertes de passés inconnus, conseils, pronostics, évocations, etc., sans rien créer au sens propre, est l'auteur de trois ou quatre romans dont l'un au moins est inventé de toutes pièces (révélations sur la planète Mars, ses paysages, ses habitants et habitations, etc.). Quoique les descriptions et dessins d'Hélène S. ne soient par rapport à notre globe terraqué que des emprunts, transpositions, défigurations, comme Flournoy l'a bien montré; il est certain que dans ce « roman martien », sans parler des autres, il y a une richesse d'invention rare chez les médiums : l'imagination créatrice sous sa forme subliminale (inconsciente) engloutit l'autre dans son éclat. On sait combien les cas de médiumnité instruisent sur la vie inconsciente de l'esprit. Ici, c'est dans le laboratoire obscur de l'invention romanesque qu'il est permis de pénétrer par exception et l'on peut apprécier l'importance du travail qui s'y accomplit.

Appendice C.

L'IMAGINATION COSMIQUE ET L'IMAGINATION HUMAINE
(Voir Iʳᵉ partie, chap. IV).

Pour Froschammer, la *Phantasie* est le premier principe des choses : dans sa théorie philosophique, elle joue le même rôle que l'Idée de Hegel, la Volonté de Schopenhauer, l'Inconscient de Hartmann, etc. Elle est d'abord *objective* : au commencement, la puissance créatrice universelle est immanente à la matière, comme dans la graine est contenu le principe qui donnera à la plante sa forme et construira son organisme; elle s'épanouit dans les myriades d'existences végétales et animales qui se sont succédé ou vivent encore à la surface de Cosmos. Les premiers êtres organisés ont dû être très simples; mais peu à peu l'imagination objective accroît son énergie en l'exerçant; elle invente et réalise des images de plus en plus compliquées qui témoignent des progrès de son génie artistique : aussi Darwin a eu raison d'affirmer qu'une évolution lente élève les êtres organisés vers la plénitude de la vie et la beauté de la forme.

De progrès en progrès, elle arrive à prendre conscience d'elle-même dans l'esprit de l'homme : elle devient *subjective*. La puissance génératrice, d'abord diffuse dans tout l'organisme, se localise dans les organes de la génération, s'affirme dans la sexualité. « Le cerveau chez les êtres vivants peut former comme un pôle opposé aux organes de la reproduction, surtout quand ces êtres sont placés très haut dans l'échelle organique. » Ainsi transformée, la puissance génératrice est devenue capable de saisir des rapports nouveaux, d'enfanter des mondes intérieurs. Dans la nature et dans l'homme, c'est le même principe qui fait apparaître les formes vivantes, sorte d'images objectives, et les images subjectives, sorte de formes vivantes qui naissent et meurent dans l'esprit[1].

Cette théorie métaphysique, une des nombreuses variétés du *mens agitat molem*, étant, comme toute autre, une conception personnelle, il est superflu de la discuter ou de critiquer son anthropomorphisme évident. Mais, puisque nous sommes dans les hypothèses, je me hasarde à risquer un rapprochement entre le développement embryologique, dans l'ordre physiologique; l'instinct, dans l'ordre psychophysiologique; l'imagination créatrice, dans l'ordre psychologique. Ces trois phénomènes sont des *créations*, c'est-à-dire une disposition de certains matériaux suivant un type déterminé.

Dans le premier cas, l'ovule, après la fécondation, est soumis à une évolution rigoureusement déterminée d'où sort tel individu avec ses caractères spécifiques et personnels, ses influences héréditaires, etc. Toute cause pertubatrice de cette évolution produit des déviations, des monstruosités, et la création n'atteint pas son type. L'embryologie peut suivre pas à pas ces péripéties. Reste un point obscur, quoi qu'on dise : c'est la nature de ce que les anciens appelaient le *nisus formativus*.

Dans le second cas (l'instinct), le moment initial est une sensation externe ou interne, ou bien une représentation (l'image d'un nid à bâtir pour l'oiseau; d'une galerie à creuser pour la fourmi, d'une cellule à construire pour l'abeille et la guêpe, d'une toile à tisser pour l'araignée, etc.). Cet état initial met en action un mécanisme déterminé par la nature de chaque espèce et aboutit à des créations d'un caractère spécifique. Cependant, les variations de l'instinct, son adaptation à des conditions diverses, montrent que les conditions du déterminisme sont moins simples, que l'activité créatrice est douée d'une certaine plasticité.

---

[1]. Ceux qui n'ayant pas le courage de lire les 575 pages du livre de Froschammer, désirent plus de détails, pourront consulter avec profit l'excellente analyse que Séailles en a donnée (*Revue philosophique*, mars 1876, p. 198-220). Voir aussi Ambrosi (Ouvrage cité : *Psicologia dell' immaginazione nella stor. della filosofia*, p. 472-498).

Dans le troisième cas, l'idéal, construction ébauchée, est équivalent à l'ovule ; mais il est évident que la plasticité de l'imagination créatrice est bien plus grande que celle de l'instinct. L'imagination peut s'irradier en plusieurs voies très différentes et le plan de l'invention, nous l'avons vu (2ᵉ partie : ch. IV), peut surgir d'un bloc et se développer régulièrement à la manière embryologique ; ou bien se présenter sous une forme fragmentaire, partielle, qui se complète par une série d'attractions.

Peut-être un processus identique se trouve au fond de ces trois cas, formant trois étages : inférieur, moyen, supérieur. Mais ceci n'est qu'une hypothèse spéculative, étrangère à la psychologie proprement dite.

Appendice D.

DOCUMENTS SUR L'IMAGINATION MUSICALE
(Voir III° partié, chap. II).

La question posée (3° partie, ch. II § 4) : l'audition musicale pure évoque-t-elle chez tous des images? de quelle nature? dans quelles conditions? m'a paru rentrer dans un sujet plus général — l'imagination affective — que je me propose d'étudier ailleurs dans un travail spécial. Je me borne, pour le moment, parmi les observations et communications que j'ai recueillies, à en choisir quelques-unes que je transcris à titre d'éclaircissement sur la question posée. Je donne d'abord les réponses des musiciens; puis celles des non-musiciens.

I. M. Lionel Dauriac m'écrit : « La question que vous me me posez est complexe. Je ne suis pas visuel; j'ai de rares hallucinations hypnagogiques et elles sont toutes du type auditif.

. . . . « La musique symphonique n'a réveillé chez moi aucune image du type visuel, tant que je suis resté l'amateur que vous avez connu de 1876 à 1898. Quand cet amateur s'est mis à réfléchir avec méthode sur l'art de sa prédilection, il a reconnu à la musique le pouvoir de suggérer.

1° Des images sonores non musicales : tonnerre, cloche : Ex. l'ouverture de *Guillaume Tell*.

3° Des images psychiques : suggestion d'un état mental, colère, amour, religiosité.

3° Des images visuelles soit en consécution avec l'image psychique, soit par l'intermédiaire d'un programme.

« A quelle condition, dans une œuvre symphonique, l'image

visuelle amenée par l'image psychique se produit-elle? A la condition d'une rupture dans le tissu mélodique (v. ma *Psychologie dans l'opéra* p. 119-120). Voici, sans ordre, quelques-unes des idées qui me sont venues :

La symphonie en *ut majeur* de Beethoven me paraît purement musicale; c'est du dessin sonore. — La symphonie en *ré majeur* (la seconde) me suggère des images visuelles motrices : je dessinerais un ballet sur le premier morceau et je me rends compte *tout à fait en gros* du ballet que je dessinerais. — La *Symphonie héroïque* (mettons à part la marche funèbre dont la signification est indiquée par le titre) me suggère des images du type militaire; depuis que j'ai remarqué que le thème fondamental du premier morceau repose sur des notes d'accord parfait, notes de *trompette* et, par association, militaires. Le finale de cette même symphonie, que je mets au-dessus des autres parties ne me fait rien voir. — Symphonie en *si bémol majeur*. Je n'y vois rien ; soit dit sans équivoque. — Symphonie en *ut mineur*. Celle-là est dramatique, bien que le tissu mélodique n'y soit jamais rompu. Le premier morceau suggère l'image non de la Fatalité qui frappe à la porte, comme disait Beethoven ; mais d'une âme désemparée avec des crises de révolte, accompagnées d'une espérance de victoire. Les images visuelles ne viennent qu'amenées par les images psychiques. »

F. G. musicien, voit constamment, c'est la règle : notamment dans la *Pastorale*, dans la *Symphonie héroïque*; dans la *Passion* de Bach, il voit la scène de l'agneau mystique.

Un compositeur m'écrit : « Quand je compose ou joue de la musique de ma propre composition, je vois des figures dansantes, je vois un orchestre, un public, etc. Quand j'entends ou joue la musique d'un autre compositeur, je ne vois rien. » Cette note communiquée mentionne en outre *trois* musiciens qui ne voient rien.

II. D... si peu musicien que j'ai quelque peine à lui faire comprendre ce terme « musique symphonique », ne fréquente jamais les concerts; toutefois y est allé une fois, il y a quinze ans, et il lui reste dans la mémoire très nettement la phrase principale d'un menuet (il la fredonne); elle ne peut lui revenir sans voir des gens dansant un menuet.

M. O. L. a bien voulu interroger pour moi *seize* personnes non musiciennes; voici les résultats de son enquête :

8 voient des lignes courbes.

3 voient des images, des figures qui sautent en l'air, des dessins fantastiques.

2 voient les vagues de la mer.

3 ne voient rien.

Appendice E.

LE TYPE IMAGINATIF ET L'ASSOCIATION DES IDÉES
(Voir la Conclusion II).

J'ai interrogé un assez grand nombre d'imaginatifs, parfaitement connus de moi comme tels; j'ai choisi de préférence ceux qui, ne faisant pas profession de créer, laissent leur fantaisie errer à son gré, sans souci professionnel. Chez tous le mécanisme est le même, ne différant guère que d'après le tempérament et le degré de culture. En voici deux exemples :

B... quarante-six ans, connaît une bonne partie de l'Europe, l'Amérique du Nord, l'Océanie, l'Hindoustan et l'Indo-Chine, le nord de l'Afrique, et n'a pas traversé ces contrées en courant; mais, en raison de ses fonctions, y a résidé quelque temps. Il est remarquable (comme cela résulte de l'observation qui suit) que le souvenir de ces paysages si variés ne tient pas le premier rang chez ce brillant fantaisiste : argument en faveur du caractère très personnel de l'imagination créatrice.

« D'une manière générale, l'imagination, très vive chez moi, fonctionne par l'association des idées. La mémoire ou le monde extérieur me fournissent une donnée quelconque. Sur cette donnée il n'y a pas toujours, bien s'en faut, de travail imaginatif proprement dit et alors les choses en restent là, sans conclusion.

« Mais que je rencontre une construction soit ancienne soit en cours d'édification, peu importe : « Il faudrait arranger cela » est une formule qui, en pareil cas, me revient machinalement à l'esprit; parfois il m'arrive de penser tout haut et de le dire de même, quoique seul. Et partant du thème architectural que j'ai sous les yeux [1], j'exécute de suite d'infinies variations sur lui. Quelquefois les choses débutent par un réflexe... »

Après avoir noté sa préférence pour l'architecture du moyen âge, B... ajoute — et il touche ici au facteur inconscient — :

[1]. B. n'est pas architecte.

« Si j'avais à expliquer, ou tenter d'expliquer, comment le moyen âge exerce un tel attrait sur mon esprit, j'y verrais une accumulation atavique de la religiosité fixée dans la famille, par les femmes sans doute, et de la religiosité à l'archéologie ecclésiastique, il y a contact.

« Un autre exemple, illustrant le rôle de l'association des idées, dans la même matière. Un dimanche, je partis de Nouméa à une heure du soir dans la voiture du Dr F... qui allait visiter une communauté de religieuses, à cinq lieues de là. — Au moment où nous arrivions, le docteur me demanda l'heure. « Deux heures et demie », dis-je, en regardant ma montre. Comme nous nous arrêtions dans la cour du couvent devant la chapelle, j'*entendis* le finale puissant d'un psaume. « On chante les vêpres » dis-je au docteur. — Il se mit à rire. — « A quelle heure les vêpres dans votre bourg ? » — « A deux heures et demie » répondis-je. — J'ouvris la porte de la chapelle pour montrer au docteur que les vêpres étaient bien en train : la chapelle était *vide*. Comme je restai quelque peu interdit : « Automatisme cérébral » me fit le docteur.

« J'ajoute ici : *par association* d'idées. Le docteur m'avait percé à jour, et avait reconstitué avec une sagace pénétration *pourquoi* j'avais *entendu* le finale du psaume. Cette aventure fit sur moi beaucoup d'impression. D'autant plus qu'à l'âge de huit ans environ, mes souvenirs constatent une hallucination analogue ; mais, de la vue au lieu de l'ouïe. C'était à L..., le vendredi saint, on sonnait à tue-tête à la cathédrale. Je regardais le clocher. On était à cet instant précis où les cloches vont rester muettes pendant trois jours ; et on sait qu'on explique aux enfants ce mutisme ordonné par la liturgie, en leur disant que, pendant ces deux jours, les cloches se sont « envolées à Rome ». On me régalait, naturellement, de ce petit conte, et comme on venait de me l'achever, je *vis* une cloche qui filait sous un angle que je décrirais encore.

Mais cette faculté transformatrice de mon imagination n'existe pas au même degré, chez moi, pour toutes choses. Elle est beaucoup plus opérative à propos de l'architecture romane-gothique, de la littérature mystique, et des sciences sociologiques, qu'à propos, par exemple, de mes souvenirs de voyage. Que je revoie en pensée l'île Bourbon, le Niagara, Tahiti, Calcutta, Melbourne, les Pyramides et le Sphinx : la représentation graphique est intellectuellement parfaite. Les objets revivent avec leurs circonstances extérieures : je sens le « *Khamsinn* » (vent du désert) qui me brûla au pied de la Colonne de Pompée ; j'entends la mer déferler sur le récif-barrière de Tahiti. Mais la représentation n'amène pas l'évocation d'idées voisines ou parallèles.

Qu'au contraire je me promène dans la lande de Combourg. Le château pèse sur moi de toute sa masse ; les souvenirs des *Mémoires d'Outre-tombe* m'assiègent à l'état de tableaux vivants : je vois, aussi bien que Chateaubriand lui-même, cette famille de grands seigneurs faméliques dans leur ruine féodale. Avec Chateaubriand, je retourne en un clin d'œil à ce Niagara que nous avons vu tous les deux. Je trouve à la chute de l'eau la note profonde et mélancolique qu'il y trouva lui-même : et de suite je pense à cette sombre cathédrale de Dol, qui suggéra de toute évidence à son auteur *le Génie du Christianisme*.

En littérature, les choses sont pour moi très inégalement suggestives. La littérature classique n'amène que peu de ricochets sur l'extérieur : Tacite, Lucrèce, Juvénal, Homère et Saint-Simon exceptés. Je lis les autres auteurs de cette veine, en quelque sorte pour eux-mêmes, sans conclusion par *a simili*. Au contraire, la lecture de Dante, de Shakespeare, des vers compacts sur l'hébreu par St. Jérome, des proses du moyen âge suscitent en moi tout un monde d'idées, comme la musique de Wagner, le plain-chant, et Beethoven. Certaines choses font bloc pour moi, d'un ordre d'idées à un autre : par exemple, Michel-Ange avec la Bible, Rembrand avec Balzac, Puvis de Chavannes avec les *Récits mérovingiens*.

Pour résumer : il y a en moi certains milieux particulièrement favorables à l'imagination. Quand une circonstance quelconque me transporte dans un d'eux, il est rare qu'une broderie imaginatrice n'intervienne pas; et, s'il s'en produit une, ce sera l'association des idées qui fera l'opération. Quand je me livre à des travaux sérieux, j'ai à me défier de moi-même; et à ce propos je surprendrai fort en disant qu'avec l'ordre d'idées ci-dessus indiqué celui qui excite chez moi le plus d'idées, c'est la sociologie.

II. M... (60 ans). Tempérament d'artiste. Par les nécessités de la vie, a exercé une profession totalement contraire à sa vocation. Il m'a livré sa confession sous la forme de fragments notés au jour le jour. Beaucoup sont plutôt des remarques *morales* au sujet de son imagination; je les supprime. Je note spécialement la tendance invincible à construire de petits romans et quelques détails relatifs aux représentations visuelles et à la répulsion pour les chiffres :

« Il m'arrive d'éprouver un amer regret, si je rencontre la photographie d'un monument, par exemple le Parthénon, dont j'avais édifié les proportions d'après des monuments écrits et l'idée que je me fais de la vie des Hellènes : la photographie empoisonne mon rêve. »

« Du vu à l'inconnu. A la bibliothèque S. G. — Une jeune femme élancée, toilette fraîche, gants noirs impeccables, dans les doigts un menu crayon et un minuscule carnet. Le matin, cette minauderie dans un édifice classique et ennuyeux, dans un milieu vulgaire de travailleurs pauvres? Ce n'est pas une fille; ce n'est pas une pédagogue. Résoudre l'inconnu. Je suis cette femme dans sa famille, dans son habitation et c'est tout un travail.

« Dans la même bibliothèque. Je désire prendre une adresse dans l'Almanach Bottin. Un jeune homme, peut-être un étudiant, s'est emparé de ce livre ridicule; couché dessus, la main dans sa chevelure, il le feuillette avec la sage lenteur d'un érudit à la recherche d'une glose. De ce dictionnaire vide, il rapproche souvent une lettre. Cette lettre, il a dû la recevoir le matin, de la province. Sa famille lui recommande des démarches près de tel ou tel; il s'agit d'argent et d'emploi; il faut trouver la piste des gens que l'ignorance provinciale lui a désignés par à peu près; et ainsi vagabonde l'imagination.

« Quand je me sens parti vers un être, je préfère à la réalité la vision par des images ou des portraits. C'est le moyen de ne pas faire de découvertes imprévues qui me gâteraient mon modèle.

« Si je fais des calculs de chiffre, en l'absence du concret, l'imagination part en campagne et les chiffres se groupent mécaniquement, en écoutant une voix intérieure qui les articule pour fixer l'esprit.

« Soit une imagination qui se livre à des calculs arithmétiques : des formes, des êtres s'interposent, même le graphique du chiffre 3, par exemple; et voilà l'addition ou tout autre calcul à veau-l'eau.

« Je reviens à l'impossibilité de faire une addition sans écart de l'imagination, parce que toujours des figures plastiques se dressent devant le calculateur. L'homme d'imagination construit toujours [1] au moyen de formes plastiques; la vie l'obsède, l'enivre, aussi ne s'ennuie-t-il nulle part...

1. On voit que celui qui parle est un visuel.

TABLE DES MATIÈRES

Préface.. 1

INTRODUCTION

LA NATURE MOTRICE DE L'IMAGINATION CONSTRUCTIVE

Transition de l'imagination reproductive à l'imagination créatrice. — Rôle de l'élément moteur. — Toutes les représentations contiennent-elles des éléments moteurs ? — Effets rares produits par les images : vésications, stigmates ; leurs conditions, leur signification pour notre sujet. — L'imagination est, dans l'ordre intellectuel, l'équivalent de la volonté. Preuves : identité de développement ; caractère subjectif, personnel, de l'une et de l'autre ; caractère téléologique ; analogie entre les formes avortées de l'imagination et les aboulies.................................. 1

PREMIÈRE PARTIE

ANALYSE DE L'IMAGINATION

CHAPITRE I

LE FACTEUR INTELLECTUEL

La dissociation, travail préparatoire. — La dissociation dans les images complètes, incomplètes et schématiques. — La dissociation dans les séries. Ses causes principales : internes ou subjectives ; externes ou objectives. — L'association : son rôle réduit à une question unique, la formation de combinaisons nouvelles. — Le facteur intellectuel principal est la pensée par analogie ; pourquoi elle est un instrument presque inépuisable de création. Son mécanisme. Ses procédés réductibles à deux : la personnification, la transformation.. 13

CHAPITRE II

LE FACTEUR ÉMOTIONNEL

Importance capitale de ce facteur. — Toutes les formes de l'imagination créatrice impliquent des éléments affectifs. Preuves. — Toutes les dispositions affectives peuvent influer sur l'imagination.

Preuves. — L'association des idées à base affective : combinaisons nouvelles à formes ordinaires, à formes exceptionnelles. — L'association par contraste. — L'élément moteur dans les tendances. — Il n'existe pas un instinct créateur : l'invention n'a pas une source, mais des sources et naît toujours d'un besoin. — Travail de l'imagination ramené à deux grandes classes, réductibles elles-mêmes à des besoins spéciaux. — Raisons du préjugé en faveur d'un instinct créateur... 26

CHAPITRE III
LE FACTEUR INCONSCIENT

Conceptions diverses de l'état d'inspiration. Ses caractères essentiels : soudaineté, impersonnalité. — Ses rapports avec l'activité inconsciente. — Rapprochements avec l'hypermnésie, l'état initial de l'intoxication alcoolique, le somnambulisme à l'état de veille. — Désaccord sur la nature dernière de l'inconscient : deux hypothèses. — L'état d'inspiration n'est pas une cause, mais un indice. — Les associations à forme inconsciente. — Association médiate ou latente : discussions et expériences récentes sur ce sujet. — « Constellation », résultat d'une somme de tendances prédominantes. Son mécanisme... 42

CHAPITRE IV
LES CONDITIONS ORGANIQUES DE L'IMAGINATION

Conditions anatomiques : hypothèses diverses. Obscurité de la question. Théorie de Flechsig. — Conditions physiologiques : sont-elles cause, effet ou accompagnement ? Fait dominant : changement dans la circulation cérébrale et locale. — Essais d'expérimentation. — Les bizarreries des inventeurs ramenées à deux catégories : explicables, inexplicables. Elles sont des auxiliaires de l'inspiration. — Y a-t-il quelque analogie entre la création physique et la création psychique ? Hypothèse philosophique sur ce sujet. — Limitation de la question. Impossibilité d'une réponse précise.... 54

CHAPITRE V
LE PRINCIPE D'UNITÉ

Importance du principe d'unité ; c'est une idée fixe ou une émotion fixe ; leur équivalence. — Distinction entre le principe synthétique et l'idéal qui est le principe d'unité en mouvement ; l'idéal est une construction en images simplement ébauchée. — Formes principales du principe d'unité : instable — organique ou moyenne, identique à l'attention — extrême ou demi-morbide. L'obsession de l'inventeur et celle du malade : insuffisance d'un critérium purement psychologique... 66

TABLE DES MATIÈRES

DEUXIÈME PARTIE
LE DÉVELOPPEMENT DE L'IMAGINATION

CHAPITRE I
L'IMAGINATION CHEZ LES ANIMAUX

Difficultés du sujet. — Les degrés de l'imagination chez les animaux. — La synthèse créatrice existe-elle chez eux? Affirmations et négations. — La forme propre de l'imagination animale est motrice et se traduit par le jeu : ses nombreuses variétés. — Pourquoi l'imagination animale doit être surtout motrice : insuffisance du développement intellectuel. — Rapprochement avec les jeunes enfants en qui le système moteur prédomine : rôle des mouvements dans la folie infantile.................................. 77

CHAPITRE II
L'IMAGINATION CHEZ L'ENFANT

Division de son développement en quatre stades principaux. — Passage de l'imagination passive à l'imagination créatrice : perception et illusion. — Animation de toutes choses : analyse des éléments constitutifs de ce moment : rôle de la croyance. — Création dans les jeux : période d'imitation, tentatives d'invention. — L'invention romanesque... 86

CHAPITRE III
L'HOMME PRIMITIF ET LA CRÉATION DES MYTHES

Age d'or de l'imagination créatrice. — Les mythes : hypothèses sur leur origine : le mythe est l'objectivation psychophysique de l'homme dans les phénomènes qu'il perçoit. Rôle de l'imagination. — Comment se forment les mythes. Moment de la création : deux opérations : tout animer, tout qualifier. L'invention romanesque; a fait défaut aux peuples sans imagination. Rôle de l'analogie et de l'association par « constellation ». Évolution des mythes : période ascendante, apogée, régression. — Les mythes explicatifs subissent une transformation radicale : travail de dépersonnification du mythe; les survivances. — Les mythes non explicatifs subissent une transformation partielle : la littérature est une mythologie déchue et rationalisée. — L'imagination populaire et les légendes : la légende est aux mythes ce que l'illusion est à l'hallucination. — Procédés inconscients que l'imagination emploie pour créer les légendes : fusion, idéalisation.. 99

CHAPITRE IV
LES FORMES SUPÉRIEURES DE L'INVENTION

Une psychologie des grands inventeurs est-elle possible? Théories sur le génie : pathologique, physiologique. — Caractères généraux des grands inventeurs. Précocité : ordre chronologique du développement de la faculté créatrice ; raisons psychologiques de cet ordre. Pourquoi le créateur commence par imiter. — Nécessité ou fatalité de la vocation. — Caractère représentatif des grands créateurs. Discussions sur l'origine de ce caractère : est-elle dans l'individu ou dans son milieu. La tendance à l'invention est en raison inverse de la simplicité du milieu. — Mécanisme de la création. Deux procédés principaux : complet, abrégé. Leurs trois phases ; leurs ressemblances et leurs différences. — Rôle du hasard dans l'invention : il suppose la rencontre de deux facteurs, l'un interne, l'autre externe. Le hasard est une occasion, non un agent de création... 117

CHAPITRE V
LOI DU DÉVELOPPEMENT DE L'IMAGINATION

L'imagination créatrice, dans son évolution, est-elle soumise à quelque loi ? — Elle parcourt deux périodes séparées par une phase critique. — Période d'autonomie ; période critique ; période de constitution définitive ; deux cas : déchéance ou transformation, à forme logique, par déviation. — Loi subsidiaire de la complexité croissante. — Vérification historique.................................. 138

TROISIÈME PARTIE
LES PRINCIPAUX TYPES D'IMAGINATION

PRÉLIMINAIRES

Nécessité d'une étude concrète. — Les variétés de l'imagination créatrice, analogues aux variétés du caractère...................... 149

CHAPITRE I
L'IMAGINATION PLASTIQUE

Elle emploie des images nettes, bien déterminées dans l'espace et des associations à rapports objectifs. — Son caractère extérieur. — Infériorité de l'élément affectif. — Ses principales manifestations : dans les arts de la forme ; dans la poésie (transformation des images sonores en images visuelles) ; dans les mythes à contours nets ; dans l'invention mécanique. — L'imagination sèche et rationaliste : ses éléments.................................. 153

CHAPITRE II
L'IMAGINATION DIFFLUENTE

Elle emploie des images vagues, liées suivant les modes les moins rigoureux de l'association. Les abstraits émotionnels ; leur nature. — Son caractère d'intériorité. — Ses principales manifestations : la rêverie, l'esprit romanesque, l'esprit chimérique ; les mythes et conceptions religieuses, la littérature et les beaux-arts (les symbolistes), genre merveilleux, fantastique. — Variétés de l'imagination diffluente : 1° l'imagination numérique. Sa nature : deux formes

principales : conceptions cosmogoniques; conceptions scientifiques;
— 2° L'imagination musicale : elle est le type de l'imagination
affective. Ses caractères; ne se développe que dans le temps. —
Transposition naturelle des événements chez les musiciens. —
Antagonisme entre l'imagination musicale vraie et l'imagination
plastique; enquête et documents sur ce sujet. — Deux grands
types d'imagination.. 163

CHAPITRE III
L'IMAGINATION MYSTIQUE

Ses éléments; ses caractères propres. — Mode de penser symbolique.
— Nature de ce symbolisme. — Le mystique transforme les images
concrètes en images symboliques. — Leur obscurité. D'où elle vient.
— Abus extraordinaire de l'analogie. Travail mystique sur les
lettres, les nombres, etc. — Nature et degré de la croyance qui
accompagne cette forme d'imagination : elle est inconditionnelle et
permanente. — Conception mystique du monde : le symbolisme
général. — L'imagination mystique dans les religions et les métaphysiques.. 185

CHAPITRE IV
L'IMAGINATION SCIENTIFIQUE

Elle se résout en genres et en espèces. Nécessité de monographies
qui ne sont pas faites. — L'imagination : dans les sciences en
formation : la croyance est à son maximum; — dans les sciences
organisées; rôle négatif de la méthode. — La phase conjecturale :
preuves de son importance. — Hypothèses avortées et détrônées.
L'imagination dans les procédés de vérification. — L'imagination
du métaphysicien issue du même besoin que l'imagination scientifique. — La métaphysique est un mythe rationalisé. — Trois
moments. — Les imaginatifs et les rationalistes................... 193

CHAPITRE V
L'IMAGINATION PRATIQUE ET MÉCANIQUE

Indétermination de cette forme imaginative. — Formes inférieures :
les industrieux, les instables, les excentriques : pourquoi les gens à
imagination vive sont changeants. — Les croyances superstitieuses.
Origine de cette forme d'imagination : son mécanisme mental et
ses éléments. — Forme supérieure : l'imagination mécanique. —
L'homme y a dépensé autant d'imagination au moins que dans la
création esthétique. — Pourquoi l'opinion contraire prévaut. —
Ressemblances entre ces deux formes d'imagination; identité de
développement : observation détaillée, quatre phases. — Caractères
généraux. Cette forme a son idéal, suppose l'inspiration; périodes
de préparation, d'apogée, de stagnation. — Caractères spéciaux.
L'invention se fait par stratifications. Principales étapes de son développement. Elle dépend rigoureusement de conditions physiques.
— Phase d'imagination pure : les romans mécaniques. Exemples.
— Identité de nature entre l'imagination du mécanicien et celle de
l'artiste.. 214

CHAPITRE VI
L'IMAGINATION COMMERCIALE

Ses conditions intérieures et extérieures. — Deux catégories de créateurs : les circonspects, les audacieux. — Moment initial de l'invention : l'esprit intuitif; son importance; hypothèses sur sa nature psychologique. — Son développement : création de procédés de plus en plus simples de substitution. — Caractères communs avec les formes de création déjà étudiées. — Caractères propres. Imagination combinatrice ou de tacticien : c'est une forme de la guerre. — Cas d'ivresse créatrice. — Emploi exclusif des représentations schématiques. Remarques sur les divers types d'images. — Les créateurs de grands systèmes financiers. — Brèves remarques sur l'imagination militaire........................ 234

CHAPITRE VII
L'IMAGINATION UTOPIQUE

Apparitions successives de conceptions idéales. — Les créateurs en morale et dans l'ordre social. — Formes chimériques; les romanciers sociaux. Ch. Fourier, type de grand imaginatif. — Les inventeurs pratiques : l'idéal collectif. — Régression de l'imagination. 250

CONCLUSION

I. — *Les bases de l'imagination créatrice.* Pour quelles raisons l'homme est capable de créer : deux conditions principales. — La « spontanéité créatrice » qui se résout en besoins, tendances, désirs : toute création imaginative a une origine motrice. — La réviviscence spontanée des images. — L'imagination créatrice réduite à trois formes : ébauchée, fixée, objectivée. Leurs caractères propres.

II. — *Le type imaginatif.* Tableau de la vie imaginative à tous ses degrés. — Réduction à une loi psychologique. — Quatre étages caractérisés par : 1° la quantité des images; 2° la quantité et l'intensité; 3° la quantité, l'intensité et la durée; 4° la systématisation complète et permanente de la vie imaginaire. — Résumé... 261

APPENDICE
OBSERVATIONS ET DOCUMENTS

A. — Les diverses formes d'inspiration.......................... 281
B. — Sur la nature du facteur inconscient. Deux catégories : inconscient statique; inconscient dynamique. — Théories sur la nature de l'inconscient : objections et critiques............. 283
C. — L'imagination cosmique et l'imagination humaine 288
D. — Documents sur l'imagination musicale...................... 291
E. — Le type imaginatif et l'association des idées.............. 294

Coulommiers. — Imp. PAUL BRODARD. — 490-1900.

www.ingramcontent.com/pod-product-compliance
Lightning Source LLC
Chambersburg PA
CBHW071505160426
43196CB00010B/1428